Para estar en el mundo

Marte y Venus en el trabajo

Una guía práctica para mejorar la comunicación
y la convivencia en el ambiente laboral

Para estar bien

Marte y Venus en el trabajo

Una guía práctica para mejorar la comunicación
y la convivencia en el ambiente laboral

John Gray

OCEANO

EDITOR: Rogelio Carvajal Dávila

MARTE Y VENUS EN EL TRABAJO
Una guía práctica para mejorar la comunicación y convivencia en el ambiente laboral

Título original: MARS AND VENUS IN THE WORKPLACE

Tradujo MARÍA DE LA LUZ BROISSIN FERNÁNDEZ

Publicado por primera vez por Harper Collins, New York

Publicado según acuerdo con Linda Michaels Limited, International Literary Agents

D. R. © EDITORIAL OCEANO DE MÉXICO, S.A. de C.V.
Eugenio Sue 59, Colonia Chapultepec Polanco
Miguel Hidalgo, Código Postal 11560, México, D.F.
☏ 5279 9000 ☎ 5279 9006
✉ info@oceano.com.mx

PRIMERA EDICIÓN

ISBN 970-651-705-7

IMPRESO EN ESPAÑA / PRINTED IN SPAIN

Dedico este libro, con el amor y afecto más profundos, a mi esposa, Bonnie Gray. Su amor, vulnerabilidad, sabiduría y responsabilidad me han apoyado para ser lo mejor posible y compartir con los demás lo que aprendimos juntos.

Índice

Agradecimientos

Agradezco a mi esposa, Bonnie, por compartir conmigo el recorrido de este libro. Como socios en nuestro negocio, ella ha sido una gran fuente de perspectiva e inspiración. Le doy las gracias por ampliar mi comprensión y habilidad para entender el punto de vista femenino.

Le doy las gracias a nuestras tres hijas, Shannon, Juliet y Lauren, por su amor y apoyo constantes. Ser padre no es sólo un manantial de gran satisfacción, sino que también me ha proporcionado la base para conseguir éxito continuo en el lugar de trabajo.

Agradezco a mis editores, Diane Reverand y Meaghan Dowling de HarperCollins, por su brillante retroalimentación y consejo. Asimismo, doy las gracias a mi publicista, Leslie Cohens; a Matthew Guma, por su apoyo editorial; a Carrie Kania y Rick Harris de HarperAudio y a todo el increíble personal de HarperCollins.

Quiero manifestar mi aprecio a Linda Michaels, mi agente internacional, por publicar mis libros en más de cincuenta idiomas. Doy las gracias a Monique Mallory, de New Agency, por su arduo trabajo al organizar mi ocupada agenda con los medios de información.

Agradezco a mi personal: Rosie Lynch, Michael Najarian, Donna Doiron y Jeff Owens su apoyo constante y trabajo enérgico para comercializar mis libros, cintas, seminarios y conferencias.

Doy las gracias a muchos amigos y a los miembros de mi familia por su apoyo y útiles sugerencias: Robert Gray, Virginia Gray, Clifford McGuire, Jim Kennedy, Alan Garber, Renee Swisko, Robert y Karen Josephson, Jon Carlson, Pat Love, Ramy El Batrawi, Helen Drake, Ian y Ellen Coren, Martin y Josie Brown, Bob Beaudry, Malcolm Johns, Richard Levy, Chuck Gray, Ronda Coallier y Eddie Oliver.

Asimismo, quiero expresar mi reconocimiento a los muchos asesores de *Marte y Venus en el trabajo* que me asistieron en forma directa para escribir este libro: Bart y Merril Berens, Darren y Jackie Stevens, Joyce Dolberg Rowe, Brad Rowe, Greg Galati, Nancy Stokes, Bob Schwarz, Gerald y Joyce Oncken, Debra Burell, Melodie Tucker, Wendy Allison, MJ Fibus, Linda Grande, Edward Shea, Margaret Johnson, Margie Thomas, Lynne Feingold, Elaine Braff, Janice Hoffman, Phyliss Lance y Mitzi Gold. Su experiencia y retroalimentación al impartir los seminarios *Marte y Venus en el trabajo* han sido una contribución invaluable para concluir esta obra. También doy las gracias a los demás asesores de *Marte y Venus en el trabajo* y a los muchos participantes en los talleres de todo el mundo, quienes compartieron sus historias y me alentaron para que escribiera este libro.

Agradezco a mis padres, Virginia y David Gray, todo su apoyo. Aunque ya no están aquí, su amor continúa rodeándome. Gracias también a Lucile Brixey, quien siempre ha sido para mí como una segunda madre.

Prólogo

Hace veinte años, mientras desarrollaba las bases de mi libro *Los hombres son de Marte, las mujeres son de Venus*, me sorprendió lo efectivas que eran estas nuevas ideas también en el lugar de trabajo. En sólo unos meses, de una práctica de asesoramiento medio vacía, pasé a tener una larga lista de espera. Lo único que hice fue un cambio simple. Dejé de ofrecer soluciones inmediatas a las clientas y, en cambio, escuché más e hice más preguntas. Eso fue todo. Al controlar mi tendencia instintiva de ofrecer en forma presta una solución cuando me exponían un problema, tuve muchas nuevas clientas.

Pregunté a varias de ellas cómo se habían enterado de mi trabajo. Cada una, a su manera, me dio el mismo mensaje: una amiga le había dicho a alguien que yo "realmente me interesaba" y, por tanto, deseaba asesorarse conmigo. Fue sorprendente. Al hacer un cambio sencillo en la forma de comunicarme, ahora me percibían como alguien que "realmente se interesaba". La ironía de esta frase es que, en verdad, yo siempre me había interesado.

Sin embargo, en el pasado demostré mi interés ofreciendo soluciones rápidas. Aunque los hombres apreciaban mi habilidad para este tipo de respuesta, descubrí que la mayoría de mis clientas lo apreciaban más cuando dedicaba tiempo extra para analizar y comprender sus problemas con mayor detalle. Con esta nueva perspectiva pude proporcionar con mayor efectividad el apoyo que deseaba dar. Con una mayor comprensión sobre cómo los hombres y las mujeres enfocan la solución de los problemas, pude elegir con inteligencia un tipo de respuesta que diera más apoyo.

En mi libro *Los hombres son de Marte, las mujeres son de Venus*, aunque analicé las relaciones personales y las románticas, muchas personas reportaron que esas ideas también las ayudaron para mejorar la comunicación en el lugar de trabajo. Tanto hombres como mujeres aprovecharon los beneficios de comprender las diferencias en el sitio donde realizaban sus labores. En respuesta a muchas solicitudes de información más amplia, adapté y apliqué las ideas básicas de *Los hombres son de Marte...* al lugar de trabajo. Así como nuestras diferencias destacan en las relaciones personales en la vida doméstica, también lo hacen en las relaciones de negocios. Aunque con frecuencia no son tan obvias en el lugar de trabajo, están ahí y a menudo se entienden mal. En un ambiente donde las personas ocultan sus sentimientos personales, la habilidad para anticipar lo que otros sienten, piensan, desean y necesitan, proporciona una gran ventaja, tanto a los hombres como a las mujeres.

Aunque las diferencias de género con frecuencia no son tan obvias en el lugar de trabajo, existen y a menudo se entienden mal.

Las ideas sobre la comunicación reveladas en *Marte y Venus en el trabajo* son universales. Se aplican a todos: directores generales, ejecutivos, gerentes, consultores, trabajadores, asistentes y secretarias. A pesar de las complejidades de estos sitios, con sus jerarquías, equipos, divisiones, departamentos y diferentes estructuras, la buena o mala comunicación entre hombres y mujeres determina el éxito de una compañía. En cada faceta del lugar de trabajo (desde la administración, la mercadotecnia y las ventas hasta el desarrollo de productos y la prestación de servicios), la habilidad para comprender mejor a hombres y mujeres proporciona a ambos y a las compañías, por supuesto, una ventaja competitiva muy apreciada.

Al conocer las diferentes formas en que los hombres y las mujeres se comunican y buscan la solución de problemas, usted tendrá un estímulo extra para ganarse el respeto, el apoyo y la confianza que merece. Al hacer cambios pequeños, pero significativos, en la forma en que se presenta y responde a los demás, experimentará resultados inmediatos.

Si en el beisbol aprende a ser un "bateador ambidiestro" tiene una ventaja con la que no cuentan otros bateadores. Puede elegir batear como derecho o como zurdo. Si tiene un lanzador zurdo, usted cambia a la posición derecha, y si el lanzador usa la mano derecha, usted cambia a la zurda. Al aprender a batear de ambas maneras tiene una ventaja sobre los demás, que están más limitados. De la misma manera, en el lugar de trabajo, al aprender a respetar las reglas no dichas y los valores de hombres y mujeres, desarrollará la habilidad de cambiar de acuerdo con lo que sea más apropiado.

Un mayor éxito llega con la habilidad de cambiar de acuerdo con lo que sea más apropiado.

En el trabajo, con frecuencia, somos tan diferentes como si viniéramos de diferentes planetas. Los hombres son de Marte y las mujeres son de Venus. Al comprender mejor de estas diferencias, en lugar de chocar, nuestros mundos pueden unirse con mayor armonía, cooperación y colaboración. Las diferencias no tienen que crear separación y tensión. Con una comprensión clara y positiva de nuestras diferencias, el respeto mutuo y la confianza entre hombres y mujeres aumenta y se enriquecen todos los niveles del lugar de trabajo.

Sin una comprensión cabal de nuestras diferencias, muchas posibilidades de cooperación, confianza y respeto mutuos se pasan por alto y no se aprovechan. Con demasiada frecuencia, los hombres no reconocen el valor que las mujeres proporcionan al lugar de trabajo, mientras que las mujeres desconfían del apoyo que es posible recibir de los hombres. Al comprender nuestras diferencias bajo una luz más clara, los hombres y las mujeres de todos los niveles que trabajan juntos pueden empezar a apreciarse más mutuamente.

Al entender lo anterior, tanto hombres como mujeres tienen la posibilidad de realizar algunos ajustes en su modo de pensar y en su comportamiento, para ser más respetuosos con los demás y obtener el apoyo que buscan. Sin esta percepción, en realidad no hay más opciones. Sin una comprensión profunda y positiva de nuestras posibles diferencias, continuaremos haciendo lo que hemos hecho hasta ahora, y obtendremos los mismos resultados. Con frecuencia, en el lugar de trabajo culpamos a los demás porque en verdad no tenemos idea de cómo contribuimos a complicarnos la vida. Sin un conocimiento claro de las formas en que —sin saberlo— bloqueamos la cooperación, no podemos ajustar nuestro comportamiento y, por ende, cambiar los resultados que obtenemos.

Cómo crear éxito

La gente exitosa posee la habilidad de expresar las diferentes partes de lo que ella es, en momentos distintos, de acuerdo con lo que le resulta más apropiado para alcanzar sus fines. Por ejemplo, la diferencia entre un gran actor y un actor mediocre es la habilidad del primero para expresar sentimientos auténticos en escena. Es capaz de utilizar una parte de sí mismo que encaja en el papel. En forma similar, para tener éxito en el trabajo se requiere que utilicemos una parte de nosotros que encaje en nuestros papeles cambiantes. Un mayor conocimiento de las diferencias de género aumenta la flexibilidad para adaptar su estilo instintivo de relacionarse a un estilo más apropiado. La habilidad para conseguir el éxito aumenta cuando se es capaz de adaptar el estilo a las necesidades de cambio de otros.

Un mayor conocimiento de las diferencias de género aumenta la flexibilidad para adaptar su estilo instintivo de relacionarse a un estilo más apropiado.

En el lugar de trabajo, toda situación e interacción dicta una forma diferente de expresarnos. Lo que es apropiado en un ambiente, no necesariamente lo es en otro. Resulta ingenuo y contraproducente imaginar que siempre podemos expresar libremente todo lo que somos. Por supuesto, en algunas situaciones es posible relajarnos y "sólo ser nosotros mismos", pero en otras debemos ajustar nuestro comportamiento para que nos interpreten o evalúen en forma positiva. Las prima donnas pueden decir: "Así soy yo y no voy a cambiar", pero una persona que es verdaderamente profesional dice: "¿Cómo puedo servirte mejor?", y luego utiliza la parte de sí misma que mejor encaje en el papel. La verdad es que todos tenemos un poco de marcianos y venusinas en nuestro interior. Con un mayor conocimiento de lo que se requiere, podemos utilizar la parte de nosotros que se necesita. Para tener éxito en el lugar de trabajo, tenemos que presentar lo que se requiere y luego asegurarnos de que nuestras necesidades personales se satisfagan en casa o fuera del contexto del trabajo.

Capacitación básica de supervivencia

Al departir con los compañeros de trabajo del sexo masculino durante un descanso o a la mitad de una conferencia, es común e incluso apropiado que los hombres hagan bromas sexuales o hablen sobre deportes, pero si hay mujeres presentes esto es, por lo general, inadecuado. Del mismo modo, se vuelve inapropiado que cuando los hombres estén presentes, las mujeres se muestren vulnerables, lloren o discutan anécdotas detalladas respecto de sus vidas o de sus relaciones personales. Con un mayor número de hombres y mujeres que trabajan juntos, necesitamos capacitación avanzada para comprender lo que es un comportamiento apropiado. Al ser nosotros mismos, tanto los hombres como las mujeres que trabajan con nosotros pueden sentirse potencialmente ofendidos, frustrados o excluidos debido a comportamientos que son perfectamente aceptables en nuestro propio planeta. Sin una capacitación básica de supervivencia para desenvolvernos en otro universo, la tarea de determinar el comportamiento apropiado para interactuar y trabajar con el sexo opuesto es casi imposible.

Incluso con una comprensión cabal de Marte y Venus, aún no contamos con un mapa claro de lo que es correcto o incorrecto. No hay "una forma" de comportamiento. En ocasiones, un hombre debe tener cuidado respecto de lo que dice a una mujer y en otras no. De la misma manera, en algunas situaciones una mujer puede ser ella misma, pero en otras debe ajustarse a la situación.

La acción apropiada necesita de intuición, tacto, flexibilidad y sabiduría. Y precisamente, con un mayor conocimiento acerca de las diferencias entre hombres y mujeres podemos desarrollar estas habilidades para elegir respuestas y comportamientos apropiados. Con un conocimiento más amplio que incluya un respeto igual para hombres y mujeres cuando cometamos un error, en lugar de tener que defender nuestro enfoque podemos aprender con mayor rapidez de dicho error y ajustar nuestro comportamiento. De la misma manera, cuando otras personas cometen errores podemos ser más tolerantes y comprensivos, pues tendremos la posibilidad de percibir la dificultad para determinar el comportamiento apropiado mientras visitamos otro planeta.

Al describir a los hombres de su oficina, Sheryl, una popular animadora de un programa de radio, distinguió a Jack como un "gerente formidable". Comentó: "Puedo hablar con él como lo haría con una mujer". En este caso, hablar sobre sus sentimientos, novios y anécdotas personales era totalmente apropiado. Jack había aprendido a escuchar en forma respetuosa. Al ajustar su comportamiento y respuestas para respetar a Sheryl, se ganó su lealtad, cooperación y apoyo.

Cuando Tom, un representante de ventas, describió a las mujeres de su oficina, calificó a su gerente, Karen, como "fabulosa". Ella era como uno de los muchachos, porque él podía hablarle sobre cualquier tema. Podía hacer bromas sexuales y ella no se ofendía. Podía hablar sobre deportes y ella no se sentía excluida. En lugar de distanciarse más como hacían otras mujeres que él conocía, ella expresaba comentarios con interés y sentido del humor.

La habilidad de Karen para responder como uno de los hombres o la habilidad de Jack para escuchar y comunicarse como si fuera de Venus proporcionaron a ambos una ventaja particular. No obstante, no todos pueden adaptarse por completo a los diferentes estilos de hombres y mujeres. Por fortuna, esta clase de adaptación no es la única habilidad requerida para tener éxito. A menudo resulta suficiente reconocer, aceptar y respetar las diferencias. No es necesario que los hombres se comporten como mujeres o que las mujeres lo hagan como hombres.

Cómo leer este libro

Para la mayoría de las personas, las ideas presentadas en este libro proporcionan una comprensión muy necesaria sobre cómo piensa, siente y reacciona el sexo opuesto. En mis talleres y seminarios algunos participantes asienten con la cabeza y se identifican con casi todo, mientras que otros toman y eligen las partes que funcionan para ellos. Sugiero, por tanto, que lea este libro de una manera similar. Considérelo como un buffet. Hay muchas ideas para tomar y elegir. No todos los platillos son para todas las personas. Lo que a una persona le resulta particularmente útil, quizá no lo sea para otra. Por eso sólo tome lo necesario y deje el resto.

Cuando descubra en *Marte y Venus en el trabajo* las muchas diferencias entre los hombres y las mujeres, deberá tener en mento que no todos los hombres son de una forma y todas las mujeres de otra. Cada persona es única; sin embargo, cuando surgen las diferencias necesitamos una guía clara para comprenderlas, con el fin de evitar la frustración, la desilusión y la preocupación. Al contar con una idea clara y positiva de nuestras diferencias, podemos tener la seguridad de que causaremos la impresión correcta y obtendremos los resultados que buscamos.

En lugar de tomar en forma personal el que alguien no responda como usted considera que debería hacerlo, podrá recurrir a su nueva comprensión de que los hombres y las mujeres en el trabajo tienen diferentes valores y sensibilidades. Al no tomar las cosas en forma personal y al saber cómo evitar molestar a los demás, sus días en el lugar de trabajo serán más fáciles y satisfactorios.

Cada persona posee una combinación natural de características masculinas y femeninas. El propósito de este libro no es modificar esta mezcla. Usted ya tiene la mezcla perfecta para sí mismo. Lo que hace este libro es ayudarlo a comprender cómo puede comunicarse de una manera en que logre, con mayor efectividad, el respeto y el apoyo que busca ganar y dar.

Cada persona tiene una combinación natural de características masculinas y femeninas.

Incluso si sólo toma algunas ideas generales de este libro, podría ser el comienzo de una forma completamente nueva de interactuar en el lugar de trabajo. He escuchado innumerables historias sobre cómo los hombres y las mujeres han creado cambios positivos en su ambiente laboral después de estar expuestos a esta nueva información.

Un manual práctico para el éxito

Este libro no es un análisis teórico de diferencias psicológicas, sino un manual práctico sobre cómo tener éxito en los negocios, al mejorar y aumentar la cooperación. Sin tener que trabajar más arduamente, usted descubrirá que obtendrá mejores resultados. Quizá descubra que su experiencia de trabajo se enriqueció de pronto o tal vez comprenda por qué un trabajo particular no es adecuado para usted. Ya sea que busque un mejor empleo o que trate de conseguir mejores resultados en su trabajo actual, ahora usted cuenta con una mina de oro de ideas y herramientas prácticas que lo ayudarán en su recorrido hacia un mayor éxito.

Las técnicas en este libro provienen de mi experiencia a la hora de orientar y asesorar sobre la mejor forma de comunicarse, de la resolución de conflictos y el manejo del estrés durante más de treinta años a miles de personas y a cientos de compañías en todo el mundo. Tanto en las empresas grandes como en las pequeñas, estas ideas proporcionan mejores resultados. Al proveer un conocimiento más amplio de nuestras diferencias y fortalezas potenciales, este enfoque otorga un conjunto de herramientas para mejorar el trabajo en equipo, optimizar la comunicación y aumentar la cooperación en todos los niveles de una organización: directivos, gerentes, empleados, compañeros de trabajo y clientes. Al aprender a promover el respeto y crear confianza entre hombres y mujeres, todos se benefician.

El trabajo en equipo mejora con un mayor conocimiento de nuestras diferencias y fortalezas potenciales.

Este libro es una lectura fácil para los hombres. Está lleno de información y puntos de vista útiles para comprender mejor a las mujeres y, por tanto, para lograr mayor éxito. Un hombre aprenderá formas para crear confianza en las mujeres gerentes, empleadas, compañeras de trabajo y clientas. Puesto que en la actualidad la población femenina es el mercado dominante con mayor poder de compra, estas percepciones proporcionarán a cualquier hombre un marco instantáneo para continuar y crear los cambios que desea en el lugar de trabajo.

Cuando las mujeres perciben a un hombre como alguien de quien pueden depender, que se interesa, que comprende y en quien pueden confiar, el poder de él para influir aumenta en forma impresionante. El poder en el lugar de trabajo se origina en la percepción del poder. Una persona puede ser competente, pero si los demás no perciben su capacidad, no tendrá la oportunidad de demostrar sus habilidades. Al comprender que las mujeres piensan, sienten y reaccionan en diferente forma, los hombres tendrán la percepción necesaria para demostrar respeto por las mujeres y se ganarán su apoyo.

Si los demás no perciben su capacidad, quizá no tenga oportunidad para demostrar sus habilidades.

Cuando las mujeres lean este libro les parecerá, quizá, como un soplo de aire fresco; finalmente, lo que parecía injusto empezará a tener sentido. Al fin las mujeres serán vistas y comprendidas, y contarán con las herramientas para obtener el apoyo necesario para alcanzar sus metas.

El desafío de una mujer en el lugar de trabajo es mucho mayor que el de un hombre. Tiene que introducirse en una jerarquía ya existente de control y poder. Todos hemos experimentado lo difícil que resulta llegar a una nueva escuela o frecuentar un nuevo grupo. Con las nuevas percepciones de *Marte y Venus en el trabajo* se facilita este difícil recorrido.

El desafío de una mujer en el lugar de trabajo es mucho mayor que el de un hombre.

Alcanzar el éxito precisa del cambio en hombres y mujeres. Cada interacción en el lugar de trabajo para hombres y mujeres requiere que adaptemos nuestros enfoques instintivos. Si alguien es de su planeta, por instinto responderá de una manera que resulte aceptada y respetada allí. Si alguien no es de su planeta, será esencial que adapte su reacción instintiva para responder en forma apropiada a la situación que tiene enfrente. No es necesario que los hombres o las mujeres la pasen mal, que se ajusten en forma rigurosa o que cambien su modo de ser, pero sí se requiere realizar algunos ajustes. Si las mujeres comprenden que los hombres piensan, sienten y reaccionan de manera diferente, tendrán la perspicacia necesaria para efectuar cambios pequeños, pero significativos, en su forma de comunicarse, con lo cual obtendrán más apoyo.

Cada interacción en el lugar de trabajo para los hombres y las mujeres requiere que adapten sus enfoques instintivos.

Si fuera a trabajar a otro país, su éxito estaría directamente vinculado con su habilidad para hablar el idioma y respetar las costumbres. Ni siquiera intentaría trabajar en otra cultura sin una capacitación específica. Con la educación adecuada, este cambio no requeriría que usted cambiara o que modificara sus propios valores. En forma similar, al comprender a los hombres, una mujer puede hacer los ajustes necesarios en su comportamiento para lograr el éxito sin tener que negarse a sí misma.

Si trabajara en Japón, no resentiría que todos ahí hablaran japonés. Con un buen intérprete o con un buen entendimiento de ese idioma, usted tendría la seguridad de conseguir lo que necesitara. En forma similar, cuando las mujeres entienden cómo obtener el respeto que merecen de los hombres, los antiguos muros del resentimiento se derrumbarán. Al no relegarse, una mujer descubrirá que los hombres con los que trabaja automáticamente empezarán a confiar en ella y a incluirla más en sus actividades.

No es sorprendente que muchas mujeres se sientan injustamente excluidas o despreciadas. En el pasado, las mujeres no comprendían las diferentes costumbres ni los códigos profesionales de comportamiento esperados en un lugar de trabajo marciano. Sin esta perspectiva, las mujeres se conducen inadecuadamente y se comunican de maneras que las llevan a perder el respeto de los hombres.

La comunicación mejorada, de apoyo y amistosa que resulta al comprender nuestras diferencias, ayuda a crear un nuevo sentido general de aceptación de lo que somos. Los malentendidos y la tensión emocional implícitos en el lugar de trabajo entre hombres y mujeres, gerente y empleado, vendedor y cliente, empiezan a desaparecer. En la medida en que los hombres y las mujeres sienten un mayor apoyo para ser ellos mismos, aumenta su habilidad para sobrellevar las tensiones inevitables cuando se trata de dirigir un negocio.

Ya se dieron grandes pasos para apoyar los derechos de las mujeres en el lugar de trabajo, pero hasta que los hombres y las mujeres se comprendan mutuamente, la esperanza de respeto y aprecio mutuos seguirá siendo un espejismo. La legislación y las mejores políticas de la compañía han hecho una gran diferencia, mas no es suficiente. *Marte y Venus en el trabajo* proporciona a hombres y mujeres las herramientas para aliviar esta carga sin esperar que alguien más lo haga. Si el respeto puede ganarse, entonces no tiene que esperar hasta que se lo den.

Si el respeto puede ganarse,
entonces no tiene que esperar hasta que se lo den.

La buena noticia es que casi todos los hombres desean, y siempre han deseado, dar respeto cuando éste se gana. Erróneamente, muchas mujeres han llegado a la conclusión de que todos los hombres son parte de un club marciano que las excluye. Una vez que las mujeres comprendan la forma en que piensan los hombres, se darán cuenta de que no es a ellas a quienes han excluido, sino a algunos de sus comportamientos.

Cree cambio en el lugar de trabajo

Cuando hombres y mujeres aprendan las claves secretas para ganarse el respeto y la confianza en sus diferentes mundos, las puertas del éxito, la cooperación y la colaboración continuarán abriéndose. Con una comprensión de cómo ganar respeto ya no dependeremos de dádivas, sino que tendremos en las manos la habilidad para ganar el respeto que ciertamente merecemos.

Con frecuencia, las mujeres exitosas cuentan historias de cómo triunfaron al convertir a los hombres en sus aliados y no en sus enemigos. Es el mismo proceso mediante el cual un hombre asciende por la escalera del éxito. Con esta nueva percepción sobre nuestras diferencias, las mujeres pueden convertir en sus aliados a los compañeros de trabajo, los gerentes, los empleados y los clientes.

Las mujeres triunfan al convertir a los hombres en sus aliados y no en sus enemigos.

Hasta que una mujer se gane el respeto, a menudo tendrá que soportar los prejuicios injustos de algunos hombres. Después de aplicar las percepciones de *Marte y Venus en el trabajo*, no sólo estará mejor preparada para terminar con esos prejuicios, sino que obtendrá el apoyo de otros hombres. Como una pequeña bola de nieve que va creciendo al rodar cuesta abajo, ella conseguirá con rapidez más apoyo gracias a sus acciones y reacciones.

Este cambio no significa que todo será fácil y maravilloso. Por desgracia, el prejuicio existe y, en muchas situaciones, una mujer será prejuzgada hasta que tenga la oportunidad de demostrar quién es y se gane el respeto que merece. Por este motivo, es aún más difícil para una mujer que para un hombre salir adelante.

El prejuicio en el lugar de trabajo dificulta el desempeño exitoso de una mujer más que el de un hombre.

Para crear un cambio en cualquier área de la vida, necesitamos modificar algo. Por fortuna, no tenemos que renunciar a nosotros mismos, sino que debemos cambiar la forma en que comunicamos quiénes somos. No tenemos que cambiar nuestras reacciones interiores, pero sí debemos transformar la manera en que respondemos a los demás. No tenemos que cambiar lo que sentimos respecto de las cosas; sin embargo, debemos modificar nuestra actitud. No tenemos que sacrificar la expresión personal auténtica, pero debemos ajustarla a lo que resulta apropiado en diferentes situaciones. Con esta nueva comprensión sobre cómo los hombres y las mujeres son diferentes, usted obtendrá la sabiduría y la flexibilidad necesarias para efectuar estos cambios.

Para mí es un placer compartir con usted *Marte y Venus en el trabajo*. Escribí el libro con la esperanza de que los hombres y las mujeres se beneficien con esta información y que, en forma gradual, el lugar de trabajo cambie y se convierta en un mejor sitio para todos. Cuando esta pequeña luz irradie a través de usted, espero que no sólo lo asista para obtener lo que merece, sino que también ilumine el camino de otras personas.

1 Marte y Venus en el trabajo

Imagine que los hombres son de Marte y las mujeres son de Venus, y que hace mucho tiempo nos reunimos, nos enamoramos y decidimos vivir juntos en la Tierra.

En ese tiempo realmente éramos muy diferentes de como somos en la actualidad. Los hombres alimentaban a la familia trabajando fuera de casa y las mujeres alimentaban a la familia trabajando en el interior del hogar. Las venusinas tendían a estar más orientadas hacia las relaciones y los marcianos hacia el trabajo. Juntos, pero en mundos separados, formamos parejas armoniosas que, con esta clara división del trabajo, manejábamos todo y vivíamos siempre felices.

Gradualmente, las venusinas se cansaron de sólo cuidar a la familia y desearon trabajar en el mundo exterior y ganar dinero, como lo hacían los hombres. Se sintieron oprimidas al depender de sus parejas y también quisieron ser independientes y autónomas. Cada vez más, en las diferentes etapas de su vida, las mujeres se involucraron en el proceso de ganarse la vida haciendo una contribución significativa en el trabajo, así como en casa o en sus relaciones personales.

En forma similar, algunos marcianos empezaron a cambiar; se orientaron más hacia las relaciones. Mientras que las mujeres deseaban involucrarse en desarrollar carreras fuera del hogar, los hombres comprendieron que la vida era algo más que sólo trabajo. Una vida hogareña de calidad con relaciones afectivas resultaba tan importante y significativa como el éxito en el trabajo. Los padres se involucraron más en el proceso de la paternidad.

Aunque éste fue un cambio bueno y natural, desencadenó una gran confusión, un gran conflicto y una gran frustración en el trabajo. Para empeorar la situación, los marcianos y las venusinas sufrieron amnesia selectiva; olvidaron que los hombres y las mujeres deben ser diferentes y que las diferencias son buenas.

Cuando las diferencias se aceptan en armonía puede crearse algo mucho más grande.

Cuando las mujeres empezaron a entrar en el mundo laboral, nuestros planetas chocaron. Los hombres no respetaban a las mujeres en el trabajo si éstas no se comportaban como ellos. Muchas mujeres respondieron y trataron de demostrar su igualdad al actuar como hombres. Para ganar respeto, para convertirse en marcianas, estas mujeres tuvieron que controlar su naturaleza venusina; sin embargo, esta supresión causó infelicidad y resentimiento.

Otras mujeres no estuvieron dispuestas a limitar su naturaleza femenina y no fueron respetadas como iguales por muchos hombres, por lo que lucharon para mantenerse. Los marcianos las discriminaron en forma injusta y, en ocasiones, las consideraron inferiores o incompetentes para desempeñar un "trabajo de hombres".

Era una situación sin esperanza de éxito. Las mujeres que triunfaban en el trabajo se sentían sumamente estresadas al controlar su naturaleza femenina. En cambio, aquellas que intentaron expresar su naturaleza femenina en el trabajo no fueron respetadas por los gerentes ni por los colegas, los empleados o los clientes.

No sólo sufrieron las mujeres, pues también los propios hombres discriminaron a otros hombres. Los marcianos que cada vez estaban más orientados hacia las relaciones perdían el respeto de aquellos que estaban más encauzados hacia el trabajo.

Por fortuna, esta historia tuvo un final feliz. Algunos hombres y mujeres pudieron recordar que los hombres son de Marte y las mujeres son de Venus. Fueron capaces de respetar las diferencias. Estos hombres y mujeres prosperaron en el trabajo y comunicar sus experiencias a otros.

Finalmente, las mujeres fueron capaces de comprender cómo saboteaban su éxito al entender e interpretar mal a los hombres. De la misma manera, al comprender mejor a las mujeres, los hombres no sólo pudieron respetarlas, sino también ampliar su perspectiva y obtener una percepción valiosa para volverse más productivos, al mismo tiempo que mejoraron la calidad de vida en el trabajo. Las mujeres encontraron la clave para ganarse el respeto de los hombres sin necesidad de controlar su naturaleza venusina y los hombres aprendieron a lograr más éxito sin tener que trabajar tanto.

Con un mayor respeto a los valores femeninos
los hombres pueden aprender a trabajar menos y a lograr más.

Los hombres conscientes lograron un mayor éxito con menor esfuerzo al aprender a crear confianza y atraer así el apoyo de un número creciente de mujeres en la fuerza de trabajo y en el mercado consumidor. Los hombres y las mujeres que pudieron ganar respeto mutuo y confianza prosperaron más y experimentaron mayor satisfacción personal también en casa; se convirtieron en modelos y consejeros de otros. Una vez más, todos vivieron siempre felices.

Haga realidad sus sueños

Aunque esto es sólo una fantasía, no tiene que permanecer como ficción. Todos soñamos con un mundo en el que haya respeto, confianza, justicia y prosperidad. Lo deseamos para nosotros, para nuestros seres amados y, más importante aún, lo deseamos para nuestros hijos.

En la actualidad, todo hombre desea y merece alcanzar el éxito sin tener que sacrificar una vida hogareña rica y satisfactoria. Toda mujer desea y merece la libertad para elegir un buen empleo y para crear independencia financiera sin sacrificar una vida hogareña de calidad.

¿Qué hombre no desea que su esposa sea tratada con justicia o que sea respetada en el trabajo? Ninguna esposa desea que su marido llegue exhausto a casa y con exceso de trabajo, resintiendo tener que sacrificar su vida personal con el fin de triunfar. Todo padre desea que sus hijas tengan las mismas oportunidades de éxito que sus hijos. ¿Qué madre desea que su hijo se consuma y trabaje en exceso para lograr más?

El cambio está en el aire. Ya es tiempo de que los hombres y las mujeres experimenten los beneficios de un mayor respeto y confianza en el trabajo.

Esto suena idealista pero es algo que podemos empezar a construir. Ninguna legislación gubernamental ni tampoco ninguna política administrativa anunciada desde arriba puede hacer que los hombres y las mujeres confíen y se respeten mutuamente. El respeto y la confianza en el mundo del trabajo debe ganarse y sólo puede ser así.

Ninguna legislación gubernamental puede hacer que los hombres y las mujeres confíen y se respeten mutuamente; esto debe ganarse.

El incremento histórico del número de mujeres en el mundo laboral presenta una oportunidad para efectuar un cambio significativo. Al ganarse el respeto de los hombres, las mujeres tienen el poder de influir en el mundo del trabajo dominado por ellos, para que sea mejor y más humano de lo que ha sido.

Las nuevas percepciones reveladas en *Marte y Venus en el trabajo* proporcionan una base para acelerar el cambio positivo ya en progreso. Al realizar algunos cambios pequeños —pero significativos— en la forma en que se comunican con los hombres en las oficinas, las mujeres empezaron a ganarse su respeto sin tener que controlar su naturaleza venusina orientada hacia las relaciones.

En la medida en que el respeto de los hombres hacia las mujeres aumente, las relaciones en el trabajo cambiarán en formas que apoyen la necesidad del hombre para estar más orientado hacia las relaciones y disfrutar más su vida. Al reunir a Marte y a Venus en el trabajo puede lograrse un nuevo equilibrio que enriquecerá todos los aspectos de nuestras vidas. Tanto para los hombres como para las mujeres, el éxito en el trabajo también favorecerá la posibilidad de una vida hogareña personalmente satisfactoria.

La comprensión de nuestros mundos diferentes

Sin una comprensión cabal de nuestras diferencias, es fácil interpretar mal y valorarse en forma incorrecta mutuamente. Ello suele originar pensamientos negativos y sentenciosos. Con frecuencia, en el trabajo, los hombres cometen el error de considerar incompetente a una mujer que no puede desempeñar un determinado trabajo y las mujeres, a menudo, piensan que los hombres son sexistas o que necesitan terapia. Al entender que somos de diferentes planetas se facilita la observación y comprensión de nuestras diferencias.

El hecho de comprender las diferencias da poder a los hombres y a las mujeres para ganarse la confianza y el respeto mutuos.

En el mundo laboral, a diferencia del reino de las relaciones íntimas, es necesario ganarse la confianza y el respeto requeridos para alcanzar un mayor éxito. En el trabajo uno no puede darse el lujo de perder el tiempo con una persona especial que siente un compromiso personal como para amarlo y adorarlo. En el trabajo es necesario lidiar con personas que con frecuencia sólo desean el mejor trato o lo máximo de usted, pero que carecen de un interés personal. Lo contratan porque puede desempeñar una labor mejor que otra persona, no porque sea agradable o simpático.

El mundo del trabajo es competitivo. Para tener éxito, usted debe ganárselo y continuar ganándoselo; esto difiere del mundo de las relaciones íntimas, en el que nuestro principal motivo es dar sin esperar algo a cambio. En el trabajo, aunque buscamos servir a los demás en forma significativa, el motivo principal es ganarnos la vida.

Si desea el éxito tiene que ganárselo y continuar ganándoselo.

El mundo del trabajo es condicional. El sentimiento es menos importante que la eficiencia. Quizá deseemos ayudar a todos, pero sólo podemos dar algo a aquellos que pagarán. El trabajo no es de caridad. No hay nada gratuito; debe uno ganárselo. El propósito de este libro es mejorar la comunicación y las habilidades de las relaciones en el trabajo, no crear un ambiente familiar feliz y amoroso, sino generar más éxito. Finalmente, lo primordial del trabajo es obtener ganancias y no pérdidas.

En este libro me refiero a la forma en que se manifiestan nuestras diferencias en el trabajo y cómo con frecuencia se entienden en modo erróneo y se interpretan mal. Cada capítulo aumentará su conocimiento y lo ayudará a reconocer la manera en que usted puede haber saboteado su éxito en el pasado. Aprenderá a empezar a ganarse el respeto y la confianza que merece al realizar algunos pequeños ajustes en la forma en que interactúa. Descubrirá secretos para mejorar la comunicación y alcanzar sus metas. Cada nuevo descubrimiento lo ayudará a comprender al sexo opuesto y le proporcionará más apoyo para lograr sus objetivos.

La vida en el mundo del trabajo

En la medida en que los hombres y las mujeres en el mundo del trabajo empiecen a comprenderse mutuamente, se generará el respeto y la confianza requeridos para lograr un mayor éxito. Esta atmósfera no sólo incrementa las ganancias, sino que crea la sinergia y la creatividad necesarias para mantenerse competitivo en el trabajo. Con menos esfuerzo se hará más. Incluso los hombres que no están interesados en lograr un equilibrio más satisfactorio entre el trabajo y el hogar se han dedicado a disminuir su resistencia para respetar los valores venusinos en el trabajo. Se dan cuenta que al comprender y al respetar a las mujeres, aumentan las ganancias. Con una mayor cooperación y trabajo en equipo, la eficiencia aumenta y los empleados son más productivos. En las ventas y el servicio al cliente, cuando se gana la confianza de una mujer, cada vez habrá más venusinas que comprarán sus productos, además de apoyar, promover, recomendar y emplear sus servicios.

Las mujeres que están más interesadas en enfocar toda su atención en sus hijos y en su hogar, con frecuencia descubren que cuando sus vástagos se van de casa, ellas ya están listas para formar parte del mundo del trabajo, y así equilibrar su vida. Por supuesto, no hay una forma ideal para todos, pero un balance del trabajo y el hogar es una idea próxima a cristalizarse.

Al mejorar la comunicación, obtenemos el respeto que merecemos y la confianza que apoya un mayor éxito.

A través de *Marte y Venus en el trabajo* usted descubrirá las muchas formas en que los hombres y las mujeres se comprenden de manera errónea y se interpretan mal mutuamente. Casi siempre, cuando las circunstancias parecen injustas, en realidad sólo son el resultado de una mala comprensión. Por supuesto, no toda la injusticia o conflicto en el trabajo es resultado de una mala comprensión de las diferencias entre hombres y mujeres, pero una buena parte de la frustración y el conflicto innecesarios sí lo son. Con una mejor comunicación podremos solucionar problemas que han marcado la vida laboral.

No es sólo una mayor comunicación lo que mejorará el trabajo. Los hombres siempre se han comprendido mutuamente. Mucho tiempo antes de que las mujeres ingresaran a este ámbito, ya había discriminación e injusticia entre los hombres. El prejuicio y la exclusión no surgieron de pronto cuando las mujeres llegaron en masa. El mundo del trabajo nunca ha sido un paraíso ni lo será. Sin embargo, en la actualidad estamos a punto de crear un mejor lugar de trabajo que antes. Con la llegada de más mujeres se presenta una nueva oportunidad para el mundo. Las mujeres añaden una perspectiva diferente.

En *Marte y Venus en el trabajo* analizaremos práctica y respetuosamente las diferentes formas en que los sexos enfocan los desafíos y la solución de problemas. Al analizar nuestras diferencias el resultado general es un mayor respeto, aceptación, confianza y consideración. En lugar de juzgar de inmediato o de criticar nuestras diferencias, no sólo empezaremos a apreciarlas, sino que también obtendremos beneficio de ellas.

Las diferentes formas de pensamiento y comportamiento pueden complementarse, en lugar de crear conflicto. Las diferencias entre hombres y mujeres son como las manzanas y las naranjas, una no es necesariamente mejor que la otra. Un cliente puede preferir las manzanas, pero eso no hace que las manzanas sean mejores para todos los clientes. Una manzana no es por sí misma mejor que una naranja. Al estar conscientes de cómo los hombres y las mujeres prefieren y respetan los diferentes estilos, usted puede identificar el estilo propio y el comportamiento adecuado para lograr sus fines.

En ocasiones, un enfoque puede ser mejor que otro. Finalmente, la combinación, la integración, el equilibrio o una síntesis de las tendencias y las características opuestas puede generar una unidad mucho mayor. Usted no puede lograr que una manzana sea una naranja, pero sí puede crear una deliciosa ensalada de frutas y aprovechar los beneficios de mezclar las diferencias.

Espero que utilice este sencillo libro como un mapa que lo ayude a recorrer territorios no cartografiados; que le dé la confianza y la fortaleza para enfrentar las situaciones que parecen injustas o insensatas. Espero que esta obra le proporcione la sabiduría y la claridad para comprender que cuando las cosas salen mal, siempre hay una forma para mirar en su interior y ajustar su comportamiento para alcanzar los objetivos que busca sin renunciar a sus valores. Con una mente y un corazón abiertos no sólo encontrará el camino correcto en el mundo del trabajo, sino que servirá como guía para que otros lo sigan.

2 Cuando se hablan idiomas diferentes

En el ámbito laboral, en ninguna parte se notan de forma más dramática nuestras diferencias que en el área de la comunicación. Los hombres y las mujeres no sólo son de diferentes planetas y hablan distintos idiomas, sino que no se dan cuenta de esto; piensan que hablan el mismo idioma. Aunque las palabras son las mismas, el significado puede ser totalmente diferente. Con facilidad, la misma expresión puede tener una connotación o un énfasis emocional distinto. La mala interpretación es tan común y se presenta de manera tan consistente que, al final, limita nuestras perspectivas.

Los idiomas marciano y venusino utilizan las mismas palabras, pero los significados son diferentes.

Hombres y mujeres se forman toda clase de conjeturas, conclusiones y juicios incorrectos respecto del sexo opuesto, lo que restringe o bloquea la voluntad natural de proporcionar respeto y confianza. Por la selección de palabras, sentimientos y expresión de un hombre, una mujer lo interpreta erróneamente como egoísta y desconsiderado y así llega a la conclusión de que él no merece su confianza. En forma similar, por la manera en que una mujer se comunica, un hombre considera de manera incorrecta a una mujer como si fuera incompetente e incapaz y así llega a la conclusión de que ella no merece su respeto.

Los hombres y las mujeres no son natural o intencionalmente sexistas, sino que es nuestro fracaso mutuo al no comprender el lenguaje de la otra persona lo que causa gran parte de las injusticias en el lugar de trabajo. En el pasado distante, para hacer frente a este estereotipo negativo, vivimos y trabajamos en dos mundos diferentes. Había una línea clara que separaba el trabajo de las mujeres y el de los hombres. La diferencia en la actualidad es que los hombres y las mujeres trabajan juntos. Aunque esto es un gran paso adelante, también colocó una nueva carga en todos. A no ser que empecemos a traducir en forma correcta nuestros mensajes y hagamos un puente en este espacio de comunicación planetaria, la falta de satisfacción en el trabajo aumentará y la productividad disminuirá.

Hombres y mujeres trabajando juntos representa un gran paso adelante, pero implica también una nueva carga.

Con un mayor conocimiento y comprensión de los diferentes estilos de comunicación de Marte y Venus, podemos empezar a solucionar este antiguo problema y a realizar lo que ninguna generación pensó en el pasado. Con esta información, hombres y mujeres pueden trabajar juntos en equipo y se beneficiarán de sus diferentes perspectivas y habilidades, en lugar de resistirse en forma activa o de tolerarse de manera pasiva. Con la interpretación correcta, la armonía aumenta automáticamente y una nueva vida llega al lugar de trabajo.

La comunicación orientada al trabajo contra la comunicación orientada a las relaciones

Una de las principales diferencias en la comunicación entre los sexos es el énfasis en el trabajo frente a las relaciones. En Marte utilizan la comunicación sobre todo para solucionar problemas y desempeñar una tarea, mientras que en Venus la emplean también para otros propósitos. Para los hombres, la comunicación en el trabajo es básicamente una forma de transmitir el contenido o la información. Para las mujeres es mucho más. La comunicación en Venus es una forma de solucionar problemas, pero se utiliza también para minimizar el estrés y sentirse mejor, así como para crear vínculos emocionales, fortalecer las relaciones y como un medio para estimular la creatividad y descubrir nuevas ideas.

Esta distinción tan simple crea muchos malentendidos e interpretaciones erróneas entre los sexos. Cuando las mujeres comprenden este punto, empiezan a entender cómo pueden perder el respeto de los hombres sin siquiera enterarse. Cuando los hombres entienden este punto, empiezan a darse cuenta de cómo pueden perder la confianza de las mujeres. Así, pues, es esencial tanto para hombres como para mujeres comprender cómo puede percibirlos el sexo opuesto.

Cuando los hombres hablan, generalmente es para proponer algo y solucionar un problema, o bien para reunir información a fin de resolver un asunto. Muchos hombres tienden a reflexionar en silencio respecto de las cosas y luego, cuando hablan, van directo al punto. Como regla general, los hombres percibidos como competentes por otros hombres usarán el menor número de palabras necesarias para exponer una opinión. Después de todo, en su planeta "el tiempo es oro" y más palabras toman más tiempo. En ocasiones, los hombres exitosos hablan mucho, pero cuando lo hacen es de una manera que implica que cada palabra es importante y necesaria para explicar la solución que proponen.

En Marte emplean el menor número de palabras necesarias para plantear una idea.

Si un hombre plantea varias cosas, cada una de ellas debe ser esencial y en una secuencia lineal para llegar a una conclusión lógica. Las palabras extra o las ideas no relacionadas se consideran como ineficientes y una pérdida de tiempo. A toda costa, se evita meditar demasiado sobre el problema o parecer dudosos. Cuando los hombres hablan confidencialmente sobre algo, se aseguran de ganarse el respeto de otros hombres en el lugar de trabajo. Lo que los hombres ignoran es que cuando hablan de esta manera en una junta de ventas, con un cliente, un compañero de trabajo, un empleado o el gerente, a menudo pierden la confianza y el apoyo de las mujeres.

Una mujer es absolutamente capaz de solucionar problemas, pero su estilo de comunicación puede sugerirle a un hombre que ella duda de sus propias habilidades. En el proceso de encontrar o proponer una solución, una mujer tiende a estar más orientada hacia las relaciones que los hombres. Sus palabras expresarán no sólo el contenido, sino también los sentimientos. Su estilo personal podría parecer inseguro y, a la vez, más global. Al no presumir que tiene todas las respuestas, en forma automática "consigue" el apoyo de los demás. Esto, por supuesto, si está en Venus. En Marte, su estilo global enviará una señal de advertencia.

Un hombre erróneamente llega a la conclusión de que si ella parece insegura o si se muestra abierta e interesada en lo que piensan los demás, carece de confianza en su habilidad para solucionar el problema por sí misma. La inclinación de la mujer por buscar la aprobación no es una medida de su inseguridad, sino un intento útil para crear un consenso general. Su tendencia a llegar en forma gradual a la solución —en lugar de ir directo al punto— no sólo frustra a un hombre, sino que puede motivarlo a no tomar en cuenta la validez de la sugerencia hecha por ella.

En Venus, las palabras se emplean para expresar sentimientos y contenidos. Las mujeres expresan más sentimiento en su conversación para "reunir" o incluir al oyente en su experiencia. Este toque personal aumenta la conexión. Antes de llegar al punto, una mujer puede divagar, crear expectación y dar sustancia a su relación con el oyente. En Venus, este estilo aumenta el vínculo personal y genera confianza. Lo que las mujeres no saben es que en Marte el hecho de utilizar palabras extra para explicar un punto hace que las consideren menos competentes de lo que en realidad son.

En Venus las palabras se emplean para expresar sentimientos y contenidos.

Una mujer no siempre dedica tiempo y palabras para establecer relaciones con el oyente. En circunstancias en las que no busca tender un vínculo personal, expresará el contenido de lo que pretende de una manera más directa. En otras palabras, si no respeta a una persona no se molestará en crear relaciones y, en cambio, irá directo al punto. Desde esta perspectiva, asume que un hombre no la respeta o que no está interesado en establecer un vínculo personal con ella si él habla de una manera directa. Cuando un hombre se dirige sólo al punto, su comportamiento no ayuda a crear confianza en la mujer, y, además, con el tiempo debilita la que hay.

Una mujer siempre estará más inclinada a hacer negocios con un hombre en quien confía porque éste toma en cuenta sus sentimientos. Un gerente puede crear con rapidez una sublevación de chismes y tensión si no toma en cuenta cómo responden las empleadas a su forma directa de expresarse. Aunque a muchos hombres les gusta trabajar bajo las órdenes de un gerente más directo, las mujeres toman esto en forma personal. La situación se empeora cuando un hombre es demasiado directo. En tal caso una mujer puede asumir erróneamente que está enojado con ella o que no le resulta agradable. En su planeta, cuando una mujer está enojada o simplemente no le agrada una persona, no se molesta en establecer una relación, sino que a propósito la evita. Para ella no vale la pena el esfuerzo y, como resultado, hablará de una manera más lacónica y elegirá emplear menos palabras.

Cuando un hombre va directo al punto y no realiza una pequeña "charla" para fundar una relación amistosa, una mujer erróneamente puede llegar a la conclusión de que ella no le agrada a él o que está enojado con ella. Tenderá, entonces, a tomar todo en forma personal y se sentirá excluida; pensará que no confían en ella, se sentirá menospreciada y no respetada. En realidad, podría ser que el hombre la apreciara y la considerara, incluso, bastante agradable.

Cuatro motivos para hablar

En el trabajo, los hombres generalmente emplean el lenguaje por un motivo, mientras que las mujeres tienen cuatro razones. Al comprender esta diferencia puede abrirse todo un nuevo mundo de comunicación entre hombres y mujeres. Si entienden esta distinción, las mujeres pueden comprender por qué los hombres no parecen escuchar de la misma forma en que lo haría otra mujer.

Exploremos las cuatro razones para comunicarse en Venus:

1. *Se habla para establecer una proposición.* Los hombres y las mujeres emplean las palabras para expresar el contenido y establecer una proposición. De esta manera, somos iguales. Los hombres utilizan el menor número de palabras para establecer una proposición, ya sea para dar información o para recibirla. Esta clase de comunicación está limitada a hechos, cifras y lógica; cada palabra se utiliza para expresar un punto fundamental. La gran diferencia entre hombres y mujeres es que los hombres usan el lenguaje básicamente para expresar el contenido, mientras que las mujeres pueden emplear las palabras también para otros motivos.

Los hombres emplean el lenguaje básicamente para expresar el contenido, mientras que las mujeres utilizan las palabras también para otros motivos.

2. *Se habla para dar y recibir apoyo emocional.* Las mujeres usan el lenguaje para expresar sentimientos. Una mujer quizá no establezca una proposición, sino que simplemente informe sobre su estado emocional. Esto es similar a un memorándum "Sólo para su información". Ella no espera que se haga nada al respecto, no hay mensaje oculto ni solicitud de cambio y tampoco acusación de culpa. Tiene un sentimiento y lo expresa sin la intención de buscar puntos de contacto con el trabajo. El hecho de expresar y compartir sentimientos negativos es una forma grandiosa en que las venusinas dan y reciben apoyo.

Cuando las mujeres comparten sentimientos es como un memorándum: "Sólo para su información".

Por ejemplo, una nujer podría exclamar: "¡Qué día tan agitado!" y otra respondería: "Sí, ha sido un largo día".

Esta respuesta simple y empática expresa mucho. Dice:

a) "Sí, ha sido un largo día", en silencio piensa: "Me *importas*, no te estoy ignorando. Eres importante para mí y voy a darte mi consideración y apoyo. Sé que se siente bien tener a alguien que muestre empatía, por tanto, dedicaré un momento a relacionarme de alguna manera con tu sentimiento".

b) "Sí, ha sido un largo día", dice y piensa en silencio: "*Comprendo*, tal vez no he tenido la misma experiencia que tú, pero he experimentado sentimientos similares. Sé lo que es sentirse como te sientes".

c) "Sí, ha sido un largo día", dice y piensa en silencio: "*Te respeto*, en verdad, hoy trabajaste arduamente. Hiciste todo lo que era posible. Tienes derecho a sentirte estresada".

En esta interacción se transmitió el contenido emocional y nada más. Como resultado de ello, ambas mujeres afirmaron su vínculo de interés, comprensión y respeto mutuos. El grado de afinidad y confianza se incrementó y el estrés se minimizó. Gracias a esta interacción, el día empieza a sentirse menos agitado.

El secreto para ganarse la confianza en Venus es demostrar siempre que sea posible el mensaje de que uno tiene interés, que comprende y que respeta. Cuando una mujer recibe este mensaje, se siente más confiada y, por ende, más relajada. Con frecuencia, el lugar de trabajo es el sitio más estresante para las mujeres, porque no se sienten consideradas, respetadas o comprendidas.

En Venus el interés, la comprensión y el respeto ganan en forma automática la confianza.

Analicemos ahora lo que podría suceder cuando un hombre escucha decir a una mujer: "¡Qué día tan agitado!".

Podría responder: "Oh, no es tan malo", "He visto peores", "No estamos tan ocupados" o "Puedes manejarlo".

En lugar de interpretar la expresión de ella como una oportunidad para expresar empatía, erróneamente piensa que su comentario edificante podría proporcionarle a la mujer una perspectiva más positiva. Esto no es lo que ella buscaba y no la hace sentir "más positiva".

Cuando las mujeres hablan para compartir sentimientos, a menudo buscan seguridad. No necesariamente quieren concordancia o que los otros tomen en forma literal lo que ellas dicen, sino que las apoyen con empatía. Un comentario que indique que está relacionado de alguna manera con su estado emocional, la ayudará. Si una mujer dice: "¡Qué día tan agitado!" éstos son algunos ejemplos de lo que busca:

"Lo sé, un problema tras otro."
"Gracias a Dios es viernes."
"Hay demasiado por hacer."
"Ni siquiera hay tiempo para recobrar el aliento."

Dar esta clase de apoyo emocional es la forma opuesta a como reaccionaría un hombre. Con frecuencia, los hombres minimizan un problema para reducir el estrés y las mujeres lo intensifican y luego lo disminuyen relacionándose entre sí. Este proceso venusino de disminuir el estrés es similar a tensar un músculo y luego relajarlo.

3. *Se habla para aliviar la tensión*. Muchas veces, una mujer deseará hablar sobre un problema o sobre una serie de problemas sólo para sentirse mejor. Al encontrar un amigo y desahogarse, se siente aprobada y esto le alivia el estrés. La confianza que siente cuando sus sentimientos son aprobados, disminuye el estrés.

Para una mujer, el hecho de hablar sobre sus problemas también alivia la tensión, porque esa charla la ayuda a solucionarlos. Compartir una serie de experiencias estresantes en ningún orden particular le da el apoyo para que su situación tenga sentido. Al hablar, empieza a comprender que algunas cosas en realidad no son tan importantes como pensaba.

Tal vez hable sobre lo que tiene que hacer en el futuro. Esto puede ser una herramienta efectiva para aliviar la presión. Al revisar lo que se requiere de ella, puede sentirse más relajada y capaz de hacer las cosas.

Al hablar sobre lo que tiene que hacer una mujer puede aliviar las presiones de trabajo normales.

Cuando un hombre escucha desahogarse a una mujer, puede interpretar mal el comportamiento de ella y asumir que está tratando de ya no trabajar más. Puede parecerle como si ella dijera: "Tengo demasiado por hacer y no puedo hacerlo". Probablemente ése es el sentimiento con el que ella empieza, pero no es el punto ni el mensaje que pretende enviar.

Los hombres también tienen sentimientos de inseguridad. La diferencia es que ellos no los anuncian. Un hombre puede sentir interiormente: "No sé si pueda hacer esto". En lugar de hablar al respecto, procede a pensar: "Tal vez podría hacer esto o podría hacer aquello; lo sé, haré esto". Al "meditar" en silencio, en forma gradual se va sintiendo mejor y con mayor seguridad.

Un hombre planea en su interior una estrategia de acción para aliviar su estrés y sentirse más seguro. Una mujer encuentra la misma seguridad tan sólo al expresar sus sentimientos y a partir de esto empieza a surgir para ella un plan claro. La mayoría de los hombres no comprende este proceso ni se relaciona con él. Hablar sobre los problemas en lugar de planear cómo resolverlos no es la primera reacción de un hombre, porque esto lo hace sentirse peor.

4. *Se habla para descubrir un punto.* Todos hemos vivido la experiencia de conocer el nombre de una persona y no ser capaces de recordarlo. Está ahí, en la punta de la lengua, pero no logramos decirlo. Finalmente, brota en la mente consciente. En forma similar, las mujeres algunas veces hablan de manera circular, dan vueltas alrededor de lo que desean decir. En cualquier momento surge lo que quieren decir. Esta expresión circular resulta extraña para muchos hombres y puede malinterpretarse. Por lo general, los hombres saben hacia dónde van y lo que quieren decir antes de hablar, pero una mujer puede empezar a hablar y de manera gradual descubrir lo que desea decir.

En general, los hombres saben lo que van a decir antes de hablar, pero una mujer puede empezar a hablar y en forma gradual descubrir lo que desea decir.

En realidad, las personas más creativas, ya sean hombres o mujeres, trabajan de esta manera. Primero empiezan y después surge lo que desean crear. En realidad no necesariamente saben lo que resultará. Lo que está en el interior empieza a emerger a través de una variedad de expresiones.

Cuando una mujer es capaz de expresar pensamientos y sentimientos fortuitos, se orienta hacia donde sea. Después de darle vueltas a ciertas ideas durante algunos minutos, quizá diga con entusiasmo: "Esto es lo que deseaba decirte" y luego establece su proposición.

En esta cuarta forma de comunicación, su pensamiento resulta vago y poco claro, pero en la medida en que habla, va obteniendo claridad en relación con lo que desea decir. Los hombres que tienden a ser más sensibles y creativos procesarán también sus ideas de esta manera. El problema con este estilo de comunicación es que un marciano podría pensar: "Si esto es lo que querías decirme, entonces ¿por qué me hiciste esperar diez minutos? Por favor, no me hagas perder el tiempo. Ve al grano de inmediato".

Mezcla de las cuatro razones

En situaciones formales dentro del lugar de trabajo, una mujer exitosa tenderá a limitar su expresión a la primera de las cuatro razones. Se enfocará en especial en compartir el contenido para establecer una proposición. En otras situaciones, cuando se siente más relajada e informal, tenderá a mezclar las cuatro formas de expresión en una. Esto puede resultar muy confuso para un hombre y contraproducente para la imagen profesional de una mujer. Así como una mujer se preocupa por usar la ropa adecuada en una reunión, también necesita preocuparse por el estilo de comunicación que elige.

En un ambiente relajado, una mujer tenderá a mezclar las cuatro formas de expresión en una.

Cuando la mujer está en el proceso de compartir sentimientos para sentirse mejor y descubrir lo que desea decir en el proceso, un hombre puede estar esperando con impaciencia que ella vaya al grano. Ella puede iniciar una charla extra o contar historias al azar sólo para experimentar una mayor conexión. Aunque esto funciona en Venus, no da resultado en Marte. Un hombre tenderá a frustrarse o le perderá el respeto. Para ganarse el respeto en el lugar de trabajo, una mujer necesita estar consciente de cómo podría ser vista por otras personas y realizar los ajustes adecuados.

Cuando una mujer desea analizar una idea para descubrir el meollo del asunto, podría decir: "No estoy segura de lo que deseo decir, permíteme pensar contigo en voz alta". En ocasiones, lo único que necesita hacer es expresar lo que está haciendo.

Cuando desea expresar sentimientos para sentirse mejor, podría decir: "¿Tienes unos minutos? Sólo necesito expresar algunos sentimientos fortuitos". Después de expresar esto, podría decir: "Gracias, me siento mejor". Esto aclara al hombre que esta interacción no fue una pérdida de tiempo para él.

Cuando desea compartir la charla para conectarse, podría decir algo como: "Vamos a tomar un descanso del trabajo por un momento" y luego formular una pregunta personal. En la medida en que la otra persona se abre, es adecuado que ella comparta más.

Puede haber muchas formas destinadas a preparar a un hombre para la clase de comunicación que una mujer va a emplear. El punto principal es asegurar que su motivo para hablar resulte apropiado para la situación y no asumir que automáticamente él comprenderá. Si ella se da cuenta que eligió una forma inapropiada para expresarse, es bueno que lo reconozca y estará "de nuevo en el equipo". Todo lo que necesita es decir algo ligero y con humor, como: "Discúlpame, me dejé llevar un poco".

3 Venus comparte, Marte se queja

La forma en que los hombres y las mujeres reaccionan ante el estrés en el lugar de trabajo afecta la manera en que se comunican. Los hombres estresados tienden a *enfocar* más y como resultado de esto pueden refunfuñar cuando se les pide que cambien su enfoque. Las mujeres estresadas, en cambio, tienden a *expandirse* más y, como resultado, quizá necesiten compartir sentimientos cuando comiencen a sentirse abrumadas. Sin la comprensión sobre cómo manejan el estrés los hombres y las mujeres, ambos se interpretarán erróneamente.

Si no tomamos en cuenta esta percepción, no sólo malgastamos oportunidades para proporcionar apoyo, sino que empezamos a perder la confianza y el respeto mutuos. A menudo, una mujer comparte sentimientos para obtener un poco de apoyo y un hombre la malinterpreta y piensa que sólo se está quejando. Por otra parte, cuando a un hombre estresado le piden que haga algo refunfuña, y una mujer puede llegar a la conclusión de que está resentido o no desea hacer lo que se le pide. Analizaremos primero cómo manejan las mujeres el estrés al compartir, y luego examinaremos las muestras de descontento marcianas.

"Compartir" en Venus es considerado en Marte como una "queja"

Una de las principales formas en que los hombres pierden el respeto por las mujeres es cuando *parece* que ellas se quejan por nada. Cuando las mujeres comparten sentimientos negativos en el lugar de trabajo, los hombres no escuchan esto como un "compartir", sino como gimoteos, culpas o quejas. Cuando una mujer comparte, el hombre piensa que se está quejando. Naturalmente, su respeto hacia ella disminuye.

Cuando las mujeres comparten sentimientos negativos, el hombre escucha quejas.

Hay una gran diferencia entre compartir y quejarse. Si uno está molesto por algo y desea que alguien más corrija la situación, podría localizar a la persona responsable y expresarle sus sentimientos de insatisfacción, frustración o desilusión. Esto es quejarse. Cuando un hombre o una mujer expresan sentimientos negativos con la intención de corregir la situación, la comunicación se convierte en culpar y lamentarse.

Cuando los hombres expresan sentimientos negativos hacia una persona, casi siempre lo hacen con la intención de lograr algún tipo de cambio en esa situación. Si esto ocurre, con frecuencia se trata de una reacción instintiva para motivar las medidas correctivas en otras personas. A menudo sólo sucede y el hombre ni siquiera se vuelve consciente de que lo está haciendo o por qué. Esto ya se convirtió en un hábito. Emplear sentimientos exaltados para motivar a otros a cambiar es un remanente de los días marcianos en que los hombres se pintaban el rostro y danzaban alrededor del fuego antes de ir a una batalla. Al emitir sonidos amenazadores y al parecer fiero, su enemigo se sentía más intimidado y se sometía.

En el lugar de trabajo, si un hombre levanta la voz, asume que será más efectivo para motivar a la otra persona para que cambie. Incluso quizá se sienta orgulloso al exasperar a alguien. Aunque esta práctica todavía es común en el trabajo, cada vez más se considera como una forma anticuada de actuar. El hecho de ser "reprendida" por un compañero de trabajo o un jefe no funciona para las mujeres, pero tampoco para los hombres. En la actualidad, las personas reconocen que no merecen un trato así y buscan trabajo en otro sitio. A la larga, utilizar emociones negativas para intimidar y manipular enoja a los demás y provoca desconfianza.

Con frecuencia, en Marte la ira y la frustración son reacciones para intimidar o amenazar a otras personas.

En Marte, los sentimientos más apacibles como el dolor, la desilusión, la preocupación o el pesar, en ocasiones son formas de desvincular a un hombre de ser responsable de una situación. La expresión de estas emociones puede ser una manera indirecta de culpar a otros. Por ejemplo, cuando se culpa a un compañero de trabajo por un error, un hombre podría decir: "Es decepcionante que no hayas terminado a tiempo". En este caso hay un claro mensaje de culpa. También, él podría decir: "Con este atraso, me preocupa bastante que no terminemos". Una vez más, no está "compartiendo" para sentirse mejor, sino dando un mensaje que implica: "La próxima vez debes estar más alerta y atento para que esto no suceda de nuevo".

Esta clase de acusación emocional y de manipulación resulta ya anticuada, igual que emplear la ira para intimidar. Por supuesto, en ocasiones es necesario quejarse o culpar a otros para producir un cambio pero, a la larga, usar emociones negativas para respaldar esta petición sólo resulta contraproducente. En cambio, al hacer una petición directa de lo que se desea, se puede lograr el mismo objetivo y la persona no se sentirá manipulada o intimidada. Buscar cooperación mediante una comunicación directa y respetuosa es una estrategia mucho más efectiva que emplear el temor, la condena o la culpa para motivar a los demás.

Debido a que los hombres expresan principalmente emociones negativas cuando se quejan o culpan, por lo general interpretan mal los motivos de una mujer cuando ella comparte sus sentimientos. Llegan a la conclusión de que ella no se responsabiliza del problema o que los está culpando a ellos. Por supuesto, las mujeres también pueden emplear sentimientos negativos para culpar o quejarse, pero la mayoría de las veces una mujer comparte las emociones negativas para mejorar la conexión con los demás o para sentirse mejor. Aunque los hombres lo escuchan como una queja o culpa, en realidad ella sólo está compartiendo.

Un hombre piensa que ella se queja o culpa cuando en realidad simplemente comparte.

La mayoría de los hombres no distingue esta diferencia, porque en Marte no "comparten" sentimientos; no tiene objeto hacerlo. Ellos expresan sentimientos, pero sólo cuando desean que se haga algo. En Marte, cuando se presenta un problema y no hay nada que un hombre pueda hacer al respecto, tratará de aceptarlo. Está hecho, es algo terminado. "Sopórtalo" o "asúmelo" son expresiones marcianas favoritas. El lema instintivo de un hombre es: "Si no hay nada que puedas hacer al respecto, entonces olvídalo".

En Marte, si no hay nada que se pueda hacer al respecto para solucionar un problema, no existe motivo para inquietarse o para hablar de eso.

En Venus, dicha situación se enfoca de diferente manera. Una mujer piensa: "Si no hay nada que pueda hacerse al respecto, al menos podemos hablar sobre eso".

Al hablar sobre las frustraciones y las decepciones, las mujeres liberan la tensión y el estrés. Una mujer convierte un limón en limonada al utilizar el contratiempo como tema de conversación, para crear afinidad y para fortalecer sus relaciones de trabajo. En Venus, cuando sucede algo negativo, se transforma en una experiencia que une.

Es esencial para los hombres saber que cuando las mujeres "comparten" sentimientos, no necesariamente buscan culpables o se lamentan. Si las mujeres comparten, sólo es para buscar apoyo emocional a través de la empatía, la comprensión, el respeto y la preocupación. Un conocimiento de esta distinción proporciona a los hombres un nuevo marco competitivo en el lugar de trabajo para aumentar la afinidad y ganar el respeto y la confianza de las mujeres.

La mayoría de los hombres ignora la diferencia entre quejarse y compartir, porque en Marte simplemente no se comparten los sentimientos.

Cuando un hombre no comprende a las mujeres (y la mayoría no las comprende, porque los hombres son de Marte), resulta muy difícil para ellas sentirse respetadas o consideradas. Llegan a la conclusión de que a propósito e injustamente las excluyen. Sin embargo, la mayor parte del tiempo ellos las están evaluando con las mismas normas con que evalúan a todos los hombres.

Al recordar que los hombres son de Marte, una mujer al menos no tiene que tomarlo como algo personal. Una mayor comprensión de los hombres la ayudará a interpretar en forma correcta la respuesta fría o sentenciosa de un hombre respecto de "compartir" sentimientos en el lugar de trabajo.

Cómo aplicar esta percepción

Al reconocer lo anterior, los hombres pueden aprender a ser más pacientes al escuchar a las mujeres. Al comprender que el proceso de ellas es diferente, pueden hacer a un lado los juicios. Al recordar que las mujeres son de Venus, el hombre puede ser más paciente y ganarse la confianza de ellas convirtiéndose en un mejor oyente.

Al recordar que las mujeres son de Venus el hombre puede ser más paciente al escucharlas.

Por otra parte, las mujeres reconocen que los hombres no son adeptos a estas formas de comunicación. En un ambiente competitivo, donde alguien siempre espera la oportunidad de demostrar que es mejor que usted, es mejor no proporcionar municiones a los otros. Al aprender a elegir cuándo y con quién compartir los sentimientos, una mujer asegurará mayor respeto en el trabajo.

Cuando una mujer siente más estrés o presión, pero presiente que los demás no comprenderán o respetarán su necesidad de compartir, es sabio que no manifieste sus sentimientos. Podrá expresarlos en otro momento con una amiga o puede conseguir el mismo beneficio si escribe un diario para registrar lo que habría dicho si estuviera en Venus y no en el lugar de trabajo. El hecho de dedicar tiempo a escribir un diario puede resultar tan efectivo para disminuir el estrés como hablar con una amiga.

Dedicar tiempo a escribir un diario puede resultar tan efectivo para disminuir el estrés como hablar con una amiga.

Aunque hablar en privado con una buena amiga en el trabajo puede aliviar la tensión, esto podría crear un muro que separe a las personas incluidas de las que no lo fueron.

Para disminuir el estrés, una mujer necesita sentirse segura a fin de decir con exactitud lo que siente, incluso si luego de un momento ese sentimiento cambia. Al dedicar tiempo a analizar sus sentimientos negativos, los positivos empezarán a emerger en forma automática. Estos sentimientos positivos expresan lo que ella cree en realidad, mientras que los sentimientos negativos casi siempre son temporales y pasajeros. En un momento, ella puede sentirse totalmente sin apoyo en el trabajo y luego, al siguiente, empieza a recordar el apoyo que tiene disponible.

Es importante que en el lugar de trabajo la mujer no comparta libremente sus pensamientos y sus sentimientos negativos. Si se toman fuera de contexto, podrían malinterpretarse. Las palabras tienen una gran influencia. Mucho tiempo después de que ella haya olvidado un comentario poco amable hecho sobre alguien, la persona en la que "confió" todavía lo recuerda. Para perjuicio suyo, dicha persona podría repetir sus palabras poco amables. Ya sea a propósito o sin darse cuenta, esas palabras podrían obstaculizar su avance.

Las acusaciones, expresadas de manera casual en momentos de estrés, suelen dejar atrás una mancha permanente. Las murmuraciones, como una forma de descargar el estrés, pueden ser inocentes pero en el lugar de trabajo ponen en peligro a una persona. Cuando se animan las murmuraciones para ventilar sentimientos negativos, resulta demasiado fácil quejarse o culpar a otros; la mejor estrategia es no mencionar las faltas de otras personas en el lugar de trabajo. Este enfoque, en lo positivo, es un hábito que necesitan fortalecer tanto los hombres como las mujeres. No se puede dirigir una compañía cuando las personas más útiles se acuchillan mutuamente por la espalda.

No se puede dirigir una compañía cuando las personas más útiles se acuchillan mutuamente por la espalda.

Para manejar en forma efectiva el estrés, los hombres y las mujeres necesitan asegurarse de no buscar en el lugar de trabajo todo el apoyo emocional que requieran. Si sienten estrés, necesitan contar con la seguridad de que fuera del lugar de trabajo hay oportunidades para descargar ese estrés. Cada vez un mayor número de compañías ofrece a sus empleados la ayuda para conseguir el apoyo emocional que necesitan fuera del lugar de trabajo al proporcionar programas que enriquecen la vida: horarios de trabajo flexibles, beneficios extra y gimnasios. Ya se demostró que este cambio aumenta la productividad y disminuye el estrés.

Las "quejas" en Marte parecerían resentimiento en Venus

Una de las principales maneras en que las mujeres pierden la confianza en los hombres es cuando un hombre se queja y *parece* resentir las peticiones de ella. Esta muestra de descontento es malinterpretado por las mujeres. Cuando él se queja, ella llega a la conclusión errónea de que él no desea darle su apoyo. En su planeta, las quejas de él suenan como que resiente que le pidan más o piensa que ella solicita demasiado. Como resultado, ella considera que deberá ser muy precavida con él. Por supuesto, se siente sin apoyo y su confianza hacia él disminuye.

Cuando un hombre rechaza la petición de una mujer, ésta escucha con resentimiento.

En Marte hay una gran diferencia entre la resistencia y los sentimientos verdaderos de resentimiento. Cuando un hombre se queja, su resistencia tiene que ver menos con la petición que con lo que planeaba hacer. Las quejas marcianas no son una señal de que él rechaza la petición; en realidad, es una buena señal. Esas quejas indican que un hombre está *considerando* la petición de ella. Si no la estuviera considerando, simplemente sonreiría y diría que no. Al comprender la forma en que piensan y reaccionan los hombres, una mujer puede interpretar en forma más correcta el deseo de un hombre de proporcionar apoyo.

Cuando los hombres se quejan, no es una señal de que no les importa o de que no desean responder a una petición.

Así como las mujeres "comparten" para soportar el estrés, los hombres tienden a "quejarse" para soportar el estrés de tomar una decisión. Cuando se necesita que un hombre tome una decisión que requiere de un cambio de parte de él, en su proceso de deliberación con frecuencia expresará su resistencia al cambio con un quejido o un tono malhumorado. Es probable que se queje, se lamente, frunza el ceño, rezongue o refunfuñe. En este tono, incluso puede expresar objeciones breves; esta resistencia es temporal. Es como un buen estornudo: llega e inmediatamente desaparece.

Mientras más concentrado está un hombre en el momento en que una mujer (o un hombre) pide algo, más se quejará. Sus quejidos no necesariamente están relacionados en forma directa con la petición de la mujer, sino con el deseo de él de hacer lo que ella le pide. Son los síntomas de tener que dejar de hacer lo que está haciendo para tomar una nueva dirección. Una vez que esté de nuevo en movimiento, en una nueva dirección, su resistencia desaparecerá.

Imagine que él conduce su auto hacia el sur y ahora usted desea que dé la vuelta y se dirija hacia el norte. Eso implica que él necesita frenar para considerar tal petición. Una mujer no se relaciona con esto, porque en general puede continuar conduciendo mientras considera los pros y los contras de dar la vuelta.

"Una cosa a la vez" es el lema en Marte. Los hombres pueden cambiar, pero se quejan durante el proceso. Las mujeres no comprenden esto, porque tienden a desempeñar varias tareas mientras piensan. Sin mucha resistencia, una mujer puede considerar hacer varias cosas al mismo tiempo. El inconveniente de esta tendencia es que en momentos de estrés, las mujeres consideran que realizan demasiadas cosas y se sienten abrumadas. Así como un hombre maneja el estrés quejándose ante un cambio imprevisto, una mujer, al "compartir sentimientos", lo maneja considerando que hace demasiadas cosas.

En Marte, un hombre se queja, se lamenta, frunce el ceño, rezonga o refunfuña mientras considera una petición; esto es temporal.

Así como los hombres malinterpretan la tendencia de una mujer de "compartir los sentimientos" como una queja, las mujeres malinterpretan la queja de un hombre como un resentimiento. Cuando los hombres refunfuñan, tiene un significado diferente que cuando las mujeres hacen exactamente lo mismo. Si una mujer se resiste a hacer algo y refunfuña, tenderá a sentir más resentimiento. Esto explica por qué las mujeres se retractan de su petición si un hombre se queja. En Marte, si se pide algo y una mujer se queja, es señal para retractarse, pues significará para ella que ya se pidió demasiado y si se pide más, entonces empezará a molestarse. Con este nuevo conocimiento de las quejas marcianas, las mujeres pueden interpretar en forma correcta los refunfuños y responder de una manera positiva que apoye a ambos.

Cómo responden las mujeres a los refunfuños

Si después de hacer una petición, el hombre refunfuña, la mujer asume en forma errónea que él no desea concederle lo que pide o que resiente hacer lo que le solicitó y entonces reacciona de una manera contraproducente. Se retracta, defiende su petición, describe con mayor detalle su problema o se torna exigente. Cada una de estas reacciones sólo aumenta la resistencia de él y puede hacer que se moleste con ella, cuando antes de la reacción de ella empieza a disminuir su resistencia y decidía hacer lo que le pedía. Examinemos estas cuatro reacciones con más detalle.

1. *Cuando ella se retracta.* En respuesta a las quejas de él, para evitar su resentimiento, una mujer a menudo se retracta de su petición con un comentario como: "Oh, no te preocupes, yo misma lo haré".

Esto sólo frustra aún más a un hombre. Después de que pasó por el proceso de considerar la petición y dijo "sí", incluso si su tono es quejumbroso, ella no debe retractarse. Los refunfuños de él son una manera de decir: "Haré esto, pero ya estaba haciendo otra cosa. Espero que en verdad lo aprecies". Al tener una actitud abierta y apreciativa, las quejas de él no sólo desaparecen, sino que se sentirá inclinado a ayudar la próxima vez.

Así como una mujer comparte sus sentimientos al darse cuenta que está abrumada para obtener un poco de comprensión emocional y empatía, un hombre refunfuña para que sepan que desea un poco de reconocimiento y aprecio por ser un buen tipo.

En lugar de retractarse cuando un hombre refunfuña, una mujer debe hacer lo opuesto a sus instintos y permitirle que refunfuñe, como si todo estuviera bien. En lugar de retirar su petición, simplemente debe escuchar las quejas y luego apreciar su voluntad de decir "sí" o de hacer lo que le pidió. Su apreciación hará que las quejas desaparezcan con mayor rapidez. A continuación, algunos ejemplos sobre cómo ella puede retractarse después de hacer una petición: él refunfuña y luego ella dice:

> "En realidad no tienes que hacer esto. Yo lo haré."
> "Tal vez esto es pedir demasiado. No tienes que preocuparte, yo lo haré."
> "No sabía que sería un gran problema para ti. Yo puedo hacerlo."
> "En realidad no es para tanto, yo lo haré."
> "Lamento molestarte. Yo puedo hacerlo."

2. *Defender su petición.* En ocasiones, la mujer retira su petición en lugar de defenderla. Esto sólo aumenta la resistencia de un hombre. Quizá se

sienta manipulado, en lugar de dejar de poner resistencia puede experimentar resentimiento. En este caso no le molesta la petición, sino cómo se hizo o se retiró ésta.

Para evitar que su resistencia aumente, una mujer sólo necesita hacer su petición con el menor número de palabras y no preocuparse en defender o justificar su derecho de pedir. Puede hacerlo si reconoce que él no está desafiando su derecho de pedir, sino que está considerando su petición y simplemente se resiste a tener que efectuar un cambio. A continuación se muestran algunos ejemplos de cómo se defiende una petición:

"Dijiste que harías esto antes y he esperado ya tres días."
"No pido demasiado."
"Esto es parte de tu trabajo."
"En verdad estamos retrasados y esto necesita hacerse de inmediato."
"Tengo que devolver diez llamadas, hacer un depósito bancario y actualizar el inventario. ¿Podrías hacer esto por favor?"

3. *Describe su problema*. En ocasiones, para respaldar su petición y con la esperanza de vencer la resistencia de un hombre, una mujer describe su problema con gran detalle. Aunque esto funciona en Venus, tiene el efecto contrario en Marte. Lo que ella no sabe es que mientras más palabras emplee, más resistencia pondrá él. En particular, mientras más habla ella sobre su problema, y aunque piensa que lo está motivando, en realidad lo está frustrando. En lugar de hablar sobre el problema, puede motivarlo mejor si habla sobre lo útil que eso será. Al enfocarse en el resultado y cómo la afectará de una manera positiva, él estará más motivado.

Al hacer una petición, si un hombre refunfuña, el mejor enfoque de una mujer es guardar silencio y permitir que él se queje un momento. Es el proceso para liberar su resistencia. Cuando ella emplea más palabras para justificar su petición y explica su problema, él literalmente tiene que resistir más palabras y tarda más tiempo para dar una respuesta de aceptación y apoyo. Hay algunos ejemplos sobre la manera en que ella describe su problema con mayor detalle:

"No puedo con esto. No sé lo que voy a hacer..."
"Tengo mucho que hacer. Tengo veinte cosas pendientes, no hay forma en que pueda realizar esto. Necesito tu ayuda..."
"Sé que en verdad estás ocupado, pero hay que realizar esto. Nuestra presentación es mañana y ni siquiera sabemos..."
"Si no hacemos esto, perderemos esta cuenta. Les prometí que terminaríamos..."
Necesitamos hacerlo de esta manera, porque el otro plan falló. Hablé con mi supervisor y desea que se haga de diferente manera. Piensan..."

4. *Se vuelve demandante*. Cuando una mujer piensa que un hombre no desea apoyarla y considera que "debería" hacerlo, suele responder a sus quejas volviéndose demandante. Esto sólo pone al hombre más a la defensiva. En lugar de respaldarla, puede volverse terco y desafiante. Éstos son algunos ejemplos:

"Tienes que hacer esto."
"No me importa si estás ocupado, deseo que hagas esto."
"No puedo creerlo. Se supone que tú..."
"Quiero que esto sea una prioridad para ti. Es tu trabajo..."
"No estás escuchando. Quiero que..."

Cómo aplicar esta percepción

Con esta percepción, los hombres y las mujeres se benefician. Las mujeres aprenden a responder a los refunfuños de un hombre, pero los hombres también aprenden a responder correctamente cuando una mujer refunfuña. Un hombre necesita saber que cuando una mujer refunfuña, no es sólo una expresión momentánea de resistencia para dejar escapar parte del enojo. En Venus, cuando las mujeres refunfuñan, es señal de que tienen trabajo excesivo y necesitan ayuda.

En Venus, cuando las mujeres refunfuñan, es señal de que tienen trabajo excesivo y necesitan ayuda.

En su planeta, son malos modales solicitar de manera insistente y continua la ayuda de un hombre. En cambio, es adecuado retirar la petición o, al menos, hablar más sobre el problema. Al insistir en su petición, quizá él la motive a decir "sí", pero más adelante sentirá resentimiento hacia él. Al comprender que las quejas en Marte son muy diferentes de las de Venus, un hombre puede responder con más respeto a la resistencia de una mujer.

Un hombre erróneamente llega a la conclusión de que si ella dice "sí", al apreciar sus esfuerzos, no demostrará resentimiento más adelante. Esto no es verdad. El apreciar a una mujer sólo por su trabajo no resulta suficiente, pues necesita sentir que se le reconoce cuando hace demasiado y en lugar de pedir ayuda, ofrece darla.

Un hombre también se beneficia al estar más consciente del momento en que refunfuña. Tal vez ni siquiera se dé cuenta de cómo intimida a las mujeres o de por qué ellas permanecen alejadas de él. Con esta percepción, puede compensar al hacer un esfuerzo deliberado para volverse más amistoso y agradable. Podría decir a la ligera: "Discúlpame, estaba bajo mucha presión".

Evite hacer uso de las emociones para quejarse

Por naturaleza, las mujeres emplean tonos emocionales como una forma de expresar sus sentimientos. Es la manera en que una mujer dice: "Mira, en realidad tengo un problema muy grande y deseo tu atención". Para establecer un límite o quejarse sobre lo que ella no desea, una mujer seriamente debilita su posición al utilizar emociones negativas. Una queja legítima o lo que proponga, puede minimizarse porque expresa emociones en lugar de hechos.

La tendencia de una mujer a respaldar las quejas con emociones negativas sabotea gravemente su imagen como persona capaz y debilita de manera directa la validez de su queja. Si una mujer quiere destacar y adquirir la reputación de competente, entonces, cuando tenga una queja, deberá presentarla sin demostrar emoción. Sin esta imagen profesional, resulta difícil ganarse el respeto que merece. Hay ciertas ocasiones en el lugar de trabajo en que puede estar más relajada y expresar sus sentimientos, pero necesita comprender que si en realidad busca crear un cambio y los hombres son parte de él, entonces —al apartar sus emociones— estará más preparada para lograr lo que desea.

Cuando una mujer necesita quejarse, es importante que lo haga de una manera que respeten los hombres. Las expresiones francas de emoción no son respetadas, pero ocurre lo contrario con las frases objetivas. Si una mujer está molesta, no es el momento de expresar una queja. Si desea que se valore justamente el mérito de su situación, necesita procesar primero sus emociones en otra parte y luego expresar su queja de una manera más relajada y objetiva. Un poco de emoción resulta adecuada, pero sólo si ella es capaz de permanecer objetiva. A menudo, el mérito de su queja es juzgado por su habilidad para ser objetiva, expresar los hechos y evitar hacer juicios personales. A continuación, algunos ejemplos sobre cómo podría comunicar lo que siente en forma más objetiva:

a) Ella dice: "No puedo creer que alguien me trate de esa manera". El hecho de ser demasiado general debilita su caso. En cambio, debe ser más específica y decir: "Le dije que no teníamos ese expediente y él levantó la voz y se quejó durante veinte minutos. Escuché con cortesía, pero luego le pedí que presentara sus quejas en una carta". La objetividad se logra al enfocar lo que sucedió y lo que ella hizo, y no lo que sintió. No es profesional compartir lo que siente con el objetivo de ser juzgada.

b) Ella dice: "No respetó mis necesidades ni a mí". El hecho de quitarle mérito a un hombre puede poner a otros hombres a la defensiva. En cambio, sea específica y no juzgue. Diga: "Le pedí que escuchara un par de minutos, pero él siguió hablando".

c) Ella dice: "No pude hacer lo que se suponía que debería hacer". Dar excusas sólo hace que una mujer parezca incompetente y débil. En cambio, sea específica y describa con exactitud lo que sucedió. Permita que las otras personas saquen su propia conclusión. De esta manera, no enoja al sexo opuesto. En este caso, ella podría decir: "Llegué a las ocho y media y las puertas aún estaban cerradas. Intenté entrar, pero estaban con llave. Como resultado, me retrasé dos horas". Sea específica y objetiva. Describa lo sucedido y la consecuencia de ello.

d) Ella dice: "Resulta imposible trabajar con él, no puedo hacerlo". Al culparlo y catalogarlo de esta manera, una mujer sólo logra que parezca más difícil trabajar con ella. Necesita ser más objetiva y luego pedir lo que desea. Cuando una mujer habla respecto de una solución, es importante ofrecer también una. Podría decir: "Él llegó a mi oficina y empezó a hacer muchas preguntas sobre todo lo que hago. Cuando le dije que me pondría en contacto con él, empezó a decirme que tenía que hacer lo que él ordenaba o perdería mi empleo. Sugeriría que él tuviera una descripción más clara de mis responsabilidades, para que entienda que no es mi jefe".

e) Ella dice: "No lo considero capaz de desempeñar el trabajo". En lugar de generalizar, sea específica. ¿Qué aspecto del trabajo no es usted capaz de desempeñar? Proporcione un ejemplo. Diga: "Le pedí tres veces que me enviara el balance de pérdidas y ganancias de las últimas seis semanas y aún no recibo nada. Dijo que estaba demasiado ocupado, pero que trataría de realizar ese trabajo. Considero que no tiene el tiempo o la motivación para dirigir este nuevo proyecto. Creo que yo podría efectuarlo. Lo he realizado antes y estoy segura de que haría un trabajo muy bueno".

f) Ella dice: "Nunca escucha lo que tengo que decir. No obtengo ninguna respuesta de él". Ésta es una expresión cargada de emociones que pone a los hombres a la defensiva y a ella como una víctima impotente. Las quejas emocionalmente cargadas nunca funcionan y, por el contrario, permiten que usted se vea peor que la persona de quien se queja. Un hombre podría pensar: "Bueno, si me hablaras de la forma en que me estás hablando ahora, yo tampoco desearía escuchar". Si se expresa una carga emocional, rara vez se gana la compasión de los hombres, y si se la gana la imagen de usted quedará empañada por ser una persona sumamente sensible y, por tanto, incapaz de manejar situaciones difíciles. Para dominar la tendencia de parecer una víctima impotente al quejarse, lo más importante es recordar que debe dejar sus emociones en casa.

Evite las preguntas retóricas

Una de las principales formas en que, sin saberlo, las mujeres debilitan su imagen de competencia es expresando sentimientos negativos a través de preguntas retóricas. Expresar el tono emocional de ira y frustración al hacer una pregunta retórica resulta insultante y provocadora en Marte. Para otra mujer, esto sólo se toma como una expresión inofensiva de sentimiento, pero un hombre lo escucha como un ataque directo y muy poco profesional. En Venus, expresar sentimientos negativos es una forma de hacer frente y ser escuchada, así como una forma de pedir apoyo y crear un vínculo. Aunque da resultado en Venus, no funciona en Marte.

Una pregunta retórica no busca una respuesta, sino que contiene un mensaje implícito. En Marte, las preguntas retóricas implican un juicio, pero en Venus se utilizan para expresar un sentimiento o un tono emocional.

"¿Cómo pudiste olvidarlo?" Parece inofensivo en la superficie, pero cuando es retórico y respaldado por un tono de dolor o ira se vuelve letal. Cuando una mujer usa una pregunta retórica, el mensaje implícito que escucha un hombre es "¡Qué vergüenza!". En Marte expresa una actitud de superioridad y juicio, con la implicación de que, de alguna manera, un hombre está mintiendo, es incompetente o ineficiente. Aunque una mujer no intente enviar este mensaje, eso es lo que escuchará el hombre.

Cuando una mujer usa una pregunta retórica, el mensaje implícito que un hombre escucha es: "¡Qué vergüenza!".

En la mayoría de los casos, una mujer utiliza las preguntas retóricas como una forma de indicar que está molesta, pero que todavía no ha juzgado el comportamiento que desencadenó su enojo. Las mujeres no juzgan con tanta rapidez como los hombres. En general, buscan comprender mejor una situación antes de sacar conclusiones.

Esta discreción natural no evita que una mujer exprese de inmediato una emoción. Los hombres no comprenden esta diferencia, pero en general juzgan antes de expresar emociones negativas. Este juicio no necesariamente es personal. Cuando un hombre dice que algo es estúpido, no quiere decir que la persona que lo hizo sea estúpida.

Cuando una mujer expresa una emoción negativa en el tono de su voz mientras hace una pregunta retórica, un hombre se siente atacado e imagina que ella lo juzgó injustamente en forma personal. En realidad, aceptaría mejor lo que ella tuviera que decir si fuera más directa y sonara objetiva, como: "Esto es estúpido" o "Esto no tiene sentido" o "En realidad no me gusta esto".

Cuando una clienta, una gerente o una compañera de trabajo expresa desilusión o frustración con una pregunta retórica, es importante para un hombre que no se sienta atacado y se ponga a la defensiva, y comprender que ella no lo está juzgando. Una pregunta retórica significa que ella todavía no juzga ni se ha formado una opinión. Una pregunta retórica, en realidad, es una buena señal. Significa que aún está abierta a enfocar una situación con una luz más clara.

Generalmente, ella sólo necesita hablar más para que sus sentimientos de enojo disminuyan. Su enojo no es permanente como una línea tallada en piedra; es tan sólo como una línea dibujada en la arena o en el agua. Desaparecerá con rapidez si tiene la oportunidad de sentirse escuchada. Si él reacciona y defiende su posición, entonces ella puede reaccionar y, en forma gradual, su línea en la arena se convertirá en una línea tallada en piedra.

Como una línea dibujada en el agua, los sentimientos negativos de una mujer desaparecen con rapidez si tiene la oportunidad de sentirse escuchada.

Esta percepción es útil para que los hombres comprendan las preguntas retóricas con una luz más positiva, pero no es realista que las mujeres esperen que los gerentes, sus compañeros de trabajo o sus clientes comprendan siempre. Si ellos entienden, entonces ella tiene suerte, pero en la mayoría de los casos una mujer necesita tener cuidado para no enojarse o que la interpreten mal. Si ofende por error, puede retractarse fácilmente con una pequeña disculpa. Lo único que tiene que hacer es decir algo como: "Discúlpame, no quiero que parezca que estoy enojada contigo".

Si una mujer ofende por error con una pregunta retórica, puede retractarse fácilmente con una pequeña disculpa.

Analicemos ahora algunos ejemplos de preguntas retóricas comunes y cómo las interpretan los hombres. Recuerde, si estas mismas frases se utilizaran con un tono amistoso o si no fuesen retóricas, serían adecuadas. Tan pronto como se añade frustración, ira, desilusión, preocupación o urgencia se convierten en comentarios ofensivos de la peor clase en Marte. Para comprender este punto, imagine que se siente frustrada, desilusionada o preocupada mientras expresa las diferentes preguntas. Cada una de estas preguntas podría remplazarse con un comentario más directo que también expresaría su sentimiento, pero de una forma que casi todos los hombres respetarían y apreciarían más.

Este énfasis en las mujeres y las preguntas retóricas no implica que los hombres no utilicen, asimismo, las preguntas retóricas. Los hombres también riñen con otros hombres. La diferencia aquí es que cuando un hombre emplea una pregunta retórica, está consciente del mensaje que escuchará el otro hombre. En Marte, las preguntas retóricas se utilizan para reñir. Son despectivas y degradantes. Ahora, una mujer al menos puede saber por qué los hombres se sienten atacados por ella cuando ésa no es su intención.

UNA PREGUNTA RETÓRICA	LO QUE ESCUCHA UN HOMBRE	CÓMO PUEDE ELLA SER MÁS DIRECTA
¿Cómo pudiste hacer eso?	Eres incompetente.	No me gusta...
¿Cómo planeabas tratar este asunto?	Necesitas mi consejo para hacer esto, no puedes hacerlo solo.	Esto no funciona para mí. Quiero...
¿Qué pensabas?	Eres estúpido.	Esto no tiene sentido para mí. Pienso que...
¿Por qué hiciste eso?	Eres ineficiente.	Esto es una pérdida de tiempo. Podríamos...
¿Qué significa esto?	Estás siendo engañoso y no se puede confiar en ti.	Esto no tiene sentido para mí. Parece como...
¿Cuándo harás eso?	Eres irresponsable y no puedo depender de ti.	En realidad, tengo prisa con esto.
¿Qué vas a hacer respecto de esto?	Todo este problema es tu culpa.	Esto en realidad es ridículo. Para arreglar esto necesitamos...
¿Qué se supone que debo hacer ahora?	Me creaste un gran problema.	No hay nada que pueda hacer respecto de esto. Necesitaré tu ayuda para...
¿Sabes qué hacer?	Es probable que no puedas llevar a cabo esta tarea.	Esto es difícil. Necesitamos hablar más sobre esto...
¿Estás listo?	No estás preparado.	Éste es un gran desafío. Si deseas mi ayuda, estoy disponible...
¿Te acordarás?	Es probable que lo olvides, como lo has hecho en el pasado. No estoy segura de que pueda depender de ti.	Es muy importante recordar esto. Esperan que nosotros...
¿Por qué sucedió esto?	No existe un buen motivo para que sucediera esto. No estás haciendo un buen trabajo.	Se supone que no debería haber sucedido esto. Pensé...

Evite un interrogatorio riguroso

Así como las mujeres, sin darse cuenta, minimizan su grado de competencia con preguntas retóricas, los hombres que erróneamente hacen un interrogatorio riguroso a las mujeres degradan el sentido de interés y consideración de ellas. En Marte, el enfoque y la claridad de un hombre pueden causar una gran impresión, pero en Venus, sus preguntas no retóricas directas, respaldadas por emoción negativa, hacen que una mujer se sienta personalmente atacada. Ella no comprende de dónde procede él. Si él en realidad busca una respuesta a sus preguntas, entonces ella siente que está siendo juzgada por un crimen o que la acusan de haber actuado mal.

En Marte piensan como nuestro sistema legal: uno siempre es inocente hasta que se demuestra que es culpable. Aunque un hombre piensa de esta manera, una mujer puede recibir el mensaje opuesto. Si un hombre está molesto, se forma un juicio negativo. No obstante, dicho juicio es sólo una opinión; no es tan definitivo como ella lo considera. El hecho de que él formule preguntas implica que aún está abierto a cambiar su juicio. Aunque hace preguntas para reunir información y establecer su punto de vista, si esa información refuta su caso, entonces se retractará. Desde su lado, su opinión no es una declaración de la culpa de ella; es sólo como una audiencia preliminar para determinar si debe haber un caso.

Si un hombre formula preguntas, esto implica que aún está abierto para cambiar de opinión.

Cuando una mujer utiliza una pregunta retórica, no desea una respuesta, sino que la escuchen más. Cuando un hombre lleva a cabo un interrogatorio riguroso —incluso si éste parece retórico—, en realidad desea respuestas y aunque quiere demostrar su caso y tener la razón, generalmente está dispuesto a cambiar de opinión después de escuchar las respuestas. El hecho de que parezca tan seguro de su opinión no significa que no pueda cambiar ésta en un instante.

Esto resulta confuso para una mujer, porque no parece que él esté dispuesto a cambiar de opinión. Lo que ella no sabe es que los hombres hacen juicios instantáneos, pero pueden cambiar con la misma rapidez si reciben nueva información. Ella carece de una comprensión instintiva de este proceso. Por instinto, las mujeres reúnen más información antes de formarse una opinión y cuando al fin la establecen, ésta es mucho más definitiva. Cuando un hombre está molesto y formula una pregunta, es ésta una buena señal en Marte, pues significa que se encuentra abierto a recibir datos y que desea cambiar su juicio, como un perro bravo que ladra pero también mueve la cola.

Cuando un hombre está molesto y hace preguntas,
esto es una buena señal en Marte.

Un hombre no se siente amenazado por las preguntas mordaces de otro hombre y espera la oportunidad para dar una explicación; por instinto, reconoce la imparcialidad de otro hombre para escuchar lo que él tiene que decir. Ve moverse la cola, pero una mujer no la ve. Ella sólo escucha el gruñido fuerte u observa la intimidante muestra de dientes y colmillos.

La gran diferencia aquí es que en Venus necesitan hablar para sentirse mejor, pero en Marte desean solucionar un problema. Si un hombre recibe una respuesta buena y razonable a su pregunta, en forma automática empieza a sentirse más amistoso y centrado y libera la carga emocional negativa.

Cuando un hombre hace preguntas en tono molesto, la mujer puede estar segura de que su enojo desaparecerá en cuanto ella responda a sus preguntas. Es tiempo de que ella deje de escuchar y dé una buena defensa. Los hombres quieren que se defienda en esos momentos. La misma acción que sería ofensiva en Venus es respetada en Marte. Cuando un hombre está molesto, una mujer, en lugar de ser buena oyente, necesita tomar con firmeza una posición amistosa y explicarse.

Al permanecer tranquila en su defensa, automáticamente él se calma, se relaja, se vuelve objetivo y la apoya. Cuando los hombres se muestran emotivos, a menudo necesitan más razones para ser objetivos y relajarse de nuevo. Si ella responde a sus preguntas con una explicación, él estará más satisfecho y la apoyará más.

Al permanecer tranquila en su defensa, automáticamente él se calma, se relaja, se muestra objetivo y la apoya.

A la mitad de una discusión, si un hombre se torna emotivo, una mujer sabia se toma tiempo para expresar en otra forma la pregunta de él y darle una respuesta. Si puede hacer esto sin tomar la pregunta de manera personal, de inmediato él se calmará.

Un hombre no tiene idea de lo poco amistoso e interesado que parece cuando está enojado o frustrado y hace preguntas que no resultan retóricas. Cuando él desea respuestas a sus preguntas con carga emocional, una mujer siente que está siendo objeto de un interrogatorio riguroso en una corte debido a que cometió un crimen. Aunque para él no implica que sus juicios rápidos sean concluyentes, es el mensaje que ella escuchará. Para evitar dar este mensaje, un hombre necesita controlar más sus sentimientos y ser sensible a lo que ella puede estar escuchando.

Al hacer uso de las sugerencias anotadas en la tercera columna, un hombre puede dar más apoyo en lugar de intimidar:

CUANDO ÉL ESTÁ MOLESTO Y PREGUNTA	ELLA LO TOMA COMO ALGO PERSONAL Y ESCUCHA	CÓMO PUEDE ÉL SUAVIZAR SU ENFOQUE
¿Qué vas a hacer respecto de esto?	No estás considerando mis necesidades ni estás siendo responsable.	¿Me ayudas a entender tu plan para manejar esto?
¿Por qué no terminaste esto?	Espero que trabajes mejor.	Dime lo que sucede. ¿Cómo puedo ayudarte a terminar esto?
¿A qué te refieres cuando dices...?	No tiene ningún sentido.	¿Puedes tratar de expresarlo en una forma un poco diferente? Creo que aún no lo capto.
¿Qué pensabas...?	Eres una tonta.	Por favor, ayúdame a comprender lo que piensas respecto de esto.
¿Cuándo terminarás?	Te tardas demasiado, como siempre.	Revisemos tu plan para terminar este proyecto. ¿Hay algo que pueda hacer para ayudar?
¿Por qué hiciste esto?	Eres incapaz de hacer bien las cosas.	Ayúdame a comprender lo que piensas respecto de esto.
¿Por qué no llamaste?	Debiste haber llamado y ahora eres la causa de mis problemas.	¿Qué puedo hacer para ayudar? Dime lo que sucede.
¿Qué planeabas hacer respecto de esto?	Eres muy poco profesional. No planeabas hacer nada respecto de esto.	Hablemos sobre tus planes para solucionar este problema. Quizá pueda ayudar.

4 El señor Arréglalo y el Comité de Mejoría de la Oficina

La queja que las mujeres expresan con más frecuencia respecto de los hombres en el lugar de trabajo es que ellos no escuchan. Un hombre ignora a una mujer por completo cuando ella le habla o sólo escucha algunas palabras y luego, orgullosamente, se pone su gorra de señor Arréglalo y ofrece una solución para el problema. Este hombre no tiene idea de cómo sabotea su relación de trabajo con ella. Sin importar cuántas veces se queje ella de que él no la escucha, él sigue sin oírla y nada cambia.

En la oficina, un hombre generará —sin saberlo— muros de resistencia al no tomarse la molestia de escuchar a las mujerres como ellas esperan que lo haga. Piensa que está dando un buen ejemplo de eficiencia, pero en realidad logra el efecto opuesto. En el terreno de las ventas, no tiene idea de cuántas veces pierde negocios porque una mujer ni siquiera se molestó en quejarse y mejor se dirigió a otro sitio.

Al ofrecer soluciones rápidas a las mujeres, un hombre, erróneamente, piensa que está causando una buena impresión.

La queja que con mayor frecuencia expresan los hombres sobre las mujeres en el lugar de trabajo es que ellas hacen demasiadas preguntas y siempre desean cambiar las cosas. Un hombre se frustra cuando las mujeres quieren mejorar algo que, al parecer, está bien. Tan pronto como algo funciona, un hombre lo deja en paz. Su frustración es que las mujeres desean "mejorar" las cosas que él considera que no necesitan un cambio. Cuando una mujer está comprometida con el lugar de trabajo, surgen sus tendencias nutrientes y busca mejorar todo. Forma un Comité de Mejoría de la Oficina.

A menudo, lo que desea mejorar primero es a sus compañeros, gerentes o empleados del sexo masculino. Sin comprender que los hombres son diferentes, las mujeres presentan la tendencia de ofrecerles consejo no solicitado con relación a cómo pueden hacer mejor las cosas. Las mujeres consideran que es una expresión de apoyo hacer preguntas y sugerencias cuando los hombres se comportan de tal forma que una mujer cree que podría mejorarse. Así como los hombres cometen el error de interrumpir a las mujeres con soluciones, las mujeres cometen el error de ofrecer a los hombres sugerencias no solicitadas para mejorar. A los hombres se les considera, por tanto, indiferentes, y a las mujeres perturbadoras.

Nuestros errores más grandes:
los hombres interrumpen a las mujeres con soluciones;
las mujeres dan sugerencias no solicitadas.

Estos dos problemas pueden solucionarse, finalmente, cuando comprendemos primero los motivos por los que los hombres ofrecen soluciones para arreglar las cosas y las mujeres hacen preguntas y dan sugerencias para mejorar. Retrocedamos en el tiempo y exploremos la vida en Marte y en Venus. Aunque en la actualidad los hombres y las mujeres han cambiado mucho con el fin de parecerse más mutuamente, muchas de nuestras diferencias permanecen aún en distintos grados. Una exploración más profunda de la vida en Marte y en Venus nos ayudará a comprender sin juzgar nuestras diferencias cuando se presenten en la Tierra.

La vida en Marte

Lo que más valoran los marcianos es el poder, la competencia, la eficiencia, la acción, el logro y la realización. En su lugar de trabajo siempre hacen algo para demostrar su valía y desarrollar su poder y habilidades. Su sentido de mismidad y su éxito están definidos por su capacidad para obtener resultados. Experimentan satisfacción principalmente al conseguir resultados y hacer un trabajo excelente.

El sentido de personalidad de un hombre lo definen los resultados de su acción.

En Marte todo es un reflejo de estos valores. Incluso la ropa se diseña con el propósito de reflejar sus habilidades únicas para crear resultados. Los oficiales de policía, los soldados, los hombres de negocios, los científicos, los conductores, los pilotos, los técnicos, los médicos, los abogados y los chefs usan uniformes que identifican su competencia y su poder.

La mayoría no lee por placer revistas del corazón, de psicología o de moda; disfrutan más la acción y las revistas orientadas a conseguir resultados para hacer dinero, las que hablan de autos veloces y actividades al aire libre, como la caza y la pesca. Están más interesados en las noticias sobre política, en el clima y los deportes y tienen menos interés en el estilo de vida y en las artes.

Los marcianos están más interesados en lo que los ayuda a obtener resultados y menos en la gente y en los sentimientos, de allí que en el mundo del trabajo el producto final es lo que más cuenta y no los vínculos personales. Incluso actualmente en la Tierra, mientras las mujeres sueñan con el romance, los hombres lo hacen con autos potentes, computadoras más rápidas y la última y más poderosa tecnología. Los hombres se preocupan por las "cosas" que pueden ayudarlos a expresar poder al crear resultados y alcanzar sus metas.

En el mundo del trabajo en Marte el producto final es lo que más cuenta y no los vínculos personales.

Los marcianos se enorgullecen de hacer las cosas por sí mismos. La autonomía es un símbolo de eficiencia, poder y competencia. El logro personal es muy importante en Marte, porque es una forma en la que el hombre demuestra su competencia y no sólo lo hace sentirse bien, sino que también le atrae oportunidades para lograr más éxito. En Marte siempre comercializan y publicitan sus habilidades. Para los hombres es muy importante la forma en que son percibidos. Cuando las mujeres no dan publicidad a sus habilidades —como lo hace un marciano—, con frecuencia el hombre llega a la conclusión errónea de que ella no tiene éxitos que anunciar; la modestia no es una virtud en Marte.

Cuando las mujeres no hacen publicidad de sus habilidades, un hombre suele creer que ella no tiene éxitos que anunciar.

En Marte, la habilidad significa muy poco, a no ser que los demás estén conscientes de ésta. Todo el éxito depende de la mercadotecnia. El hecho de reconocer esta característica marciana puede ayudar a las mujeres a entender por qué los hombres se resisten a ser "mejorados", corregidos o a que les digan qué hacer. Ofrecer a un hombre consejo no solicitado es suponer que no sabe qué hacer o que no puede hacerlo solo. En su planeta, ofrecer consejo no solicitado es un insulto, en particular frente a otras personas. Es como decirles a todos los demás que él no pudo hacer algo por sí mismo. Al dar retroalimentación en el lugar de trabajo, una mujer obtendrá mejores resultados cuando lo hace en privado, para que el hombre pueda "salvar las apariencias".

Ofrecer a un hombre consejo no solicitado es suponer que no sabe qué hacer o que no puede hacerlo por sí mismo.

Puesto que un marciano soluciona sus problemas por cuenta propia, en el lugar de trabajo rara vez habla sobre éstos, a no ser que necesite el consejo de un experto. Su motivo: "¿Por qué involucrar a alguien más, cuando yo puedo hacerlo solo?". Pedir ayuda cuando uno puede hacer las cosas por sí mismo se percibe como una señal de debilidad.

Si él necesita ayuda, es una señal de sabiduría pedirla. En este caso, buscará a alguien a quien respete y le hablará sobre el asunto. En Marte, hablar sobre un problema es una señal clara de que no se puede encontrar una solución por cuenta propia. Es una invitación para recibir consejo. Por este motivo, los hombres asumen de inmediato que una mujer desea o necesita su consejo cuando ella habla sobre un problema. Esto explica también por qué un gerente juzga menos competente a una mujer que habla sobre un problema que tiene una solución obvia.

En Marte, hablar sobre un problema es una invitación para recibir consejo.

Cuando una mujer habla sobre un problema, un hombre erróneamente asume que ella busca una solución, cuando en realidad sólo está mejorando su conocimiento de una situación para entender mejor lo que está a punto de proponer. Si lo busca para una solución, él aún necesita esperar a que ella termine de hablar. De esta manera, ella podrá confiar en que en realidad comprende el asunto del mismo modo.

Cuando una mujer desea sugerir un cambio para mejorar una situación, empezará explorando diferentes aspectos del problema. La mayor parte del tiempo ya sabe lo que desea que suceda, pero busca validar la petición al estudiar primero el problema.

En Venus, hablar sobre un problema no es una invitación para recibir consejos.

Un hombre, en general, ignora que una mujer desea que primero escuche y luego le pregunte lo que piensa que debe hacerse. Casi todos los gerentes, empleados y compañeros erróneamente llegan a la conclusión de que cuando una mujer habla sobre un problema, es señal de que no puede encontrar una solución por cuenta propia.

Un hombre no sabe que cuando en Venus se habla sobre problemas, este hecho no necesariamente es una señal de que ella necesita que él le dé una solución. Una compañera de trabajo, una gerente, una empleada o una clienta no esperan que un hombre les diga qué hacer. Más bien una mujer busca que él la escuche plenamente y luego recibir su ayuda para tomar sus propias decisiones. Después de hablar sobre el problema, tal vez desee hacerle preguntas particulares o que él le haga dichas preguntas para ayudarla a tomar una decisión. Para tener éxito en crear confianza y afinidad con las mujeres, la mejor herramienta de un hombre es escuchar durante más tiempo, formular más preguntas y luego, si se lo piden, ofrecer sugerencias y soluciones.

La vida en Venus

Las venusinas respetan la eficiencia y el logro, aunque para ellas es más importante el apoyo, la confianza y la comunicación. Están más interesadas en la calidad de las relaciones de trabajo y el ambiente que en Marte. Dedican más tiempo y atención a brindarse mutuamente apoyo y ayuda y a aprobarse. Su sentido de mismidad en el lugar de trabajo lo define principalmente por la calidad de sus relaciones y no cuánto dinero ganan. Experimentan satisfacción al compartir, colaborar y cooperar en el proceso para lograr un mayor éxito.

El sentido de mismidad de una mujer en el lugar de trabajo lo define principalmente la calidad de sus relaciones de trabajo.

Todo en Venus refleja estos valores. Las venusinas se interesan principalmente en trabajar juntas con un sentido de armonía, comunidad y apoyo mutuo. Ponen menos énfasis en el logro personal y más en las relaciones personales. En el trabajo, es más importante mejorar la calidad de vida que producir resultados en la forma más eficiente y redituable. En casi todo, su mundo es lo opuesto a Marte.

Las venusinas no usan uniformes como los marcianos para revelar su capacidad. Por el contrario, disfrutan usar ropa diferente cada día, de acuerdo a su estado de ánimo. La expresión personal y la belleza son muy importantes. Un ejemplo de cómo aumentan los valores venusinos en la actualidad en el lugar de trabajo es que las mujeres ya no emplean los trajes de color azul marino. Una mujer ya no tiene que "vestirse para tener éxito". Hay mucha más flexibilidad en relación con el vestido. Incluso los hombres se visten de manera informal.

Además de valorar la expresión personal, las venusinas valoran el apoyo mutuo. Un marciano lleva una pequeña billetera negra, pero una venusina con frecuencia usa una cartera grande o una bolsa para asegurarse de que tiene todo lo que ella y los demás podrían necesitar. En general, tiene varias bolsas de acuerdo con la ocasión y para que hagan juego con sus diferentes prendas.

En Venus, la comunicación es de gran importancia. Es más significativo asegurarse de que cada una de ellas tenga una oportunidad para expresar sus necesidades y sentirse escuchadas, que apresurarse para encontrar una solución a los problemas. El resultado final en Venus se logra como una consecuencia de las relaciones positivas de trabajo y no de otra manera. El hablar sobre éxitos y problemas es una forma de incrementar una sensación de afinidad, confianza y apoyo mutuos.

En Venus, la moral en el lugar de trabajo tiene que ver más con la calidad de la comunicación que con el resultado final.

Para un hombre, con frecuencia resulta difícil comprender esto. Un gerente suele pensar que una empleada debe sentirse apoyada simplemente porque recibe un buen salario o tiene la oportunidad de ganar más. No comprende que más importante que el dinero es el apoyo que ella recibe en el lugar de trabajo. En el terreno de las ventas, un hombre no comprende que, particularmente en relación con las mujeres, no es sólo el ahorro lo que interesa a un cliente, sino la calidad de la interacción personal y la comunicación que recibe. Al demostrar que usted se interesa por la persona y no necesariamente en ofrecer los precios más bajos, asegura la lealtad y el apoyo de ésta.

Ello resulta difícil de entender para un hombre. Puede estar cerca de comprender la experiencia de cooperación de una mujer, su colaboración y su apoyo al compararlos con la satisfacción que siente cuando gana una carrera, supera un desafío o soluciona un acertijo, misterio o problema. En lugar de estar orientadas a las metas en el lugar de trabajo, las mujeres están orientadas hacia las relaciones. En Venus se preocupan más por expresar virtudes como la bondad, la consideración y la afinidad. Las venusinas van a comer para discutir los asuntos particulares junto con los de trabajo. Se interesan personalmente una en la otra y lo demuestran al formular preguntas para estar al tanto.

En Venus se preocupan más por expresar virtudes como la bondad, la consideración y la afinidad.

Cuando dos marcianos van a comer para discutir un proyecto o el desarrollo de un negocio, a menudo hablan de inmediato sobre el asunto y se olvidan de la "charla". En Marte, demostrar eficiencia y capacidad es la prioridad instintiva, mientras que, en Venus, las claves instintivas para el éxito son demostrar consideración y afinidad.

Cada vez más hombres reconocen el valor de la charla para fortalecer las relaciones de trabajo. En ocasiones, un partido de golf con una conversación son la mejor forma de sellar un trato y fortalecer la lealtad. Esta charla se expresa en el campo de golf para asegurarse de que una línea clara separa las relaciones de trabajo de las relaciones personales. La charla es personal, abierta y casual, mientras que la charla de trabajo es impersonal, más directa y enfocada en el punto.

En Marte, en ocasiones, un partido de golf y una conversación son la mejor manera de sellar un trato y fortalecer la lealtad.

En Venus, algunas mujeres estudian psicología y otras al menos tienen una maestría en asesoramiento. Están involucradas en el desarrollo personal, la espiritualidad y en todo lo que nutre la vida, la curación y el crecimiento interior. En Venus, saludar a una persona por su nombre, enviar una tarjeta de cumpleaños o cuando uno está de vacaciones, demuestra interés personal y fortalece la confianza en las relaciones de trabajo.

En Venus, algunas mujeres estudian psicología y otras al menos tienen una maestría en asesoramiento.

Las venusinas son muy intuitivas. Tienen pequeñas antenas que sobresalen para leer las mentes y los corazones, en particular cuando las otras personas les interesan. Se enorgullecen de poder anticiparse a las necesidades de los demás. Una señal de interés y consideración consiste en ofrecer ayuda y asistencia a otra persona sin que ella lo solicite. Cuando un hombre no ofrece ayuda, una mujer llega a la conclusión de que es egoísta o desconsiderado.

En Venus, es señal de interés y consideración ofrecer ayuda y asistencia a otra persona sin que lo pida.

Puesto que demostrar la propia competencia en el lugar de trabajo no es tan importante para una venusina, ofrecer ayuda no es ofensivo y necesitarla no es una señal de debilidad. Esto explica por qué las mujeres ofrecen libremente su ayuda y consejo a un hombre sin darse cuenta de lo ofensivo y enojoso que esto puede parecerle a él. No tienen idea de que en Marte podrían encarcelarlas por ofrecer consejo no solicitado. No se dan cuenta de que están enviando el mensaje de que no confían en la habilidad de un hombre para que actúe por sí mismo.

Una mujer no comparte esta resistencia masculina a la ayuda no solicitada porque, para ella, es motivo de orgullo que alguien le ofrezca ayuda. En su opinión, cuando un compañero de trabajo ofrece ayuda es porque tiene una relación de trabajo de calidad. Una mujer se siente apoyada por la interacción; incluso si no necesita la ayuda, aprecia la intención de apoyo. Un hombre puede, en cambio, experimentar la reacción contraria.

En Marte, ofrecer ayuda no solicitada puede ser causa de enojo e irritación.

Las venusinas creen firmemente que cuando algo funciona, siempre puede funcionar mejor. Su naturaleza básica es mejorar las cosas; mientras más se interesan por algo, más motivadas están para señalar mejoras y sugerir cómo hacerlo.

En Marte, si algo está funcionando, el lema es no cambiarlo. Su instinto básico es dejar las cosas en paz si se consiguen resultados. "No lo arregles, a no ser que esté descompuesto" es una expresión común en Marte. En Venus, incluso cuando algo está funcionando, se piensa: "Veamos cómo podemos mejorarlo".

Cualquier intento de cambiar el estatus se percibe como un reconocimiento de que no está funcionando, y cualquier intento de cambiar o ayudar a un hombre indica que *él* está descompuesto. Aunque ésa no sea una motivación venusina, es lo que él escuchará. Aunque ella demuestre interés y consideración, un hombre lo interpreta como entrometimiento, crítica y deseos de buscar problemas.

En defensa del señor Arréglalo y del Comité de Mejoría de la Oficina

Al indicar estas dos distinciones principales, no quiero decir que todo esté mal con el señor Arréglalo o con el Comité de Mejoría de la Oficina. Éstos son atributos marcianos y venusinos muy positivos y esenciales para lograr el éxito en el lugar de trabajo. Mucho tiempo antes de que las venusinas se unieran a la fuerza de trabajo fuera del hogar, los marcianos más exitosos eran capaces, de alguna manera, de incorporar ambas tendencias. Para conseguir el mayor éxito en el lugar de trabajo es necesario expresar el "arreglo" y la "mejoría".

La frustración que experimentan hombres y mujeres mientras expresan estos atributos se deriva del tiempo y del enfoque. Finalmente, no hay nada malo en crear innovación mejorando lo que ha dado resultado en el pasado. El cambio resulta esencial para lograr el éxito y para mantenerlo. Con esta nueva percepción respecto de la vida en Marte y en Venus, sólo se necesita sentido común para encontrar soluciones prácticas cuando nuestros planetas chocan en el lugar de trabajo.

El cambio a través de la innovación es esencial para lograr y mantener el éxito.

Al entender mejor a las mujeres, un hombre puede saber cuándo dar soluciones y cuándo callar. Si las mujeres comprenden cuándo y cómo expresar su apoyo y ayuda, los hombres se mostrarán más amables y amistosos. Al tomar en cuenta nuestras diferentes necesidades de una forma más respetuosa y considerada, los hombres y las mujeres podrán comunicarse mejor y apoyarse. Para llevar a cabo esta transición se necesita práctica. Al analizar primero cómo nos molestamos mutuamente en forma inadvertida, podemos aprender a convivir juntos en armonía.

Renuncie a la solución no solicitada de problemas

Al recordar que las mujeres son de Venus, un hombre puede interpretar en forma correcta la necesidad de una mujer de ser escuchada sin que él la interrumpa con sus soluciones. Cuando alguien en Venus habla sobre un problema, esto significa que es el momento de no ofrecer ninguna solución. Un hombre nunca debe suponer que una mujer en el lugar de trabajo no tiene ya una solución sólo porque habla sobre esa problemática. A menudo, sólo discute dicho problema para que él apoye su solución. Suponer que una mujer siempre necesita una solución es degradante. Para dar apoyo y ganarse el respeto y la admiración de ella, él necesita escuchar y hacer preguntas.

Suponer que una mujer siempre necesita una solución es degradante.

Ofrecer una solución cuando una mujer no la desea, tiende a invalidar o minimizar la idea de contribuir. Este comportamiento reafirma la sensación de que no la están escuchando o valorando. Aunque un hombre piensa que la está escuchando, en realidad está interpretando erróneamente el mensaje de ella.

Éstos son algunos ejemplos breves de las formas en que un hombre podría equivocadamente enviar el mensaje de que no desea escuchar o de que lo que ella tiene que decir no le parece importante o significativo. Aunque estas frases son adecuadas en Marte, en ocasiones pueden ser insultantes en Venus. Siempre que sea posible, un hombre debe tratar de evitar estas frases en Venus y, en cambio, tratar de decir algo que proporcione a la mujer más apoyo.

En cada uno de los siguientes ejemplos, imagine que una mujer expresa su frustración ante el mal funcionamiento de la copiadora. De forma errónea, al asumir que ella busca una solución, el hombre responde de una manera que funciona en Marte, mas no en Venus. En la segunda columna se dan sugerencias de lo que podría funcionar en Venus.

Dar soluciones en contra de dar apoyo

Ella dice: "Esta copiadora se descompone continuamente. Nunca sé cuándo va a funcionar". Ante esto, él responde:

FRASES QUE DAN RESULTADO EN MARTE	FRASES QUE DAN RESULTADO EN VENUS
No te preocupes por eso. Te enseñaré cómo arreglarla.	¿Qué piensas que deberíamos hacer?
No es gran problema. Hay otra copiadora en el segundo piso.	¿Cuántas veces ha ocurrido realmente?
Dile a Juan, él la arreglará.	¿Aún no llega Juan para componer esa copiadora?
¿Para qué?	¡Qué frustrante!
En este momento no tengo tiempo de hacer nada al respecto.	Hmmm, ¿cuándo empezó esto?

FRASES QUE DAN RESULTADO EN MARTE	FRASES QUE DAN RESULTADO EN VENUS
No hay nada que pueda hacer al respecto.	Lo sé. Me sucedió lo mismo el otro día.
Me encargaré más tarde de eso.	Si necesitas mi ayuda, avísame.
¿Qué otra novedad hay?	Sí, parece que esta semana nada funciona. Mi teléfono está dándome problemas.
Deja tus papeles sobre mi escritorio, más tarde los mandaré copiar.	¿Deseas mi ayuda?

Lo que da resultado en Venus es ofrecer ayuda, proporcionar un poco de empatía o hacer una pregunta al respecto. De esta manera, él no envía el mensaje de que ella es una "mujer inútil" y que necesita que él le diga qué cosa hacer. Al formular preguntas y escuchar más, un hombre puede ganarse la confianza y el apoyo de las mujeres en todos los niveles del lugar de trabajo.

Evite dar consejos no solicitados

Así como los hombres dan soluciones cuando una mujer no busca una, con frecuencia las mujeres proporcionan consejo no solicitado sobre cómo puede mejorar él o mejorar una situación. Cuando un hombre pone resistencia al consejo no solicitado de una mujer, esto se debe a que no desea su ayuda. Desea hacerlo por sí mismo. A no ser que envíe el mensaje de que apreciará cierto apoyo, es mejor dejar a un hombre hacer algo por sí mismo. Sin esta percepción respecto de la naturaleza de los hombres, es muy fácil que una mujer en el lugar de trabajo enoje u ofenda a sus colegas varones. La siguiente historia ilustra esta dinámica:

A no ser que él pida ayuda, se apoya mejor a un hombre si se le deja hacer algo por sí mismo.

Teresa notó que Jackson, un compañero de trabajo, se sentía tenso. Estaba muy presionado y atrasado en la entrega de un trabajo. Para mostrarle su interés, empatía y consideración, ella lo visitó y le ofreció un poco de apoyo venusino. Aunque su intención era buena, eso terminó creando resistencia y enojo.

Jackson estaba enterrado entre pilas de papeles y Teresa se paseaba fuera de su cubículo. Era obvio que no deseaba que lo molestaran y en forma indirecta se lo hizo saber al refunfuñar con frustración. Ella interpretó mal el gruñido como una súplica de apoyo.

Intentó ofrecer su ayuda diciendo: "Trabajas entre un desorden. No sé cómo puedes hacer algo así. Apuesto a que si te libras de toda esta basura y arreglas tus cosas, podrás pensar con mayor claridad".

Esta clase de plática daría apoyo en Venus, pero resulta enojosa para un marciano en el lugar de trabajo. Lo que ella quería decir era: "Confío en que puedes hacer las cosas, pero resulta difícil cuando estás rodeado por el desorden. Comprendo tu frustración. Éste es un consejo útil para facilitarte las cosas".

Él respondió enojándose y sintiéndose ofendido. Lo que escuchó fue: "No confío en que puedas terminar a tiempo. Sé mejor que tú cómo hacer las cosas. Eres incompetente. Sigue mi sugerencia y tendrás más éxito".

Sin saber sobre la vida en Marte, Teresa no pudo apreciar lo importante que era para Jackson lograr su objetivo por su cuenta y sin ayuda. Tomó el consejo de ella como un insulto, porque no pidió ayuda. Los marcianos nunca ofrecen consejo, a no ser que les sea solicitado. Una forma de respetar a otro marciano es asumir siempre que puede solucionar su problema, a no ser que en forma directa pida auxilio.

Después de aprender que los hombres son de Marte, Teresa sintió alivio al entender cuál era la causa por la que se sentía tan enojada en la oficina. En sus intentos por adaptarse, enojaba a los hombres. Al aprender a controlarse y no dar consejo, fue recuperando en forma gradual su aceptación y respeto.

En Marte, decir a alguien lo que ya sabe o lo que debe hacer, cuando esa persona no siente la necesidad de ayuda, resulta insultante. A los hombres no les gusta que les digan qué hacer. Un jefe puede calmar esta tensión si demuestra mucho reconocimiento y trata de dar sugerencias sólo cuando se necesitan en realidad. Un jefe más inspirado haría esto por instinto.

Dos tipos de hombres/ un tipo de comportamiento

En el lugar de trabajo hay dos clases de hombres. Uno refunfuña, frunce los labios o se enterca cuando una mujer trata de cambiarlo; el otro acepta con agrado cambiar, pero más adelante lo olvida y vuelve a tener el antiguo comportamiento. Un hombre siempre se resiste al cambio —ya sea activa o pasivamente—, por lo que de manera consciente o inconsciente repetirá el comportamiento inaceptable.

Cuando los hombres se sienten atacados o criticados, tienden a atrincherarse. Un hombre se defiende para no cambiar. Continúa con el mismo comportamiento, pues busca demostrar así su valía. Las mujeres pueden considerar trivial esto, y en realidad lo es, pero ellas también se ponen a la defensiva, sólo que lo hacen de diferente manera. Una mujer tiende a justificar un estado de ánimo cuando un hombre trata de minimizarlo. Si un hombre dice que una mujer se enoja por nada o que hace un gran alboroto sin motivo, ella tenderá a persistir en estar molesta para justificar la validez de sus sentimientos.

Si una mujer desea crear afinidad y conexión con un hombre, puede lograrlo más fácilmente si deja de intentar mejorarlo. La tabla siguiente resume las formas en que una mujer puede dejar de tratar de mejorar a un hombre.

LO QUE ELLA NECESITA RECORDAR	LO QUE ELLA PUEDE O NO PUEDE HACER
No hacerle demasiadas preguntas a él cuando está enojado, pues sentirá que trata de cambiarlo.	Ignorar que está enojado, a no ser que él desee hablarle sobre eso. Si usted dice: "¿Qué sucede?" y él responde: "Nada", entonces no insista.
No intente confortarlo en forma alguna. Sus refunfuños respecto de una determinada situación no son una invitación para que lo aconseje.	Asegúrese de no tomar partido con alguien que lo molesta a él. Una mujer intentará calmar a un hombre indicándole por qué la persona con la que está enojado en realidad no es tan mala.
Cuando usted le ofrece un consejo no solicitado, él puede ofenderse y sentir que lo percibe como incapaz de manejar una situación.	Practique la paciencia y la confianza de que él puede manejar la situación solo. Si él necesita ayuda, la pedirá. Si usted no siente la necesidad de dar ayuda, él se sentirá más inclinado a pedirla.
Cuando un hombre se resiste a una petición, sólo refunfuña temporalmente. Esto no significa que resentirá que se le haga la petición.	Después de hacer una petición, no diga nada. Deje que él refunfuñe sin tratar de explicar por qué él debería desear hacer algo. Una vez que él lo haga, olvide que refunfuñó y aprecie que hizo lo que le pidió.
Si hace sacrificios con la esperanza de que un hombre va a cambiar, él se sentirá presionado a cambiar y pondrá más resistencia.	No haga sacrificios para justificar una petición. En cambio, sólo pida en forma directa lo que desea. Si él dice "no", solicítelo de nuevo y deseará negociar. Los hombres aprecian la franqueza.
Si puede aceptar sus diferencias, se mostrará más comprensivo con usted.	Relájese y olvide su tendencia a mejorarlo. Practique aceptar la imperfección. Haga que los sentimientos de él sean más importantes que la perfección y no lo reprenda ni lo corrija.

LO QUE ELLA NECESITA RECORDAR	LO QUE ELLA PUEDE O NO PUEDE HACER
Los hombres necesitan salvar las apariencias frente a los demás.	Tenga cuidado de no corregirlo frente a otros. Anótese una buena puntuación al minimizar sus errores con comentarios tales como: "No hay problema" o "No es importante".

En cualquier situación laboral, si usted le da un consejo no solicitado a un hombre él pondrá menos resistencia si lo ayuda a salvar las apariencias y a que no parezca incompetente. En muchos casos, una mujer se ve obligada a aconsejar a un colega varón. Éstas son seis sugerencias para minimizar la tensión cuando tiene que dar a un hombre un consejo no solicitado.

Seis sugerencias para dar consejos no solicitados

1. Las peticiones directas, en general, son mejor recibidas que las sugerencias y el consejo. En lugar de decir: "Debes limpiar los filtros cuando termines", puede decir: "¿Podrías limpiar los filtros cuando termines, por favor?" o "Por favor, limpia los filtros cuando termines".
2. Al hacer una petición emplee "harías" en lugar de "podrías". "Podrías" es indirecto, mientras que "harías" es directo e implica la confianza de que él es capaz de realizar lo que se le está pidiendo. En lugar de decir: "¿*Podrías* mirar esto de nuevo?", haga más directa su petición al decir: "¿*Verías* esto de nuevo?"
3. Exprese los hechos simples y emplee el menor número de palabras. Por ejemplo: "La pintura todavía está fresca". Él no necesita que le digan que tenga cuidado o que mantenga las manos alejadas de la pared.
4. No suponga que sabe algo que él no sabe. Esto sugiere que piensa que sabe más que él. Usted puede proporcionar su experiencia y en lugar de decir: "No te preocupes, los aviones siempre se retrasan",

puede decir: "Yo no me preocuparía. Los aviones siempre se retrasan cuando viajo".
5. No suponga que él necesita ayuda. En lugar de decir: "El papel está en el cajón inferior", puede decir: "En caso de que no lo sepas, el papel está en el cajón inferior".
6. No suponga que él pide su opinión. Diga lo que piensa, en forma casual: "Pienso que no estamos obligados en alguna forma a terminar este reporte".

Estas seis sugerencias son particularmente útiles para gerentes del género masculino y femenino que dirigen a empleados masculinos, porque entre sus responsabilidades está el proporcionar dirección y consejo. Estos enfoques serán de utilidad para una mujer en cualquier nivel en el lugar de trabajo cuando debe dar un consejo porque es asunto suyo y parece necesario.

En Marte, hay algunos comentarios de introducción que hacen que las sugerencias y el consejo no solicitados resulten menos degradantes:

"Tengo una sugerencia que podría ser útil..."
"Si deseas saber lo que pienso..."
"Es probable que ya sepas esto, pero..."
"Es probable que ya hayas considerado esto, pero sólo en caso..."
"Sé que no pediste ayuda, pero sólo en caso..."
"Tratarías..."
"Si deseas ayuda con esto, avísame..."
"Como un favor, podrías..."
"La recepción de correo cierra en diez minutos, podrías..."
"Si me lo preguntaras, diría..."

Como un ejercicio para comprender la forma en que reaccionan los hombres, las lectoras pueden tratar de pensar en situaciones en las que podrían aplicar las frases anteriores que "salvan las apariencias". Los lectores pueden reflexionar sobre los momentos en que se sintieron enojados por el consejo no solicitado de una mujer y considerar que sólo trataba de ayudar y no implicó que desconfiaba de sus habilidades.

Aplicación de las sugerencias para dar consejos no solicitados

Estas frases no siempre funcionan, pero ayudarán. En ocasiones, el consejo no solicitado enoja a un hombre. Al demostrar consideración extra mediante el empleo de las seis sugerencias anteriores hará que él refunfuñe menos y se olvide del asunto con rapidez.

Ahora vamos a aplicar esta percepción para dar consejo y dirección. Tenga en cuenta que cuando un hombre claramente pide ayuda, no se requieren estas sugerencias. En Marte, el consejo directo sólo es insultante cuando no se solicita. Éstos son diez ejemplos de consejo no solicitado con los correspondientes ejemplos de las formas para evitar insultarlo y salvar las apariencias.

CONSEJO NO SOLICITADO	SALVAR LAS APARIENCIAS
¿Vas a llamar al departamento de ventas? Estoy segura de que desearán conocer el estado de este pedido. ¿Podrías llamarlos?	No sé si te enteraste, pero llamaron del departamento de ventas sobre el estado de este pedido. Parecen ansiosos. ¿Podrías llamarlos?
Asegúrate de decirle a Harry que aún no recibimos su carta.	Si hablas con Harry, ¿podrías hacerme un favor y decirle que no hemos recibido su carta?
No se te permite utilizar esta copiadora. Podrías tener problemas.	Sólo en caso de que no lo sepas, Richard cuenta el papel en esta copiadora.
¿A dónde vas? Aún necesitas reunirte con los compradores. Si te vas ahora, quizá no regreses a tiempo.	Es probable que ya lo sepas, pero por si acaso no, los compradores estarán aquí a las cuatro en punto.
Dedica un poco de tiempo a serenarte y revisa tus notas antes de que hagas tu presentación.	No tengo prisa. No hay problema si deseas tomarte un poco de tiempo para revisar tus notas antes de hacer la presentación.

CONSEJO NO SOLICITADO	SALVAR LAS APARIENCIAS
No deberías dedicar tanto tiempo al proyecto de expansión. Aún tenemos que atender los pedidos de navidad.	Me siento presionada por estos pedidos de navidad. ¿Podrías programar tiempo para ayudarme?
No necesitas pagar tanto. Sé donde puedes comprar esto a la mitad de ese precio.	Tengo una sugerencia que podría ser útil. Puedes comprar esto a la mitad de precio en Nueva Orléans.
No necesitas una nueva computadora laptop. Lo único que requieres es una unidad de disco duro más grande. La que tienes puede remplazarse sin tener que comprar una nueva computadora.	Es probable que ya sepas esto, pero si sólo deseas una unidad de disco duro más grande para tu computadora laptop, puedes remplazarla sin tener que comprar una nueva computadora.
No te queda mucho tiempo. Al menos deberías llamarlos y avisarles que quizá llegarás tarde.	Ya son las 3:30. ¿Quieres llamarlos?
Creo que si escuchas lo que ella dice, podría olvidarse de todo el asunto.	Si yo fuera ella, es probable que me olvidara de todo el asunto si pensara que en realidad entiendes. Es probable que ella necesite expresar sus sentimientos para sentirse escuchada.

Para que una mujer se gane el respeto y el apoyo de los hombres en el lugar de trabajo, resulta sumamente útil que aprenda cuándo y cómo dar consejos. Por otra parte, cuando una mujer da un consejo no solicitado y un hombre refunfuña o parece irritado, es fácil para ella tomar esta respuesta erróneamente y sentirse rechazada, desechada o rebajada. En lugar de refunfuñar y enojarse por el consejo de una mujer, un hombre puede aprender algunas respuestas alternativas.

No es realista sólo decir "no refunfuñe" o "no se enoje". Si está enojado, hay poco que pueda hacer. Incluso si se controla, ella de todas maneras sentirá su rechazo. Una forma de evitar esto es expresar una respuesta que pueda ser auténtica y respetuosa. Aunque estas respuestas no son necesarias en Marte, lo son en Venus. Al tener una frase "réplica" de apoyo, un hombre está más a gusto. Como resultado, su gerente del sexo femenino, su compañera, su empleada o su clienta también se sienten a gusto.

Veamos algunos ejemplos. Tenga en mente que cada frase podría ser más apropiada en algunas situaciones y menos en otras.

Siete frases "réplica" para los hombres

Imagine que un hombre está listo para hacer una llamada; tiene esto anotado en su lista de asuntos pendientes, pero en el momento se concentra en otra cosa que considera más importante y que lo hace sentir frustrado. Su compañera de trabajo, Linda, entra en su oficina y comenta: "Ya son las tres. Debes llamar de inmediato a Sam".

En ese instante, toda la frustración que él siente en relación con el proyecto con el que trabaja se dirige a ella. Al hacer un comentario réplica, con facilidad se puede aligerar la situación para él y para ella. Estas frases disminuyen la resistencia que él enfocó en Linda. En lugar de mirarla con ira o refunfuñar, podría respirar profundo para calmarse por un momento y luego responder con alguno de los siguientes enunciados:

1. Puede aligerar la situación si respira profundo y dice: "Gracias por compartir el problema".
2. Puede respirar profundo y decir con tono confiado y tranquilizante: "Se hará" o "Lo haré de inmediato".
3. Puede respirar profundo y decir con sinceridad: "Lo sabía, pero gracias por ayudar".
4. Puede respirar profundo y decir con tono amistoso: "Tienes... razón".
5. Podría respirar profundo y decir con cortesía: "Planeaba llamarlo esta tarde, pero como me recordaste, tal vez lo haga ahora".
6. Podría respirar profundo y decir de una manera humilde y tranquila: "De acuerdo", "Seguro" o "No hay problema".

7. Podría respirar profundo, hacer una pausa y luego decir con respeto: "Será un placer" o "Con gusto llamaré a Sam en este momento".

Al respirar profundo, puede centrarse. Es más importante que dé un mensaje claro de que se está responsabilizando para comunicarse de una manera que no la culpe a ella por su frustración. El acto de respirar profundo reconoce que ya se sentía frustrado y que ella no es la fuente de su enojo. Esta acción permite a un hombre comprender que es responsable de su frustración. Como resultado, puede liberar dicha frustración con mayor libertad y comunicarse de una manera que genere confianza y respeto.

En la medida en que los hombres y las mujeres aprendan a respetar sus diferentes estilos y necesidades en el lugar de trabajo, la comunicación mejorará y la tensión disminuirá. Con esta percepción, ser un señor Arréglalo de Marte o ser un miembro del Comité de Mejoría de la Oficina de Venus no tiene que ser una obligación, sino una ventaja. Es un placer trabajar con aquellas personas que satisfagan sus necesidades y para usted será un logro satisfacer las de ellas. Para lograr este objetivo, los hombres y las mujeres necesitan practicar el arte de escuchar lo que se está diciendo en realidad y responder de una manera respetuosa y considerada.

5 Los hombres van a sus cuevas y las mujeres hablan

Una de las grandes diferencias entre hombres y mujeres en el lugar de trabajo es la manera en que enfocan la solución de problemas. Cuando un hombre enfrenta un problema, su primera reacción es irse a su cueva y solucionarlo solo. La primera reacción de una mujer es comunicarse con otras personas para incluirlas en el problema al hablar sobre él. Como consecuencia, los hombres parecen ser más positivos y las mujeres más deseosas de colaborar. Esta diferencia, cuando no se comprende, crea fricción y tensión entre ambos sexos.

Solución de problemas en Marte

En Marte, un hombre primero valora un problema y piensa cómo puede solucionarlo solo. Cuando un marciano puede resolver un problema por cuenta propia, se siente estimulado y con energía para actuar; en cambio, si tiene que esperar por otros antes de que pueda hacer algo al respecto, su nivel de estrés aumenta. Tener que depender de otras personas, cuando no es necesario, supone para él una pérdida de tiempo y energía. Para minimizar este estrés, su tendencia será dirigir o seguir. Desea hacer todo o se quita del camino y apoya a otra persona para que lo haga. La colaboración no es su zona más confortable.

El hombre considera una pérdida de tiempo y energía el tener que depender de otras personas cuando no es necesario.

Además de disminuir el estrés, actuar de manera independiente a menudo obtiene un mayor reconocimiento. En un juego de basquetbol, muchos jugadores pueden anotar puntos, pero al final, el que anota el punto que gana el juego es considerado como el campeón. Es natural buscar crédito y esto es particularmente cierto en el lugar de trabajo. Los problemas pueden solucionarse, pero si otras personas no reconocen que usted fue el responsable de que eso sucediera, entonces no recibirá el crédito.

Los hombres se definen a sí mismos y entre sí de acuerdo con sus acciones y logros. Los aumentos de salario, el avance en el trabajo, una mayor participación en el mercado y un aumento en las ventas son resultado de la acumulación de "crédito" por sus logros. Usted puede ser uno de los principales expertos en su campo, pero si nadie lo sabe, no tiene las oportunidades que merece.

Solución de problemas en Venus

En Venus consideran los problemas con un enfoque diferente. La acción de solucionar un problema es una oportunidad para demostrar participación, cooperación y colaboración. Desde la perspectiva de una mujer, si una persona puede desempeñar el trabajo, entonces dos pueden hacerlo mejor. En su planeta, todos los que son capaces de ofrecer apoyo competente para solucionar un problema se incluyen en el proceso.

Las mujeres demuestran respeto y aprecio a los demás al incluirlos en el proceso de la solución de un problema. Excluir a otros implica que no se les respeta como iguales o que no se les considera competentes para ofrecer ayuda. Cuando no se incluye a otras personas en el proceso de solución de problemas, es fácil tomar esto en forma personal y sentirse ofendido.

Incluso si una mujer considera que es capaz de solucionar un problema por sí misma, respetará las necesidades de los demás y los incluirá. De esta manera, crea relaciones confiables de trabajo. El compartir un problema con otra persona, de ninguna manera significa que sea incapaz de encontrar una solución por cuenta propia. Su enfoque de atención, a diferencia del de un hombre, no se basa en demostrar que puede hacer el trabajo; en cambio, desea dar a los compañeros, a los gerentes o a los empleados, la oportunidad de que tomen parte en la solución del problema.

Si una mujer comparte un problema, eso no quiere decir que sea incapaz de encontrar una solución por cuenta propia.

En Venus, compartir un problema es también una forma de solucionarlo con mayor eficacia. Una variedad de beneficios puede o no ocurrir. Pudiera ser que un compañero de trabajo tenga un problema similar que podría solucionarse al mismo tiempo. O bien, que ya esté haciendo algo que podría resolver ese problema y, por tanto, una solución independiente resultaría redundante. Pudiera ser, también, que un compañero de trabajo posea otros recursos que ofrecer en el proceso de la solución del problema. Desde esta perspectiva, compartir un problema es como sembrar semillas en el jardín. Nunca se sabe cuál germinará, pero sería una tontería no intentarlo. Más importante aún es que los compañeros de trabajo tienen la idea de que sus necesidades y talentos no son ignorados.

Solución de problemas en su cueva

Para muchos hombres, su habilidad para continuar y alcanzar un mayor éxito se relaciona directamente con su habilidad para bloquear todas las distracciones y concentrarse en una tarea. En Marte, a esto se le llama irse a su cueva. En su cueva, el hombre se aparta del mundo con todas sus distracciones y se enfoca en encontrar soluciones. Cuando no interactúa con otras personas, puede pensar con tranquilidad en la situación o "meditarla". Por ejemplo, un lanzador profesional de beisbol puede bloquear en su mente el barullo en un estadio con aficionados que gritan y de esa manera prepararse con calma para su lanzamiento perfecto.

Todo marciano tiene que encontrar una cueva que le permita alejarse del mundo y concentrar toda su atención en una tarea. Mientras más importante es la tarea, más se adentrará en su cueva. En esos momentos no está consciente de otras personas y no le gusta que lo interrumpan o distraigan.

Todo marciano tiene una cueva que le permite alejarse del mundo y concentrar toda su atención en una tarea.

Al entrar en su cueva, un hombre puede enfocarse con más facilidad. Cuando a un hombre se le presenta un problema, necesita hacer algo al respecto o guardarlo en el archivo "de tareas pendientes". De esta manera no tiene que ahondar demasiado en el problema.

Cómo maneja el estrés en su cueva

Cuando se discute un problema y éste no se soluciona, se vuelve una fuente de mayor estrés para un hombre. Los hombres toleran menos la angustia emocional que las mujeres. Cuando se le presenta un problema, el hombre —por naturaleza— siente una mayor urgencia de encontrar una solución o de hacer algo al respecto. El solo hecho de desarrollar un plan de acción le ayuda al hombre a minimizar su estrés, en tanto que más discusión sólo lo empeora.

Los hombres toleran menos que las mujeres la angustia emocional.

Escuchar a una mujer discutir un problema con mayor detalle del que él piensa que se requiere para solucionarlo impacienta a un marciano y lo frustra cada vez más; él desea pasar del análisis a la solución. Al retirarse a su cueva para concentrarse en el asunto, puede empezar a relajarse. Si no encuentra una solución, entonces, para disminuir el estrés, se olvida temporalmente del problema y se enfoca en otra cosa sobre la que *sí pueda* hacer algo.

La acción es más relajante para los hombres, mientras que, con frecuencia, hablar resulta más relajante para las mujeres.

Al emprender una tarea difícil, se liberan hormonas que ayudan a olvidar otros problemas más presionantes y a relajar la parte del cerebro orientada al trabajo. Platón fue el primero en señalar esta técnica para reducir el estrés. Éste aumenta al utilizar una parte del cerebro en forma constante, pero al cambiar de tarea y usar otra sección del cerebro, la porción con exceso de trabajo puede descansar. Al hablar sobre esto, Platón explicaba el propósito de la recreación y el deporte.

Platón observó que al cambiar de tarea para utilizar otra parte del cerebro, la sección con trabajo excesivo puede descansar.

Cuando los hombres se enfocan en un problema sin encontrar una solución, su tensión va en aumento. Al utilizar en forma temporal otra parte del cerebro, la sección tensa puede descansar y rejuvenecer. Cuando se activa, por ejemplo, la parte "juego" del cerebro, la parte del "trabajo" puede descansar. De esta forma se empiezan a generar endorfinas agradables y sustancias químicas en el cuerpo. Al hacer algo diferente, divertido o entretenido, un hombre puede olvidar temporalmente su estrés.

Cómo manejar el estrés en un grupo

Con frecuencia, el estrés aumenta cuando un grupo de hombres y mujeres se reúne para discutir un problema. Mientras las mujeres continúan explorando el problema al compartir y escuchar, pueden manejar mejor el estrés; sin embargo, los hombres necesitan sentir que se está haciendo algo o que por lo menos con esa charla se va a lograr algo. De lo contrario, se impacientan y estresan mucho. Los hombres interrumpen en forma constante para ofrecer soluciones, lo que frustra a las mujeres. Ellas prefieren continuar la exploración del problema y luego analizarlo a la luz de las diferentes soluciones sugeridas.

Sin una comprensión de nuestras diferencias, los hombres y las mujeres que trabajan juntos siempre estarán en desacuerdo.

Con frecuencia el estrés aumenta cuando un grupo de hombres y mujeres se reúne para discutir un problema.

Los hombres sabios necesitan aceptar que en ocasiones la mejor solución es permitir que todos hablen. Al estar consciente de la importancia de expresarse para una mujer, un hombre puede relajarse y comprender que al escuchar y ser paciente se anota una buena puntuación con sus compañeras de trabajo. Aunque al escuchar no soluciona el problema que tiene enfrente, sí resuelve uno mucho más grande: asegurarse de que las mujeres sientan que están siendo atendidas. De la misma manera, las mujeres sabias pueden reconocer que al ir más directamente al punto de discusión son más valoradas por sus compañeros de trabajo.

Ir al punto de inmediato no significa que las mujeres tengan que hablar menos. A menudo, las mujeres no hablan lo suficiente. En un grupo, los hombres tienden a expresarse mucho más, mientras que una mujer tiende a hablar menos y a permitir que los otros tengan suficiente tiempo para decir lo que quieren. A pesar de que en su planeta está siendo cortés, en Marte consideran que no tiene mucho que decir.

Al hablar menos, una mujer piensa que está siendo cortés, pero en Marte consideran que no tiene mucho que decir.

Cuando las mujeres se reúnen, muestran mayor sentido para incluir a los demás en la conversación y no acaparar la charla. Si una mujer se reúne con hombres, necesitará estar consciente de que éstos siguen las reglas y las costumbres marcianas. Para ella está bien hablar sin que se lo pidan y tomarse más tiempo para expresar sus soluciones y sugerencias.

Quizá llegó a la conclusión de que los hombres no están interesados en lo que ella tiene que decir, porque advirtió su impaciencia mientras hablaba. Sin embargo, esto sólo ocurre si le da demasiadas vueltas al problema y no se concentra en una solución. En general, lo que más frustra a los hombres es dedicar más tiempo a hablar sobre problemas y no lo que ella tiene que decir respecto de la solución.

El dragón en la cueva

El hecho de que los hombres gruñan o se irriten, con frecuencia es un síntoma de que están meditando en sus cuevas. Cuando un hombre desea hacer algo, se vuelve temporalmente irritable y gruñón, sobre todo si se siente obstruido, pospuesto o distraído. Las mujeres necesitan entender este síntoma, pues de lo contrario tomarán en forma personal esos gruñidos.

En Marte, cada cueva tiene un letrero que dice: "No molestar o el dragón lo quemará". Los hombres naturalmente dan a otro hombre mucho espacio cuando está en su cueva. Saben que saldrá cuando tenga una idea clara respecto a lo que busca. Si ven un poco de humo de dragón, no se preocupan, porque saben que el dragón nunca sale. El dragón sólo puede quemarlo a usted si se le ocurre entrar en su cueva.

En Marte, cada cueva tiene un letrero que dice:
"No molestar o el dragón lo quemará".

Por instinto, los hombres entienden este letrero, pero en Venus el mensaje tiene otro significado: "Tengo un problema y no sé dónde buscar ayuda. Si puedes ayudarme, por favor entra y dame una mano".

Cuando una mujer parece retraída o más independiente, a menudo aprecia si alguien le ofrece apoyo. Algunas mujeres no son muy buenas para pedir apoyo en forma directa y una manera de hacerlo indirectamente es dejar claro que están haciendo algo por sí mismas. Esta independencia es una invitación de ayuda.

Cuando un hombre se retrae en su cueva, una mujer malinterpreta su necesidad de espacio como una necesidad de ayuda y afirmación. Ella tenderá a entrar en la cueva de él y a ofrecerle apoyo haciendo muchas preguntas. Después de hacer lo que piensa que él necesita, le resulta aún más confuso que él se enoje y gruña, hable poco o demuestre tener prisa. Este comportamiento la hace sentir que no es importante para él y esto le provoca una sensación de distancia y desconfianza.

Una mujer malinterpreta la necesidad de un hombre de tener espacio, como una necesidad de ayuda y confianza.

La tendencia a retraerse en su cueva e irritarse temporalmente por las intromisiones es una función del nivel propio de testosterona. Muchos hombres tienen niveles altos de testosterona y demuestran el comportamiento de aislarse en una cueva en mayor grado. La mayoría de las mujeres no posee esos niveles altos de testosterona y, como resultado de ello, se le dificulta entender las reacciones frías y poco efusivas de un hombre.

Al comprender las tendencias de cueva de un hombre, una mujer puede aprender a no tomar su comportamiento en forma personal y a respetar la necesidad de espacio que él tiene. Si necesita hablar con él cuando está en su cueva, esto puede lograrse, pero él debe saber cuánto tiempo lo requiere y qué asuntos se van a discutir. Ella debe prepararse, asimismo, para informarle con exactitud los temas que desea tratar. Esta clase de precisión y enfoque lo ayudarán a fijar su atención en ella sin irritarse.

Cuando un hombre está en su cueva, inicie usted una conversación indicándole exactamente cuánto tiempo requiere.

Comprender la psicología de los hombres y sus cuevas para sobrevivir es esencial para cualquier mujer en el lugar de trabajo. Ya sea que la empresa sea dirigida por un hombre o que usted dirija a varios hombres, puede evitarse muchos problemas al interpretar en forma correcta su tiempo en la cueva.

Los hombres, por su parte, deben comprender que casi todas las mujeres interpretarán mal su permanencia en la cueva; tomarán este lapso en forma personal y le retirarán su apoyo por varios motivos. Aunque su reacción es una mala interpretación de su estado de ánimo indiferente e impersonal, él sufrirá las consecuencias. Un gerente o un compañero de trabajo puede estimular un sentimiento más positivo de respeto mutuo y cooperación si toma en cuenta esta diferencia. Si usted controla un poco sus gruñidos, podrá evitar muchos problemas de relaciones de trabajo.

Un dentista, por ejemplo, que demuestra afecto y consideración hacia sus asistentes (hombres o mujeres), en particular en presencia de una paciente, ganará la lealtad y el apoyo de ésta. Las mujeres son especialmente sensibles a la forma en que se trata a la gente. En todos los campos, el éxito se determina por negocios y referencias, y éste se encuentra asegurado cuando las mujeres ven que una persona es considerada con los demás.

En muchos casos, lo único que se requiere es suavizar el comportamiento en la cueva al añadir a propósito algunas palabras amistosas extra como: "Por favor...", "Eso está bien...", "Gracias...", "Bien, buen trabajo", "Excelente trabajo", etcétera.

Cuando un hombre desempeña en forma independiente un trabajo, con frecuencia no se da cuenta de cómo su presencia en la cueva afecta a los demás.

Una actitud positiva respecto del lugar de trabajo tiene un gran impacto en el éxito del negocio. Los hombres en puestos de liderazgo a menudo sabotean sus éxitos al no comprender cómo puede malinterpretarse su comportamiento de aislarse en una cueva. Teniendo ya esta percepción, con frecuencia pueden corregirse estos problemas al demostrar un poco más de consideración.

Cómo reaccionan las mujeres ante la cueva

Las mujeres pueden leer en formas muy negativas el comportamiento de cueva.

Éstas son algunas de las características percibidas:

1. *Excluyente*: una mujer puede sentirse excluida y que no aprecian, reconocen o respetan sus habilidades. Se le dificultará conectarse y participar de una manera positiva.
2. *Indiferente*: una mujer puede sentir que él no tiene interés en lo que ella piensa o que no valora su energía.
3. *Sin tiempo*: una mujer puede pensar que él no tiene tiempo para hablar con ella o que carece de interés en lo que ella puede ofrecerle.
4. *Impersonal*: una mujer puede creer que lo único que a él le interesa es el resultado y que sus necesidades personales no son importantes para él. En una transacción, no confiará en él para que atienda sus necesidades.
5. *Intimidante*: una mujer puede sentirse intimidada, como si todo lo que hace fuera insuficiente para él. Esto le creará temor y una tendencia a distanciarse.
6. *Desinteresado*: una mujer creerá que él no comprende sus motivos. Sobre todo lo demás —si va a hacer negocios con alguien o si confía en una persona como un compañero de trabajo o un gerente—, una mujer necesita sentir que es comprendida bajo una luz positiva.
7. *Inaccesible*: una mujer puede sentir que él es inaccesible. No se siente cómoda al expresar lo que piensa o al pedir lo que desea. Esta frustración continúa aumentando.
8. *Poco solidario*: una mujer puede sentir que a él no le interesan sus necesidades. Necesita sentir su apoyo y solidaridad, y aunque un hombre puede sentir lo mismo cuando está en su cueva planeando una solución, no lo demuestra.
9. *Insensible*: una mujer gerente sentirá que un hombre no responde a su liderazgo o no respeta su posición. Esto hace que la mujer no se sienta apoyada y se resista a dar ayuda.
10. *Amenazante*: las empleadas pueden sentir que están en problemas o que sus empleos peligran y experimentan pánico. Finalmente, esto sólo creará un comportamiento defensivo en otras personas, porque sentirán que son juzgadas en forma injusta.

11. *Disgustado*: una mujer puede sentir que un hombre está enojado con ella o que no desea hablarle porque ella no le agrada.
12. *Desesperado*: las mujeres gerentes, las empleadas y las clientas pueden asumir que él está apagando un gran incendio y que la compañía sufre grandes problemas. Cuando la gente no comprende lo que sucede, a menudo asume lo peor.
13. *Resentido*: una mujer puede llegar a la conclusión de que un hombre tiene una lista de resentimientos y, como resultado de ello, levantó un muro de indiferencia. Esto la hará sentirse injustamente juzgada. Como resultado, estará a la defensiva o se mostrará temerosa.
14. *Desdeñoso*: cuando un hombre está en su cueva, su atención se centrará en el incendio más grande que necesita apagar. Si el problema de una mujer es un incendio pequeño, él se distraerá con facilidad del mensaje que ella quiere darle. Una mujer puede interpretar que esto significa que lo que ella tiene que decir no es tan importante para él o que ella no es importante para él.

Al revisar de manera ocasional esta lista de las formas en que puede ser malentendido, un hombre se sentirá motivado a demostrar una actitud de mayor interés y más considerada. Al entender la sabiduría de contener sus refunfuños, suavizará las asperezas con un poco más de charla, afecto y paciencia. De la misma manera, cuando las mujeres revisen esta lista, podrán recordar que los hombres son de Marte y que ellas, al ser de Venus, pueden malinterpretar sus comportamientos de aislarse en una cueva.

La política de la inclusión y la exclusión

Cuando una mujer ve a un hombre solucionando un problema en su cueva, puede llegar a la conclusión de que la excluye porque no valora su contribución. De pronto, él parece no dar apoyo, se muestra inconsistente y poco interesado, pero en realidad sólo está tratando de hacer su trabajo. Cuando no entendemos algo, con frecuencia imaginamos lo peor, en particular cuando nuestro medio de vida se encuentra en juego. A menudo, las mujeres entienden mal a los hombres al considerarlos mucho más resistentes o menos sustentadores de lo que en realidad son.

En forma similar, cuando un hombre escucha a una mujer hablar sobre un problema que podría solucionar sola, asume que no puede resolverlo por su cuenta. No comprende que quizá ella ya tiene en mente un gran remedio y que sólo está compartiendo para incluir a los demás en el proceso de solución del problema.

Analicemos algunos ejemplos para ilustrar la política de inclusión y exclusión en el lugar de trabajo:

Karen está en el departamento de ventas. Recibe un memorándum que le informa que las ventas están rezagadas en un sector en particular. Su primera reacción es hablar con los compañeros de trabajo y su gerente sobre esta noticia y el problema inesperado. Después de hablar con los compañeros, programa una reunión con su gerente y presenta el problema.

Antes de la reunión, ya ha concluido que es obvia la solución. Como se trata de un gran problema, siente la necesidad de incluir a Jerome, su gerente, pues en Venus sería grosero excluir a otra persona de un asunto tan importante, aunque la solución se haya obtenido fácilmente.

En Venus sería grosero excluir a otra persona de la discusión de un problema, aunque la solución fuera obvia.

Cuando entra en la oficina de Jerome, ella ya cuenta cone una idea clara de lo que es necesario hacer, pero no lo dice de inmediato. Presenta el problema y le pregunta a Jerome qué considera él que debe hacerse; él da la solución obvia y ella dice estar de acuerdo en que es una buena idea. Luego la pone en marcha.

Ella se retira de la reunión pensando que demostró lo consciente y competente que es; sin embargo, ésa no es la percepción de Jerome. Después de la reunión, Jerome se pregunta en silencio: "¿Por qué vino a buscarme? ¡Qué pérdida de tiempo! La solución era obvia. No estoy seguro de que realmente ella sea capaz de desempeñar este trabajo".

Todo esto podría haberse evitado. Al acercarse al gerente, Karen debió minimizar el tiempo que tardó hablando sobre el problema e informarle pronto que tenía una solución. En lugar de preguntar a Jerome qué hacer, sólo necesitaba informarle la solución que tenía. De esta manera, Jerome hubiera recibido un mensaje claro de que ella es competente.

Es esencial que las mujeres recuerden que al tratar con los hombres, es mejor hablar menos sobre el problema y más sobre la solución. Si una mujer no menciona de inmediato la respuesta que encontró al problema, él pensará que ella es incapaz de pensar en una.

Al tratar con los hombres, es mejor hablar menos sobre el problema y más sobre la solución.

Vamos a invertir la situación e imaginar que Karen es la gerente y Jerome recibió el aviso de que las ventas están rezagadas.

Jerome está en el departamento de ventas. Recibe un memorándum informándole que las ventas están rezagadas en un sector en particular. Deja todo para encontrar una solución. Cuando su gerente, Karen, se entera de que dejó todas las otras obligaciones para apagar este incendio, ella se molesta. Se pregunta: "¿Por qué no se acercó a mí? ¿Por qué no me pidió ayuda? ¿Cómo pudo descuidar sus otras responsabilidades? Necesito hablar con él".

Después de la charla, Jerome siente que no apreciaron que tomara la iniciativa necesaria. Karen hace muchas preguntas y Jerome siente como si estuviera en la escuela y que así lo tratan. Razona: "¿Por qué hablar sobre el problema, cuando podemos estar haciendo algo para remediarlo?".

Cuando las mujeres hablan sobre un problema, un hombre razona: "¿Por qué hablar sobre el problema, cuando podemos estar haciendo algo para remediarlo?

En lugar de que lo recompensen por su independencia, Jerome se siente castigado. Karen nota la resistencia que él tiene a su interés y apoyo y llega a la conclusión de que él no trabaja en equipo y que no es confiable. En lugar de sentirse más conectados después de esta discusión, sólo se provocó una tensión implícita sin remedio.

En este ejemplo, Jerome se impuso para solucionar el problema. Hizo lo que se respetaría en su planeta, mas no en el de ella. Karen esperaba que primero hablara con ella para obtener ayuda. Pensó que juntos habrían encontrado una solución que funcionara para todos.

Jerome podía haber evitado el conflicto al dedicar tiempo para que Karen supiera que había un problema en ventas, que él lo estaba atendiendo y que con gusto la incluiría, si ella deseaba hablar sobre el asunto. Un simple memorándum informativo habría servido para describir el problema y la solución.

Las ventajas y las desventajas de hablar sobre los problemas

Muchos problemas de comunicación pueden solucionarse cuando tanto los hombres como las mujeres entienden que el enfoque para solucionar un problema es diferente. Con esta percepción, estamos mejor equipados para determinar cuándo es apropiado hablar sobre los problemas y cuándo no lo es.

En Venus, hablar sobre los problemas es una forma de sentirse mejor, pero aquí en la Tierra, donde todos trabajamos juntos, esto tiene muchas grandes ventajas y desventajas. Un conocimiento de ambas lo ayudará a hacer la elección correcta en diferentes casos:

1. *Ventaja*: al incluir a otros en la discusión de un problema se desarrolla un conocimiento más profundo de éste. En ocasiones, este mayor conocimiento puede crear una claridad que hace que la solución sea obvia. En este caso, una reunión puede generar una solución más efectiva y eficiente.

Desventaja: al incluir a otros en el proceso de solución de un problema, los diferentes puntos de vista pueden crear un conflicto innecesario. Esto no sólo toma más tiempo, sino que puede dar a las personas que le oponen resistencia la oportunidad de unir fuerzas. Al incluir a otros, pueden ofenderse los sentimientos, a no ser que todos sientan que se les escuchó plenamente. Demasiadas personas no sólo pueden crear una mayor posibilidad de conflicto, sino que el proceso tarda más tiempo. Este factor aumenta cuando las personas no están de acuerdo entre sí. Todo ello puede evitarse al hacer lo que se piense que es más conveniente para todos.

2. *Ventaja*: al compartir el problema con otras personas, usted se asegura de tener su apoyo para poner en marcha la solución. Al aumentar el conocimiento del problema, los demás se motivan para proporcionar su ayuda. Esta "buena voluntad" puede asegurar también que en el futuro este problema no se repita. Al fomentar un conocimiento colectivo del problema, los demás se motivan para apoyar su solución.

Desventaja: al involucrar a los demás puede motivarlos a que también hablen sobre sus problemas. En lugar de obtener su apoyo, usted obtendrá sus problemas. La situación puede agravarse y ya no será posible lograr un remedio rápido. Además, otras personas pueden sentir que usted no aprecia las muchas oportunidades que le dieron y retirar su apoyo.

A veces, el solo acto de llevar a otros a hablar sobre un problema puede hacer que éste parezca mucho más grande de lo que es en realidad. Antes de que se dé cuenta, estará haciendo una montaña de una colina o así les parecerá a los demás. Con frecuencia, quienes tienen prisa por hacer las cosas consideran que hablar demasiado es una pérdida de tiempo. Pueden pensar que usted crea problemas en lugar de soluciones.

Cuando un problema se vuelve muy grande, es preferible no hacer nada. En este caso, aumentar el problema sólo obstaculiza su solución. Hay ocasiones en que para motivar el cambio es necesario minimizar el problema. Al conservar pequeños los problemas se asegura que pueda existir una solución.

Cuando se resuelve un problema pequeño, se propicia también la conclusión de conflictos similares. En lugar de considerar cómo retirar todo un muro, el proceso se inicia removiendo un ladrillo y luego otro.

3. *Ventaja*: al involucrar a otros para encontrar una solución, hay más motivaciones para participar en la búsqueda de la respuesta. Los líderes hábiles saben que el secreto de motivar a otros para que sigan adelante es convertirlos en una parte de la solución.

Desventaja: al hacer que otras personas conozcan sus problemas, se puede debilitar su imagen como trabajador competente. Como ya vimos, en Marte compartir problemas se considera una señal de debilidad. Las personas que compiten contra usted utilizarán esta información para degradarlo y hacer que parezca débil e incompetente. Pueden intentar demostrar que son más merecedores de una promoción y una oportunidad. El hecho de que usted esté más abierto a los problemas también lo hace mucho más vulnerable al ataque.

Si desea cambiar de carril en una avenida, lo cortés y legal es indicarlo con las luces intermitentes. En algunas ciudades, si usted indica con las luces que desea cambiar de carril, la persona que está en el otro acelera para que no pueda colocarse frente a su auto.

De la misma manera, el mundo del trabajo es muy competitivo. Cuando vende menos, ellos tienen la oportunidad de verse mejor. Si pierde su nivel de experto, pueden pisotearlo. Aunque éste no es el mundo que soñamos crear, es la forma en que operan algunas personas. El mar está lleno de delfines y de tiburones que reaccionan de formas muy diferentes.

4. *Ventaja*: compartir el problema y el proceso para solucionarlo, aumenta la sensación de comunidad y conexión entre los trabajadores. Este proceso de crear equipo genera un mayor sentido de confianza, colaboración y cooperación en el lugar de trabajo. Al reunir diferentes puntos de vista se establece una sinergia que puede inspirar mayor creatividad. Cada vez más, las compañías se están dando cuenta de lo importante que es tratar los problemas de la compañía con grupos. Este espíritu de equipo puede generarse también al involucrar a los compañeros de trabajo en actividades deportivas y desafíos o retiros con muchas actividades de grupo estructuradas.

Desventaja: la familiaridad crea desdén. Al compartir los problemas con otras personas se genera un sentido de igualdad. Si usted tiene más privilegios o ha progresado más en la compañía, surgirán los celos. En lugar de crear un sentimiento de afecto al compartir sus problemas, otras personas con menos privilegios o rango en la compañía se resentirán. Les parecerá injusto que, siendo más competentes, tengan un nivel menor.

Cuando un líder comparte problemas, puede provocar división en lugar de crear unidad. Los seguidores necesitan sentir que su líder tiene el control o podrían seguir a otra persona. Si ese dirigente comparte demasiados problemas, puede crear pánico y frustración. ¿Para qué deben trabajar arduamente los seguidores? Si su líder fracasa, ellos también fracasarán. Para hacer que el trabajo valga el esfuerzo, siempre debe parecer que se está logrando un gran progreso.

5. *Ventaja*: con más mujeres en la gerencia, algunos hombres experimentarán resentimiento y se resistirán a la autoridad femenina. En una actividad de equipo, un hombre aprenderá en forma gradual a respetar este proceso, al experimentar que en ocasiones se generan mejores ideas cuando más mentes están involucradas. Al comprender el valor de hablar sobre los problemas, los hombres sienten un mayor respeto por las mujeres y se resisten menos a seguir su liderazgo.

Desventaja: en Marte apoyan a quienes parecen tener la solución ganadora. Si parece que no cuenta usted con una respuesta, dará la impresión de ser débil. Hablar respecto de sus problemas es como anunciar su incompetencia; cuando las mujeres en posiciones de gerencia mencionan los conflictos por los que atraviesan o creen atravesar, los hombres ven esto como una señal de incompetencia, les pierden el respeto y se resisten a su liderazgo.

Trabajo en equipo

Tanto en Marte como en Venus se respeta el trabajo en equipo, sin embargo, éste se entiende de maneras distintas. En Marte, trabajar en equipo significa que cada uno pondrá en práctica sus talentos específicos, obligaciones y departamentos. Como equipo, trabajan para apoyarse mutuamente, pero no comparten ni cambian posiciones. Un delantero, por ejemplo, ni siquiera considera ocupar la posición de un mariscal de campo.

En Venus, trabajar en equipo significa que las personas comparten responsabilidades, obligaciones y tareas. Las desempeñan juntas y no hay distinción clara o rígida respecto de quién hace qué cosa. Son más variables y flexibles. Este ideal igualitario de trabajo en equipo es muy diferente del ideal marciano. Al comprender nuestras diferencias, los hombres y las mujeres pueden respetar con mayor claridad las políticas de inclusión y exclusión en su ambiente de trabajo particular.

En Marte, un delantero ni siquiera consideraría ocupar la posición de un mariscal de campo.

Cuando una mujer tiene un trabajo solitario o está a cargo de una determinada responsabilidad, necesitará sentir que puede hablar sobre los problemas para obtener ayuda y encontrar la solución correcta. Con frecuencia, los hombres malinterpretan esta necesidad como una señal de debilidad y no la consideran una estrategia útil para la conclusión creativa de problemas.

Cuando un hombre trabaja en un ambiente de colaboración, necesita tener responsabilidades específicas de las cuales sea totalmente responsable. El hecho de sentir que tiene que hablar sobre los problemas que se presentan, sin poder actuar de inmediato para remediarlos, finalmente lo cansa. En particular necesita un área, aunque sea pequeña, de la que esté completamente a cargo, sea su responsabilidad y deba ofrecer resultados.

Con una comprensión cabal de esta diferencia, los hombres y las mujeres pueden empezar a considerar más sus necesidades únicas mientras trabajan juntos para alcanzar sus metas. Una mujer no tiene que sacrificar su necesidad de colaborar y cooperar cuando entiende la necesidad de un hombre de pasar tiempo en su cueva. Un hombre no tiene que sacrificar su necesidad de solucionar los problemas en forma independiente, si comprende que las mujeres no siempre exigen colaboración, sino que con frecuencia sólo buscan ser escuchadas. Él aún puede tener sus actividades independientes y, a la vez, crear tiempo para incluir a las compañeras de trabajo, las gerentes, las empleadas y las clientas.

6 Los sentimientos en el lugar de trabajo

Tanto los hombres como las mujeres poseen sentimientos, pero la forma en que los expresan en el lugar de trabajo es muy diferente. Cuando dos personas hablan el mismo idioma, compartir sentimientos es una forma de fortalecer el vínculo de confianza. Comunicar los sentimientos, cuando se hace en forma apropiada, puede aumentar la cooperación y la seguridad en todos los niveles en el trabajo. Al crear confianza, la productividad y la satisfacción en el trabajo aumentan, mientras que el estrés y la tensión crean estados de ánimos negativos.

Los sentimientos se expresan no sólo mediante palabras, sino también a través de gestos, expresiones faciales y tonos de voz. Se calcula que sólo veinte por ciento de la comunicación incluye palabras. Aunque los vocablos son importantes, lo fundamental es la comunicación de los sentimientos no hablados. Una sonrisa feliz, una risa dichosa, un sonido "mhum" de comprensión, un tono de voz confiado o el asentir con la cabeza pueden ser mucho más potentes que una presentación bien organizada. Esos sentimientos evocarán sentimientos similares en otras personas. Por lo general, quienes toman decisiones consideran todos los hechos fíamente, pero cuando se trata de firmar arriba de la línea punteada, un sentimiento o una corazonada hace o deshace el trato.

Cómo se comparten los sentimientos en Marte y en Venus

En Marte, el hecho de compartir sentimientos positivos crea confianza y respeto, mientras que en Venus compartir tanto los sentimientos positivos como los negativos establece relaciones. Los hombres admiran y respetan de inmediato los sentimientos positivos (confianza, alegría, satisfacción, orgullo, humor, alivio feliz y relajación), pero en ocasiones no respetan los sentimientos negativos.

Un hombre tenderá a expresar sentimientos positivos, pero no negativos. Cuando expresa sentimientos negativos, pero desea ganarse el respeto de otros hombres, tiene cuidado en asegurarse de decirlos de una manera no personal. Puede sentirse frustrado, pero no expresará "frustración personal". Por ejemplo, podría indicar que está frustrado porque una entrega se retrasó, pero no demostrará que está frustrado porque está teniendo un mal día.

Cuando un hombre expresa sentimientos negativos,
por instinto los expresa de una manera impersonal.

En Venus no prefieren lo positivo o lo negativo. Nada es negro o blanco. Para las mujeres cualquier sentimiento, positivo o negativo, expresado en forma respetuosa, puede ser una oportunidad para compartir y conectarse con otra persona. Ellas no distinguen entre las emociones personales y las impersonales. No existe un gran tabú respecto de revelar los sentimientos que nos hacen vulnerables o las emociones negativas. A diferencia de los hombres, no consideran que expresar sentimientos personales sea una debilidad.

Los sentimientos personales contra los impersonales

Es fácil distinguir los sentimientos positivos de los negativos, pero para separar los sentimientos personales de los impersonales se necesita cierto entrenamiento. Casi todos los hombres eliminan de manera automática sus sentimientos personales, pero pueden expresar libremente los no personales. Por otra parte, las mujeres tienden a eliminar los sentimientos impersonales y a expresar con libertad los personales. El problema que surge de esta diferencia es que los hombres y las mujeres se malinterpretan mutuamente y se sienten culpados.

Los hombres desechan sus sentimientos personales pero expresan con facilidad los impersonales.

Éstos son algunos ejemplos de sentimientos personales e impersonales. En cada ejemplo, la frase "La carta se perdió. No sé lo que vamos a hacer" se expresa con una emoción diferente. Aunque la emoción sea la misma, el significado es distinto tanto en Marte como en Venus. Esta tabla ayuda a aclarar la diferencia entre las reacciones personales y las impersonales.

SENTIMIENTOS IMPERSONALES	SENTIMIENTOS PERSONALES
Cuando él dice: "La carta se perdió. No sé lo que vamos a hacer", quiere decir:	Cuando ella dice: "La carta se perdió. No sé lo que vamos a hacer", quiere decir:
Está frustrado porque la carta se extravió y, como resultado de ello, se perdió una oportunidad.	Está frustrada porque se perdió la carta; había preguntado por ésta y ahora siente que no la escuchan.
Está molesto porque las ventas disminuyeron en el tercer trimestre.	Está molesta porque sus esfuerzos para mejorar las ventas no se pusieron en práctica.
Está preocupado porque el proyecto no se terminará a tiempo o no tendrá tiempo para hacerlo.	Está preocupada porque la culparán si el proyecto no se termina a tiempo y perderá su empleo.
Está avergonzado porque el trabajo no fue muy bueno, debido a que la carta se perdió.	Está avergonzada porque los demás pueden considerar que es ineficiente e indiferente.

SENTIMIENTOS IMPERSONALES	SENTIMIENTOS PERSONALES
Está enojado porque, sin la carta, el trabajo no se terminará.	Está enojada porque, sin la carta, puede perder credibilidad.
Está triste porque se perdió mucho tiempo y el proyecto no será reconocido.	Está triste porque decepcionó a otros y los hizo perder su tiempo.
Está temeroso porque no sabe cómo recuperará el tiempo perdido.	Está temerosa porque puede perder el respeto de sus compañeros.
Lamenta que la carta se haya perdido, porque el proyecto no se terminará a tiempo.	Lamenta que la carta se haya perdido y se siente impotente para hacer algo al respecto.
Está furioso debido a que la carta se perdió, porque la otra compañía obtendrá el contrato.	Está furiosa debido a que la carta se perdió, porque trabajó mucho sin ningún resultado. Es probable que no obtenga su promoción.
Está dolido porque trabajó arduamente en el proyecto y éste fracasó.	Está dolida porque trabajó arduamente en el proyecto y su participación no fue reconocida.
Está asustado porque la compañía quedará mal y no tendrá otra oportunidad.	Está asustada porque la compañía quedó mal y ahora siente que no puede confiar en las otras personas de su departamento.
Está avergonzado porque el proyecto fracasó y la compañía quedó muy mal.	Está avergonzada porque el proyecto fracasó y ahora ella parece muy poco profesional.

En cada uno de los ejemplos anteriores los hombres y las mujeres tienden a malinterpretarse mutuamente. Un hombre escucha los sentimientos personales como frases que culpan, mientras que una mujer escucha los sentimientos impersonales como frases que culpan.

Sin una comprensión acerca de cómo los hombres y las mujeres expresan de diferente manera las emociones, las mujeres con frecuencia se sienten atacadas por los hombres o toman en forma personal ciertas expresiones, cuando ésa no es la intención que tienen. Otro hombre en la misma situación no lo tomaría en forma personal. Es bastante común que dos hombres discutan con mucho sentimiento en el tono de sus voces y ninguno se sienta atacado o se muestre a la defensiva. Una mujer que escucha el conflicto puede alarmarse, pero los hombres que escuchan reconocen que ninguno está siendo atacado en forma personal y, por tanto, todo está bien. Si se vuelve un asunto personal, entonces los otros hombres que escuchan sentirán la necesidad de intervenir para evitar que aumenten la tensión y el conflicto.

En forma similar, cuando los hombres escuchan a las mujeres expresar sus sentimientos de una manera más personal, aunque ellas no se sientan atacadas o culpadas, un hombre sí lo sentirá así. El ejemplo más conocido de esto concierne a la ira. En un álbum musical, Barbra Streisand popularizó el mensaje de que los hombres son respetados cuando expresan ira, pero cuando las mujeres expresan ira, son vistas con una luz negativa. Estaba en lo correcto. Esto es injusto para las mujeres pero, por fortuna, hay una forma para comprenderse mejor mutuamente.

No todas las mujeres que expresan ira son vistas bajo esta luz; a algunas se les considera fuertes. Cuando un hombre o una mujer puede expresar ira de una manera impersonal, los hombres escuchan y respetan lo que dice. Cuando la ira de una mujer es resultado de que se siente atacada y herida personalmente, es cuando se le ve bajo una luz negativa. En Venus, no hay nada malo en expresar los sentimientos personales de ira, pero en Marte se escuchan como un ataque personal.

Con frecuencia, una mujer enojada
es vista bajo una luz negativa;
sin embargo, un hombre enojado tiende a ser más respetado.

Cuando la ira de una mujer es personal, los hombres erróneamente llegan a la conclusión de que culpa a otros y no se responsabiliza de lo sucedido. Cuando la ira de una mujer o de un hombre es respetada por los hombres como una expresión de fortaleza y convicción, es porque se debe a una situación o una circunstancia determinada. En el lugar de trabajo, los hombres consideran con menos respeto los sentimientos personales. El contexto es lo que determina lo apropiado o no de una situación.

Si intenta ganar el respeto de alguna persona de Marte, el hecho de expresar emociones personales en el lugar de trabajo resulta inapropiado, porque ellos pueden malinterpretarlo con facilidad, a no ser que el hombre sea capaz de comprender a las venusinas (pero la mayoría no lo es). Cuando un hombre escucha a las mujeres expresar sentimientos personales, con frecuencia interpreta sus actitudes como egoístas, autocompasivas o acusatorias. Cuando las mujeres escuchan a los hombres expresar sentimientos impersonales, a menudo sienten que ellos son fríos, desconsiderados y que, en forma indirecta, culpan a otras personas.

En la película *As Good As It Gets* (*Mejor imposible*), el personaje de Jack Nicholson explica cómo es capaz de representar a las mujeres tan íntimamente: "Pienso en mis amigos del sexo masculino, retiro todo la razón y el sentido de poder contar con ellos, y me queda la forma en que piensan las mujeres". Aunque esto no es exacto, es la forma en que muchos hombres, en ocasiones, malinterpretan la manera en que piensan y sienten las mujeres en el lugar de trabajo. Con una mejor comprensión de nuestras diferencias, esto puede corregirse. El hecho de comprender los sentimientos impersonales y los personales ayuda tanto a los hombres como a las mujeres a ver a través de la ilusión de culpa y a comprender de manera más efectiva nuestra verdadera intención de ser más profesionales en el lugar de trabajo.

Quién culpa a quién

Uno de los grandes problemas de expresar las emociones personales en el lugar de trabajo es que los hombres tienden a reaccionar a la defensiva. Cuando un hombre reacciona defensivamente, sus emociones son más personales y empieza a culpar a otros; en forma similar, cuando un hombre expresa sentimientos impersonales, una mujer se retira y reacciona de una manera más impersonal. En este punto, ella empezará a culparlo por su falta de sensibilidad y de consideración.

Los hombres tienen sentimientos personales como las mujeres, pero por regla general —a no ser que se sientan *sumamente* maltratados— los guardarán para sí mismos. Éste es el código marciano de profesionalismo, similar a la idea de que el cliente siempre tiene la razón. Para ser profesional, uno no piensa demasiado en sí mismo, sino que se enfoca principalmente en lo necesario para desempeñar el trabajo y proporcionar el mejor servicio.

En Venus hay un código similar, pero diferente. Por regla general, a no ser que una mujer se sienta *sumamente* maltratada, tratará de permanecer personal y no ser impersonal. Culpar a otros también se considera inapropiado.

Muchas veces, los hombres se sienten injustamente culpados y las mujeres aseguran que no están culpándolos. Con frecuencia, las mujeres dicen: "No te culpo, sólo te digo lo que siento". De la misma manera, las mujeres aseguran que un hombre las culpa cuando sólo está molesto y explica por qué piensa que tiene la razón. Como resultado, las mujeres sienten que "los hombres sólo desean tener la razón" y, por tanto, son "inaccesibles". Una mujer llegará a la conclusión de que un hombre no puede "escucharla" cuando en realidad puede oír mucho más de lo que ella piensa y considerará sus comentarios desde su punto de vista.

Cómo dar y recibir apoyo

Cuando una mujer expresa emociones personales, busca apoyo y lo da. Su franqueza al compartir las emociones personales es una señal de su voluntad de confiar en otra persona. En esas ocasiones, un hombre puede hacer algunos ajustes pequeños y fortalecer el vínculo de confianza en la relación de trabajo.

Un hombre no da seguridad instintamente, porque cuando expresa sus emociones negativas no busca seguridad emocional. Por ejemplo, cuando está desilusionado, no desea escuchar que una mujer diga enfáticamente: "Sé que debes sentirte desilusionado". En su planeta, esta clase de apoyo se considera degradante y condescendiente; en el mejor de los casos, lo haría sentirse incómodo, pero la mayor parte del tiempo resultaría ofensivo.

No obstante, estas mismas palabras podrían hacer que la mayoría de las mujeres se sintiera apoyada. Veamos una variedad de formas en que un hombre o una mujer podría responder a las emociones personales de una manera que dé apoyo. Cuando un hombre identifica correctamente el tono de las emociones de una mujer sin distanciarse, ella se siente apoyada; al añadir un comentario de apoyo y seguridad, ella se siente aún mejor. He aquí algunos ejemplos.

Cómo se da seguridad en Venus

Cuando una mujer dice: "La carta se perdió. No sé qué hacer", las diferentes emociones personales y el significado correspondiente están anotados en la primera columna; una respuesta de seguridad correspondiente aparece anotada en la segunda columna.

ELLA SIENTE	CÓMO PUEDE ÉL DAR SEGURIDAD
Su tono es de frustración. Se siente frustrada porque la carta se perdió; preguntó por ésta y ahora siente que no la escuchan.	Él dice: "Esto debe ser muy frustrante, específicamente preguntaste por esa carta... quizá la próxima vez te escuchen".
Su tono es de desilusión. Está desilusionada porque sus esfuerzos para mejorar las ventas no se implementaron.	Él dice: "Debe ser muy desilusionante, tenías muchas buenas ideas y no te escucharon... Tal vez las cosas cambien ahora".
Su tono es de preocupación. Está preocupada porque la culparán si el proyecto no se termina a tiempo y perderá su empleo.	Él dice: "¿Te preocupa conservar tu empleo? Todos están molestos por esto. Incluso si no se termina a tiempo, todos saben que no fue culpa tuya... Estás haciendo un buen trabajo".
Su tono es de vergüenza. Se siente avergonzada porque los demás pueden considerarla ineficiente e indiferente.	Él dice: "Pareces avergonzada. No fue tu culpa. Sabemos lo mucho que te importa y lo que has puesto en este proyecto".

ELLA SIENTE	CÓMO PUEDE ÉL DAR SEGURIDAD
Su tono es de ira. Está enojada porque, sin la carta, puede perder credibilidad.	Él dice: "Tienes todo el derecho de estar enojada por esto. Sé que no es culpa tuya. Es tan injusto... has hecho un gran trabajo".
Su tono es de tristeza. Está triste porque pensó que ese asunto resultaría mejor pero, en cambio, perdió su tiempo.	Él dice: "Yo también me siento triste. Sé que pensaste que esto resultaría mejor. Hiciste tu mayor esfuerzo y eso es todo lo que puedes hacer".
Su tono es de temor. Tiene miedo porque tal vez no tendrá tiempo suficiente para corregir la situación y los demás se decepcionarán de ella.	Él dice: "Entiendo que estés temerosa. Todo está sucediendo al mismo tiempo... Creo que las cosas saldrán bien".
Su tono es de pesar. Lamenta que la carta se perdiera y se siente impotente para hacer algo al respecto.	Él dice: "Sé que lo lamentas. Nadie espera que la hagas aparecer como por magia... está bien".
Su tono es de furia. Está furiosa porque la carta se perdió, ella trabajó arduamente y sin resultado; tal vez no consiga su ascenso.	Él dice: "Yo también me sentiría furioso. Trabajaste mucho y luego esto. Aprecio todo lo que hiciste y lo difícil que esto debe ser para ti... aún mereces un ascenso".
Su tono es de dolor. Está dolida porque trabajó mucho en ese proyecto y alguien más puede conseguir el contrato.	Él dice: "Eso debe doler mucho en verdad. Trabajaste arduamente y ahora puedes perder ese negocio. No mereces esto... Sé que finalmente resultará".
Su tono es de ansiedad. Está atemorizada porque la compañía parece estar en mala situación y ahora ella siente que no puede confiar en otras personas en su departamento.	Él dice: "Esto es alarmante. Todos están tan ocupados. ¿Cómo puedes confiar en que alguien recuerde algo...? Las cosas mejorarán".
Su tono es de pena. Se siente mal porque el proyecto fracasó y ahora ella parece muy poco profesional.	Él dice: "Sé que verdaderamente te sientes mal. Hiciste todo lo que se podía realizar. Nadie espera perfección... manejaste todo este proyecto de una manera muy profesional y competente.

En casos de angustia, una venusina aprecia que alguien más sepa por lo que ella está pasando y que se preocupe. En Venus, cuando en verdad les interesa alguien, su alegría los hace felices y su tristeza los aflige. Esta concordancia de tono emocional hace que el mensaje dé seguridad. Además, al hacer algunos comentarios aceptables y pronunciar frases de reconocimiento, una mujer sentirá aún más apoyo.

Se da seguridad asemejando el tono emocional de una mujer.

Con facilidad estos mismos comentarios podrían ser contraproducentes al hablar con un marciano. En Marte se valoran a sí mismos basándose en su capacidad; ofrecer ayuda cuando él no la solicitó es enviar el mensaje de que es débil. La mayor parte del tiempo un hombre no desea un comentario tranquilizante. Sus sentimientos no son personales, sino impersonales, y por eso requiere de una clase diferente de apoyo.

En esos momentos, un hombre apoya a otro al no ofrecer directamente ningún comentario de apoyo ni empatía directa; en cambio, proporciona un tipo especial de estímulo y lo hace de tal manera que le permite salvar las apariencias. Este estímulo reconoce que de alguna manera está afligido y confía en su habilidad para manejar la situación del mejor modo posible. Los comentarios alentadores venusinos pueden interpretarse con facilidad como falta de confianza o crítica que implica que él no puede manejar la situación sin el apoyo emocional de ella.

En Marte, los comentarios de apoyo con facilidad pueden interpretarse como falta de confianza.

En Marte, es un error reconocer directamente los sentimientos negativos impersonales. Hasta cierto punto, estos sentimientos deben pasarse por alto o ignorarse. El hecho de prestar más atención a sus sentimientos da al problema más importancia y aumenta así la sensación de fracaso. Para la mayoría de los hombres, sería inapropiado decir: "Sé que debes estar resentido, permíteme ayudarte".

Responder en el mismo tono emocional de otra persona afligida funciona en Venus, mas no en Marte. Si un hombre está desilusionado, no conviene sentirse desilusionada "por él". Si está preocupado, no exprese tono de preocupación por él. Cuando esté feliz, puede sentirse feliz por él, pero cuando esté triste, no es apropiado sentir tristeza por él. Eso puede hacer que se sienta peor.

A menudo, los hombres ni siquiera entienden esto. Sólo saben que después de que una mujer expresa empatía, lo único que desean es apartarla. Esto explica por qué los hombres no comparten sus sentimientos con las mujeres y también por qué los hombres no tienen idea sobre cómo hacer un comentario de empatía.

Esto no significa que todos los hombres se desalienten con la seguridad emocional, pero cuando parecen apartados, una mujer puede valorar en forma correcta la situación. No es que él no desee su apoyo, sino que no quiere empatía emocional. Con esta percepción, ella no tomará en forma personal el retiro de él y puede corregir con facilidad su error con una simple disculpa. Podría decir, simplemente: "Discúlpame por ponerme tan emocional"; recuerde que mientras menos diga, mejor.

Una pequeña disculpa puede corregir el error de inmediato. Sin esta comprensión, una mujer nunca consideraría disculparse por ponerse emotiva o por demostrar empatía. De esta manera, puede comprender y dar una disculpa breve. Él lo olvidará fácilmente o ya no opondrá resistencia ante ella.

Cómo se anima en Marte

Así como las mujeres aprecian la seguridad en los momentos de tensión, un hombre apreciará que lo animen. A los hombres les gusta que los aprecien y los alienten. Reconocer lo que hace un hombre lo estimula. Si está bajo tensión y expresa emociones negativas, hay formas en que una mujer puede darle más apoyo al hacer comentarios que suenen alentadores en Marte.

Una respuesta alentadora, a diferencia de una de seguridad, envía el mensaje: "Confío en que puedes manejar esta situación, es obvio que no necesitas de mi ayuda". Un mensaje alentador en Marte aporta confianza, aceptación y apreciación.

Una respuesta alentadora, a diferencia de una que dé seguridad, envía el mensaje: "Confío en que puedes manejar solo esta situación".

Tenga en mente que las palabras solas no son suficientes; el tono es muy importante. Para dar ánimo, asegúrese de que el tono no sea de empatía, que no diga "siento tu dolor". Necesita ser más optimista y, en ocasiones, hasta jovial. La empatía tiende a tener un tono pesado, mientras que el aliento es más ligero. Imagine que respondiera al mejor experto del mundo. Lo último que haría sería "sentir lástima" por él. Veamos algunos ejemplos.

ÉL SIENTE	CÓMO PUEDE ELLA APOYARLO
Está frustrado porque la carta se perdió y, como resultado, también una oportunidad.	Ella dice en un tono de alivio: "Me da mucho gusto no tener que hacer tu trabajo".
Está desilusionado porque las ventas disminuyeron en el tercer trimestre.	Ella dice en tono neutral: "A veces se gana, a veces se pierde".
Está preocupado porque el proyecto no se terminará a tiempo o no tendrá tiempo para hacerlo.	Ella dice con tono seguro: "No estoy preocupada, ya idearás algo".
Está avergonzado porque el trabajo no fue muy bueno, debido a que la carta se perdió.	Ella dice con tono casual: "Bueno, no puedes ganar siempre".
Está enojado porque, sin la carta, no puede demostrar su capacidad.	Ella dice en tono de broma: "Bueno, supongo que por eso te pagan tanto".
Está triste porque se perdió demasiado tiempo y tendrá que empezar desde el principio.	Ella dice en tono desapasionado: "Sólo puedes hacer lo que puedes hacer".
Está temeroso porque no sabe cómo recuperarán el tiempo perdido.	Ella dice en tono esperanzado: "No ha terminado, hasta que termine".
Lamenta que la carta se perdiera, porque el proyecto no se terminará a tiempo.	Ella dice en tono despreocupado: "Bueno, no será el fin del mundo".

ÉL SIENTE	CÓMO PUEDE ELLA APOYARLO
Está furioso porque la carta se perdió y otra compañía obtendrá el negocio.	Ella dice en tono de feliz alivio: "Me da mucho gusto que yo no haya perdido esa carta".
Está dolido porque trabajó arduamente en el proyecto y ahora éste fracasó.	Ella dice en tono relajado: "Sobrevivirás".
Está atemorizado porque la compañía quedará mal y él no tendrá otra oportunidad.	Ella dice en tono confiado: "Obtendremos otra oportunidad".
Está avergonzado porque el proyecto no tendrá éxito y la compañía quedará muy mal.	Ella dice en un tono de aceptación: "Bueno, los errores suceden. Así es la vida".

Al dar esta clase de aliento humorístico y práctico, una mujer puede aprender a proporcionar el tipo de apoyo que aprecia un hombre. Al experimentar su resistencia a esta clase de apoyo, ella puede empezar a notar la forma en que se resisten los hombres a hacer gestos tranquilizantes que son apreciados en Venus.

Cómo expresar los sentimientos en el lugar de trabajo

La mejor manera de destacar en el lugar de trabajo es expresando sentimientos positivos. Cuando usted se siente seguro, la gente tiene más confianza en usted. Cuando se siente bien respecto de sí mismo y de su trabajo, los demás se sienten bien a su alrededor. Cuando se siente calmado, es un oasis de paz y los demás se sentirán atraídos hacia usted. Cuando es capaz de apreciar las oportunidades que tiene ante usted, entonces naturalmente atrae más.

Cuando se siente bien respecto de sí mismo y de su trabajo,
los demás se sienten bien a su alrededor.

Los sentimientos pueden manifestarse en forma directa con palabras, pero se transmiten con mayor frecuencia y fuerza a través del tono de la voz y los gestos. Por ejemplo, después de terminar un trabajo, hay una gran diferencia entre un "gran suspiro de alivio" y un "gran suspiro de exasperación". El comportamiento real de respirar profundo es el mismo, pero el sentimiento que se expresa a través del tono y la expresión facial resulta totalmente diferente. Un suspiro puede expresar sentimientos positivos, sentimientos neutros o sentimientos negativos.

Ésta es una lista corta de cómo los hombres pueden malinterpretar las emociones negativas:

SENTIMIENTOS NEGATIVOS EXPRESADOS POR VENUSINAS	MALA INTERPRETACIÓN MARCIANA
Ella expresa pesar y vergüenza.	Él puede oír que ella fracasó y que es inadecuada.
Ella expresa preocupación y temor.	Él puede oír que ella es insegura, inútil o incapaz.
Ella expresa pesar, desilusión y tristeza.	Él puede oír que ella culpa a otros por sus problemas.
Ella expresa frustración, ira y resentimiento.	Él puede oír que ella siente lástima de sí misma o que se queja cuando podía estar haciendo algo.

Cómo contener los sentimientos negativos

En Marte, los sentimientos negativos son una señal de debilidad y se procesan en privado. Los hombres sanos tienen un sentido sano de privacidad respecto de sus demonios internos. Cuando los sentimientos personales de frustración, ira, desilusión surgen, él hábilmente reprime o contiene estos sentimientos hasta que, tiempo después, puede procesarlos y liberarlos. Con frecuencia, esto se logra haciendo algo que resulte divertido, relajante o difícil y que no esté directamente relacionado con el trabajo. Una vez que se siente más relajado y en paz, puede reflexionar sobre lo sucedido en el trabajo desde una perspectiva más positiva.

Los hombres descorteses, débiles, inseguros o disfuncionales de inmediato expresan emociones negativas y, como resultado de ello, son sujetos a la misma falta de respeto a la que estaría una mujer. En Marte, un profesional es alguien que puede desempeñar el trabajo sin importar lo que siente en su interior. En el mundo de la farándula, esto se refleja en la expresión popular: "El espectáculo debe continuar".

En Marte, un profesional es alguien que puede hacer su trabajo sin importar lo que siente en su interior.

Cuando se trata de expresar sentimientos negativos en el lugar de trabajo, los hombres y las mujeres son juzgados por los hombres con las mismas reglas. La falta de habilidad para contener las emociones negativas no es profesional. Cuando los hombres, no sólo las mujeres, son incapaces de contener los sentimientos negativos, pierden el respeto de otros hombres. A no ser que un hombre tenga algún talento especial que lo haga indispensable, la falta de habilidad para controlar las emociones negativas bloqueará su éxito.

Una distinción importante en este ejemplo es que en Venus las mujeres sanas y de buenos modales no tienen este sentido de privacidad en relación con sus emociones negativas interiores. En su planeta no es ofensivo expresar emociones negativas; por el contrario, se considera un síntoma de autoestima sana. Como ya analizamos, el hecho de compartir los sentimientos negativos en Venus es una forma eficiente para disminuir el estrés, mientras se fortalecen las conexiones y se crea confianza.

En Venus no es ofensivo expresar emociones negativas; por el contrario, es un síntoma de autoestima sana.

Sin embargo, en Venus una mujer discernirá cuándo y con quién compartirá sus sentimientos. Las mujeres fuertes, como los hombres, también tienen la capacidad de controlar las emociones negativas. Una venusina con buenos modales no comparte de inmediato sus sentimientos negativos con alguien que no es su amigo o que no la apoya. A menudo los controla hasta que considera que han llegado el momento y lugar adecuados. Cuando sienta más confianza, empezará a abrirse y a compartir. Esto explica por qué, en ocasiones, cuando es claro que algo le preocupa a una mujer y usted le pregunta qué le ocurre, ella insiste en que no sucede nada.

Al preguntarle a una mujer qué le sucede porque es claro que algo le preocupa, ella insiste en que no pasa nada.

No obstante, una mujer quiere decir: "Algo está mal pero no sé si es el momento adecuado para hablar sobre eso. Si te importa y tienes tiempo, haz más preguntas y te diré más".

En este ejemplo, la diferencia entre hombres y mujeres es que cuando el hombre dice: "Nada está mal", no sólo está controlando sus sentimientos, sino que no desea hablar sobre ellos.

El hecho de contener las emociones negativas, en realidad no es tan difícil para una mujer, pues no requiere negar su naturaleza femenina fundamental. Las mujeres ya son expertas en "contener" los sentimientos en situaciones en las que no se sienten apoyadas. Para tener éxito en el lugar de trabajo, pueden aplicar esta misma habilidad y "contener" sus sentimientos, a fin de dar apoyo con más éxito. Con esta percepción, en lugar de preguntarse por qué está perdiendo el respeto y el apoyo de los hombres, puede hacer algo para evitarlo.

Al aplicar la disciplina y controlar la necesidad de proporcionar apoyo, los hombres y las mujeres pueden aprender a controlar sus emociones y reacciones negativas en el lugar de trabajo. En Marte, esto se llama "comportamiento profesional". Algunas mujeres erróneamente llegan a la conclusión de que esto no es sano, cuando en realidad es una disciplina saludable tanto para los hombres como para las mujeres. Sólo sería insano si una mujer no tomara tiempo fuera del lugar de trabajo para descargar su estrés. Controlar los sentimientos no es saludable, pero "contenerlos" y tratarlos posteriormente fuera del lugar de trabajo es algo muy saludable.

Además de crear más éxito, contener las emociones negativas ejercita los músculos del control emocional. Cuando practica contener y luego expresar libremente la emoción en el momento adecuado, usted obtiene un mayor control sobre ésta, y le permite incrementar su habilidad para manejar el estrés. En lugar de permitir que sus emociones la controlen, aprenda en forma gradual a manejarlas.

En lugar de permitir que sus emociones la controlen, contenga sus sentimientos y aprenda a manejarlos.

Debido a que es útil dedicar tiempo para analizar los sentimientos perturbadores en terapia, las personas llegan a la conclusión de que deben hacer esto en el lugar de trabajo; sin embargo, éste no es ni debe ser un sitio terapéutico. De la misma manera, no es apropiado emplear el tiempo en el trabajo para apoyar sus propias necesidades personales y así procesar su angustia emocional. Al asegurarse de contar con una vida personal fuera de su vida de trabajo, tendrá el tiempo y el apoyo necesarios para manejar las emociones "contenidas".

Si uno no obtiene fuera de la oficina el apoyo emocional que necesita para su vida personal, debe buscar en un terapeuta —y no en su trabajo— esa clase de apoyo. Aprender a controlar los sentimientos perturbadores y dedicar tiempo para procesarlos posteriormente es una de las actividades más saludables que una persona puede aprender a hacer.

Procesar los sentimientos negativos posteriormente es una de las actividades más saludables que una persona puede aprender a hacer.

Este ajuste de contener los sentimientos es como una nueva clase de maquillaje para que sobresalgan las mejores características de una mujer en el lugar de trabajo. Mantenerse bajo esta luz resulta útil, porque algunas mujeres se resisten a tener que ocultar una parte de sí mismas, cuando la verdad es que ya lo están haciendo de diversas formas. Muchas mujeres se maquillan con gusto para ocultar una imperfección, se ponen incrustaciones en los dientes o usan blanqueadores o ropa que favorece su figura. Contener las emociones negativas es sólo otra forma en que una mujer puede acentuar sus mejores características.

Esto no significa que no pueda ser ella misma. Sólo significa que no pueda serlo todo el tiempo. Las personas exitosas han aprendido a expresar auténticamente diferentes partes de sí mismas en distintas ocasiones; comprenden que no pueden expresar todo lo que son en cualquier momento; sin embargo, hay un tiempo y un lugar para cada parte de usted.

Las personas exitosas aprenden a expresar auténticamente diferentes partes de sí mismas en distintas ocasiones.

No sólo se requiere que las mujeres se contengan de expresar libremente lo que sienten, sino también los hombres. En general, ellos son más receptivos a esta idea porque tienen que trabajar en esto todo el tiempo. Aunque a las mujeres con frecuencia se les considera más emotivas, no es una generalización precisa. Las diferencias en la tendencia a reaccionar emocionalmente se basan en diferentes temperamentos y no son específicas del género. Lo que sí es diferente entre hombres y mujeres es que procesamos las emociones de distinta forma.

Los hombres tienen una tendencia mucho mayor a actuar sin pensar cuando experimentan emociones negativas. Un hombre en combate puede sentir un temor enorme, pero aprende a controlar dicho temor y a no actuar de acuerdo con éste, por ejemplo, huyendo. Controla su ira y se asegura de no conducirse en forma impulsiva. Aprende a contener su tristeza y a desempeñar el trabajo sin importar cómo se siente. Los hombres están más familiarizados con la necesidad de controlar los sentimientos y, por eso, con un mayor conocimiento de lo que necesitan las mujeres, pueden ponerlo en práctica con más facilidad.

Cuando los hombres y las mujeres dedican tiempo a procesar sus sentimientos reprimidos en casa o en relaciones más personales, les resulta más fácil llevar a cabo este ajuste en el lugar de trabajo. No obstante, cuando no hay salida para los sentimientos en el ámbito personal, este pequeño ajuste parece casi imposible.

7 Por qué los hombres no escuchan... o ¿sí escuchan?

Uno de los obstáculos más grandes que enfrentan los hombres para ganarse la confianza de las mujeres es su actitud ante el logro de objetivos. A menudo, en el lugar de trabajo, un hombre está tan orientado y concentrado en las actividades laborales, que prescindirá de toda charla y dará la impresión de que no le importan las personas con quienes y para quienes trabaja. Le puede importar producir la mejor mercancía o proporcionar el mejor precio, pero si no tiene éxito en comunicar que la gente le interesa, puede perder confianza y apoyo. En lugar de ser reconocido por ella como alguien de quien puede depender, perderá su confianza.

Al no dedicar más tiempo a escuchar, un hombre da la impresión de que, en realidad, no tiene suficiente interés. La forma en que los hombres se comunican a menudo da la sensación a las mujeres de que no están escuchando o de que no validan sus necesidades y deseos. Aunque él puede ser competente para solucionar un problema, ella no reconocerá ni apreciará sus habilidades. La forma principal en que los hombres sabotean su éxito en el trabajo con las mujeres es no dedicando suficiente tiempo para demostrarles interés y consideración.

Uno de los mayores obstáculos que enfrentan las mujeres para ganarse el respeto de los hombres es su actitud en relación con las interacciones en los negocios.

Cuando una mujer toma las cosas personalmente y se siente herida, excluida, rechazada, no apreciada u ofendida por el comportamiento marciano típico, se enoja. Como resultado, es considerada como el problema y no como parte de la solución. En lugar de intentar comprenderla, en ocasiones es calificada injustamente como un obstáculo.

Para los marcianos es como si ella creara problemas que no existen. Un antiguo dicho marciano que las mujeres necesitan conocer es "Ofenderse es ofender". La principal forma en que las mujeres sabotean su éxito y enojan a un hombre es al ofenderse o al responder en forma personal a sus acciones y comportamientos. Incluso si las reacciones de él son personales y ella reacciona como si no lo fueran, se disminuirá la tensión.

Un antiguo dicho marciano que las mujeres necesitan conocer es "Ofenderse es ofender".

Al aprender a interpretar el comportamiento masculino en el lugar de trabajo, también una mujer puede aprender a no tomar las cosas personalmente como en forma normal herirían u ofenderían en su planeta. Cuando no se siente herida, no respetada o no rechazada por los hombres, ellos la aceptarán y la apreciarán más.

Sin comprender nuestras diferencias, los hombres, sin saberlo, hacen cosas que una mujer las toma como algo personal. Luego, ella lo ofende al sentirse ofendida. La forma más grave en que los hombres ofenden a las mujeres es al no escuchar o responder de la manera en que esperan ellas. En todos los niveles y las áreas del lugar de trabajo, los hombres responden a las mujeres de una manera impersonal y ellas lo toman personalmente.

En ocasiones, una mujer se siente personalmente ignorada, atacada o minimizada, por sus compañeros varones, quienes, en realidad, sólo se preocupan porque el trabajo se lleve a cabo. Con esta perspectiva sobre cómo piensan y se comportan los hombres, resulta más sencillo aceptar, ignorar, pasar por alto o incluso reír por comportamientos que solían resultar molestos o amenazantes. En Marte, los negocios son negocios y no son algo personal.

Cómo los hombres pierden negocios inadvertidamente

La forma más significativa en que los hombres parecen demasiado impersonales es en la manera en que escuchan o que no escuchan. Una mujer lo toma como algo personal cuando llega a la conclusión de que un hombre no se interesa en ella. El mensaje que recibe es: "No eres importante". Vamos a estudiar el siguiente ejemplo.

Una prometedora empresa de alta tecnología se preparaba para salir a bolsa. Aunque la cifra final del balance era lucrativa, necesitaban un nombre conocido que inspirara confianza en la administración. De entre los muchos solicitantes, los miembros del consejo eligieron a Richard Adkins como presidente de la compañía. Él había iniciado, desarrollado y vendido una empresa similar con una utilidad personal para él de trescientos millones de dólares. En Marte y para los hombres del consejo, sus simples credenciales lo convertían en el mejor candidato para el puesto.

La compañía se basaba en una línea de productos desarrollada por una mujer científica, Linda Tompkins, quien era la directora general. Era su compañía y el consejo de administración necesitaba su aprobación para nombrar al nuevo presidente. Los miembros masculinos del consejo estaban totalmente impresionados con la entrevista, pero a Linda no le pareció así. Si Richard hubiera comprendido a las venusinas, habría podido causar una impresión mucho mejor. El comportamiento que impresionó a los hombres del consejo administrativo creó desconfianza en la directora general.

Durante su entrevista, ella le dijo que su compañía era diferente y que tenían desafíos únicos. Richard respondió a sus frases con comentarios seguros como: "Entiendo eso. Podemos hacer esto...".

Él tenía una seguridad total y un currículum que lo respaldaba. Para cada preocupación que ella expresó, él tuvo una respuesta. Su claridad y enfoque de las soluciones eran impresionantes para los hombres, pero frustrantes e incluso ofensivos para ella. Después de quince minutos de escuchar sus soluciones, un muro se levantó en su interior y él no le pareció la persona adecuada. Cuando lo rechazó para el puesto, todos los hombres presentes, y en particular Richard, se desconcertaron.

La claridad, seguridad y enfoque de un hombre en las soluciones son impresionantes para los hombres, pero frustrantes para las mujeres.

En este ejemplo, Richard generó confianza inmediata entre los hombres al proporcionar soluciones rápidas y seguras; sin embargo, dar soluciones rápidas en lugar de escuchar más, no logró la confianza de Linda. Todo lo que necesitaba hacer era calmarse y dedicar más tiempo a escuchar, reflexionar y hacer más preguntas sobre el problema. Al dedicar más tiempo a considerar esa situación única, habría establecido un mejor sentido de conexión, relación y afinidad.

Los hombres se sienten convencidos con la seguridad y las respuestas rápidas, pero las mujeres confían en un hombre que comprende sus problemas particulares. Linda no podía confiar en la seguridad de Richard porque sabía que él ignoraba sus problemas particulares y desafíos en el mercado. Ella aún no le hablaba de esto y, sin embargo, este hombre pensaba que tenía todas las respuestas. Linda lo consideró arrogante, condescendiente y que no le importaba lo que ella tenía que decir. No deseaba hacer negocios con alguien que no escuchaba.

Los beneficios de escuchar

En Venus, demostrar que uno se interesa tiene más que ver con cómo escucha y responde que con lo que dice y hace. En general, los hombres no tienen idea de lo que hablan las mujeres cuando sienten, piensan o dicen que los hombres no escuchan. Éstos son diez beneficios de aprender a escuchar de una manera en que las venusinas se sientan comprendidas:

1. Cuando escuche a una mujer y no se apresure a ir al grano, ella sentirá que se interesa y le dará su confianza. Esto aumentará su deseo de hacer negocios con usted o de trabajar en armonía.
2. Cuando haga preguntas a una mujer para reunir más información, ella se sentirá más comprometida o estimulada y, como resultado, más motivada a hacer negocios con usted.

3. Al no interrumpir a una mujer cuando ella le habla de las soluciones, reconocerá la validez de sus problemas, y ella confiará en la validez de sus soluciones.
4. Reflexionar sobre lo que ella dijo, ayuda a aclarar su pensamiento y entonces lo apreciará más. Con mayor claridad, ella podrá darle más confianza y apoyo.
5. Al escuchar sus objeciones sin interrupción, usted demustra la intención de ser útil y de que se sienta segura. Como resultado, ella mostrará más decisión a la hora de realizar una compra o acuerdo.
6. Si recuerda lo que ella dijo y hace preguntas relacionadas, su oyente sabrá que es capaz de responder a sus necesidades. Se sentirá segura al depender de sus servicios.
7. Cuando escuche su frustración, preocupación y desilusión sin minimizar sus sentimientos con una explicación o excusa inmediata, ella empezará a apreciarlo. Al relacionarse de alguna forma con sus sentimientos, creará afinidad, lo que fortalece la confianza en cualquier relación de trabajo.
8. No ofrecer una solución de inmediato cuando una mujer habla sobre problemas, hace que ella se sienta respetada, porque su capacidad para solucionar el problema no se minimizó. Se siente validada y recibirá con más facilidad los servicios y apoyo que usted desee proporcionarle.
9. Si un hombre escucha con paciencia una lista de quejas y problemas, una mujer lo considera más seguro. Confía en que es una persona que "puede hacer las cosas" y siente la seguridad de que él la valora y no sólo está interesado en el resultado final. Esto crea afinidad.
10. Escuchar con empatía le da tranquilidad a ella. Sentirá que puede contar con usted. Lo apoyará y recomendará con todas sus amigas.

Cómo aprender a escuchar en Venus

La razón principal por la que las mujeres toman las cosas personalmente es que no se sienten escuchadas. Cuando las mujeres empiezan a reconocer que los hombres son ajenos a cómo interpretan las situaciones las mujeres, es más fácil que ellas no tomen las cosas tan personalmente.

Si alguien entrara en su tienda de objetos de porcelana y empezara a romperlos, consideraría que es una falta de respeto. Si un toro anduviera por callejones angostos y golpeara las cosas, usted no se sentiría ofendida. En forma similar, si comprende que un hombre es un toro en una tienda de objetos de porcelana, el mundo del trabajo no parecería tan frío, con falta de respeto y sin corazón. En la mayoría de los casos, cuando parece que un hombre no está escuchando, no es una expresión de falta de respeto en su planeta. Él trataría a su mejor amigo de la misma manera.

Cuando se trata de los sentimientos venusinos, un marciano es un toro en una tienda de objetos de porcelana.

Cuando las mujeres dicen que los hombres no escuchan, pueden referirse a muchas cosas. La siguiente lista ayuda a un hombre a comprender cómo se siente ella cuando él no escucha. La lista también ayudará a las mujeres a entender por qué un hombre piensa que escucha y ellas piensan que no es así. Analicemos doce motivos comunes por los que las mujeres no se sienten escuchadas y se ofenden.

1. Cuando un hombre ignora a una mujer

Una mujer siente que un hombre no la escucha cuando él simplemente ignora lo que ella está diciendo. A mitad de una conversación, él parecerá estar distanciado o pensará en otra cosa. Cuando él presta atención de nuevo, pregunta: "¿Qué dijiste?" o "¿Quieres decirlo de nuevo?". A una mujer, esto le parece una falta de respeto y es una prueba de que él no escuchaba. Desde la perspectiva de él, se distrajo un momento y ahora presta atención de nuevo. En Marte, las preguntas de él son evidencia de que le importa y se interesa.

Cuando a una mujer le importa alguien, no piensa en otras cosas cuando él o ella habla. Una señal de su interés es que no se distrae. Por tanto, cuando un hombre se distrae con facilidad, ella llega a la conclusión de que no le interesa a él.

Cuando un hombre se distrae con facilidad, una mujer llega a la conclusión de que él no tiene interés en ella.

Su tendencia a distraerse puede no tener nada que ver con ella, sino con la forma en la que ella se comunica. Cuando un hombre está bajo tensión y ella no va directo al punto, la mente de él divaga y puede pensar en otras cosas más apremiantes o urgentes para él. Para una mujer, este comportamiento indica falta de respeto. Ella no puede ni siquiera concebir comportarse de esa manera en una relación de trabajo importante. Otro hombre no lo tomaría en forma personal y, por instinto, comprendería que ese hombre está bajo mucha presión y estrés. Cuando un hombre se distrae, una mujer sólo puede llegar a la conclusión de que ella no es importante para él, a menos que comprenda que los hombres son de Marte.

Cuando un hombre la ignora temporalmente, ni siquiera sabe que la está ignorando. Su mente está en otra parte, enfocada en solucionar un problema. Como resultado, ella siente que él la ignora y él ni siquiera sabe que lo está haciendo. Con esta percepción, un hombre puede hacer un esfuerzo combinado para permanecer enfocado en lo que ella dice y no divagar. En este ejemplo, cuando las mujeres piensan "los hombres no escuchan", es más justo suponer que él escuchaba, pero no prestaba toda su atención.

2. Cuando un hombre da una solución

Una mujer siente que un hombre no escucha cuando él le da una solución para su problema antes de que haya terminado de hablar sobre éste. Él piensa que conoce el problema que ella desea solucionar, pero desde el punto de vista de la mujer no es así, porque todavía no lo ha expresado. Las mujeres a menudo hablan sobre la idea general antes de llegar al punto específico o al problema que necesita solución. Los hombres no comprenden esto, porque cuando un hombre habla sobre un problema, empieza enfocando lo que busca solucionar. Un hombre piensa que es un buen oyente porque, de inmediato, puede dar una buena solución.

Cuando un hombre se apresura a dar su solución, asume que la escuchó y que responde a su necesidad. Cuando ella dice que él no escucha, eso no tiene sentido para él, porque escuchó antes de ofrecer su solución. Él no sabe que el problema que piensa que está solucionando se relaciona únicamente con una pequeña parte de lo que ella tiene que decir. Al ofrecer una solución rápida, no le está dando lo que ella desea. En Marte, su solución inmediata se considera como evidencia de su capacidad, pero en Venus implica falta de respeto. Siempre que una mujer habla, antes de una solución desea que primero la escuchen. No puede confiar en la solución de un hombre, si él no escucha primero todo el problema con sus detalles.

En Venus, expresan una serie de ideas antes de tratar el tema principal que desean discutir.

Cuando las mujeres piensan: "los hombres no escuchan", es más correcto decir que un hombre escuchó, pero no todo lo que ella deseaba decir. Esta reacción tendrá más sentido para él y ella se sentirá menos minimizada. Las mujeres aprecian mucho al señor Arréglalo, pero sólo después de que sienten que las escuchó *plenamente*.

3. Cuando un hombre asume que ella necesita una solución

Una mujer siente que un hombre no escucha cuando él le proporciona una solución y ella no la ha pedido. Sólo desea que conozca el problema para el cual ella va a sugerir una solución. Cuando él da una solución parece como si pensara que ella no puede encontrarla. Él sabe que escuchó, porque ofreció una buena solución. Cuando una mujer piensa: "los hombres no escuchan", es más correcto decir que él escuchó, pero que asumió que ella no tenía una solución.

Es esencial para las mujeres darse cuenta cuándo un hombre piensa de esta manera. A no ser que ella haga algo para prevenirlo, él llegará a la conclusión de que es incompetente o puede hacer que otros la consideren incompetente. Cuando él empieza a dar una solución frente a otras personas, ella necesita responder con rapidez con algo que indique que tiene una solución. Puede salvar las apariencias al decir: "Tengo una solución similar que sugerir, pero primero deseo asegurarme de que todos estén enterados del problema".

Ella podría evitar esta clase de conflicto si empieza una presentación con algún tipo de comentario que permita que los demás sepan con anticipación que tiene una solución. Podría decir: "Tengo un plan de acción efectivo que sugerir, pero primero deseo asegurarme de que todos conozcan el problema".

Si una mujer está en una reunión privada con su gerente o jefe y él hace una sugerencia antes de que ella dé su solución, podría decir de una manera amistosa y práctica: "Oh, ya tengo una solución. Sólo deseaba que conociera el problema".

Si él da la solución que ella ya había preparado, podría decir: "También pienso que debemos manejarlo de esta manera. Hablé con el personal de ventas y están de acuerdo...".

De esta forma, después del hecho, ella aclara que ya tenía una solución, al mencionar algunos detalles extra de su trabajo preliminar para desarrollar lo que él podría pensar que era su solución. Un hombre respetará que ella intentó encontrar una solución antes de presentarle el problema.

En Marte, hablar sobre los problemas puede considerarse fácilmente como lamento y queja.

Cuando un hombre ofrece una solución, es importante comprender que en realidad no sabía que ella ya tenía una. Cuando un hombre habla sobre un problema, informa de inmediato que tiene una solución al mencionarla enseguida. Si una mujer no revela su solución al inicio de una conversación, un hombre erróneamente concluye que ella es incapaz de solucionar el conflicto.

A ella esto le parece condescendiente y, una vez más, lo toma en forma personal. Con esta percepción respecto de la forma en que los hombres y las mujeres comunican de diferente manera los problemas, una mujer no tiene que tomarlo personalmente.

4. Cuando un hombre olvida hacer algo

Una mujer siente que un hombre no escucha cuando él olvida lo que ella le pidió hacer. Ella llega a la conclusión de que él no la escuchó, en lugar de aceptar que sólo lo olvidó. Cuando las mujeres piensan que los hombres no escuchan, es más preciso llegar a la conclusión de que él escuchó, pero olvidó lo que ella deseaba o no es una de sus prioridades.

Recordar las peticiones es muy importante en Venus. A los hombres no les importa si olvidan detalles pequeños, siempre que recuerden las cosas importantes o que produzca grandes resultados. Por otra parte, las mujeres sienten que recordar los detalles pequeños indica que éstos son importantes. En Venus, recordar los detalles pequeños crea la confianza de que pueden y harán las cosas importantes. Una mujer traduce lo que hace un hombre en términos personales. El hecho de recordar que se deben realizar las cosas pequeñas hace que ella sienta que la respeta.

Cuando los hombres olvidan hacer las cosas pequeñas,
una mujer lo toma en forma personal.

Si un hombre olvida hacer algo pequeño, pero recuerda lo que era más urgente o importante, otro hombre comprende que las cosas pequeñas se descuidaron en el proceso. No lo toma en forma personal o no le interesa. Las mujeres son diferentes. Cuando alguien es importante para ellas, el hecho de recordar los detalles pequeños es tan importante como los grandes. De esta manera, una mujer nutre el lado personal de la relación de trabajo.

A menudo, una mujer se siente abrumada en el lugar de trabajo simplemente porque todo le importa. Intenta hacer todas las cosas grandes y las pequeñas. Algunos hombres juzgan esta tendencia como una señal de incompetencia. Aunque otra mujer apreciaría el intento de esta mujer de hacer todo, un hombre juzgará ese comportamiento como falta de habilidad para dar prioridad a lo que es más importante. Una mujer que trabaja con muchos hombres puede relajarse más si comprende esta diferencia.

En Marte, olvidar hacer las cosas pequeñas no es un problema, mientras se preste atención a las importantes.

Una mujer podría permanecer levantada toda la noche para hacer algo que un hombre olvidó hacer, porque consideró que no era urgente o apremiante. Desde la perspectiva de él, el esfuerzo de ella fue un desperdicio y por tanto no aprecia en forma auténtica lo que hizo. Ella piensa que ayudó o que hizo algo que vale la pena reconocer. Él desearía que ella hubiera dormido más y estuviera de mejor humor.

Con frecuencia, los hombres llegan a la conclusión de que las mujeres son incapaces de decidir en orden de prioridad. Esto no es correcto. Las mujeres sí deciden en orden de prioridad, pero sus prioridades son diferentes. Un hombre, por instinto, da prioridad al resultado final y una mujer da prioridad a la calidad de las relaciones de trabajo. En la actualidad, puede alcanzarse el éxito en el lugar de trabajo únicamente mediante una mezcla hábil de estos valores a veces conflictivos. Muchos instintos venusinos funcionan bien para las relaciones femeninas, mas no en Marte. El conocimiento sobre por qué los hombres olvidan ayudará a una mujer a no tomar las cosas en forma personal y le permitirá hacer menos sin el temor de que la juzguen.

5. *Cuando un hombre no hace lo que ella desea*

Una mujer siente que un hombre no escucha cuando él no hace lo que ella le pidió. Cuando él sigue su guía interior o sus instintos, ella puede sentir que no la escuchó. Desde la perspectiva de él, sí escuchó, pero hizo lo que pensó que era correcto. En este contexto, cuando las mujeres piensan: "los hombres no escuchan", es más preciso llegar a la conclusión de que él escuchó, pero no hizo lo que ella deseaba que hiciera.

Con una actitud que dice: "los hombres no escuchan", una mujer parece una madre que desaprueba y que dice a su hijo que no coopera, que la escuche. Cuando un niño o un perro no obedecen, las mujeres dicen que no escucharon. En forma similar, cuando las mujeres opinan que un hombre no escuchó, esto tiene un tono condescendiente y degradante, como si lo compararan con un niño desobediente o con un perro.

Cuando las mujeres dicen que un hombre no escucha, esto tiene un tono condescendiente o degradante.

En Marte, lo que las mujeres podrían interpretar como desobediencia, se considera seguridad en sí mismo. Con frecuencia, un hombre gana gran respeto al arriesgarse a seguir sus instintos y hacer lo que desea. Es un riesgo. Si su instinto resulta efectivo y produce los resultados deseados, es un héroe, pero si fracasa, es un irresponsable. No lo juzgan por su desobediencia, sino por los resultados de su desobediencia.

Un hombre que ocupa un puesto alto de autoridad disculpará el desafío si obtiene un resultado. Si fracasa, sufrirá una consecuencia. La penalidad se mide de acuerdo con la falta de resultados.

Las mujeres enojan a los hombres al quejarse de que un hombre no las escuchó o que fue desobediente. Un hombre que reacciona a esta queja puede considerar: "Bueno, tal vez pensó en algo mejor que podía hacer". Para evitar esta reacción, una mujer puede concentrarse en la falta de resultados de él. Al no considerar su falta de obediencia o al no quejarse de que no escuchó, demuestra que no lo toma en forma personal o que se coloca por encima del resultado final.

6. *Cuando un hombre no es empático*

Una mujer siente que un hombre no la escucha cuando no le ofrece la respuesta empática que normalmente daría una mujer. El hecho de que un hombre no responda con empatía no significa que no escuchó lo que ella dijo. Es probable que los sentimientos de él no sean como los de ella o que no exprese apoyo en la forma en que lo haría una mujer. En este caso, cuando las mujeres piensan: "los hombres no escuchan", es más preciso llegar a la conclusión de que escucharon, pero no dieron una respuesta empática.

Es importante que ella interprete correctamente su reacción y no lo tome en forma personal. Él puede escuchar sus sentimientos, pero en su planeta, los hombres minimizan la angustia emocional como una forma de demostrar seguridad en otra persona y en su habilidad para solucionar el problema. En lugar de asumir que él no tiene interés o que es indiferente, ella puede recordar que él no sabe cómo expresar empatía en Venus.

7. *Cuando un hombre interrumpe a una mujer*

Una mujer siente que un hombre no la escucha cuando la interrumpe a mitad de su conversación. Los hombres con frecuencia se interrumpen mutuamente para establecer una proposición y nunca sienten que la otra persona no escuchaba, en particular si la interrupción fue un buen punto o una corrección o un argumento relevante. La importancia del comentario demuestra que él estaba escuchando. Cuando las mujeres piensan: "los hombres no escuchan", en este caso es más preciso llegar a la conclusión de que él escuchaba, pero que no tuvo la cortesía de permitir que ella terminara de hablar.

Los hombres se comunican con reglas diferentes. Es similar al basquetbol. El objetivo es meter la pelota en el aro. Los jugadores la lanzarán de un lado al otro, hasta que un tiro entre. A nadie le importa que un jugador acapare la pelota, si su tiro entra. Es sólo un problema si sus tiros no entran. Si un hombre interrumpe para hacer una proposición y atina, lo último en que piensa es que fue descortés o que cometió una falta de respeto. Ella se siente ofendida y él se pregunta por qué no anota puntos. Él espera que diga algo como: "Buen punto". Ella espera que él se disculpe.

Cuando un hombre interrumpe, erróneamente espera que una mujer diga algo como: "Buen punto".

Un hombre puede evitar interrumpir a una mujer, si sabe lo que se espera de él. Una vez más, es como el basquetbol. Hay ocasiones en que un jugador tiene un tiro libre. Se toma todo el tiempo que desea y nadie interfiere. Al comunicarse, si una mujer no se siente cómoda al intercambiar ideas, puede decir en forma directa y con tono amistoso: "Dame unos minutos para explicar esto plenamente y luego dime lo que piensas". No es necesario exigir esto o pedirlo con tono firme. Él es feliz al escuchar de esta manera, sólo necesita saber lo que se espera de él. Esta pequeña petición puede hacer una gran diferencia. Si él interrumpe de nuevo, ella dice de nuevo con tono amistoso: "De acuerdo, de acuerdo, te avisaré cuando haya terminado y entonces me dirás lo que piensas".

Este enfoque amistoso y de aceptación da mejor resultado que sentir resentimiento porque él no escucha. A continuación encontrará algunas expresiones comunes que emplean las mujeres cuando sienten resentimiento porque no las escuchan. La actitud lo es todo. Incluso estas expresiones darían buen resultado si ella las dijera con humor, sin tono de resentimiento. Para tener una noción de cómo escucha estos comentarios un hombre, imagine a una mujer que se siente excluida y resentida y que hace alguno de los comentarios siguientes:

"¿*Puedo* terminar?"
"¿Puedo decir *algo* aquí?"
"*Permíteme* decir algo."
"*Sólo* deseo terminar mi punto de vista."
"*No* estás escuchando."
"*No me* estás escuchando."
"No puedo decir *nada*."
"*No* comprendes."

Cuando una mujer hace estos comentarios con tono de resentimiento, un hombre se pondrá a la defensiva. Desde la perspectiva de él, está escuchando y ella puede interrumpir en cualquier momento para expresar su punto de vista. Siente que ella cometió una falta y que él jugó de acuerdo con las reglas. Sin esta comprensión, los hombres y las mujeres se convierten en adversarios, en lugar de darse apoyo.

La mejor respuesta de una mujer cuando se siente interrumpida es no tomarlo en forma personal y simplemente interrumpir de una manera amistosa y continuar con su punto. La forma fácil de hacer esto es escuchar un poco, halagarlo y luego continuar diciendo lo que quería decir. Podría comentar: "Buena idea, pero..." o "De acuerdo, permíteme tratar de decir esto de diferente manera".

Hay una gran diferencia entre decir: "No estás escuchando" y "De acuerdo, permíteme decir esto de diferente manera". Aunque el mensaje es en realidad el mismo, el segundo enunciado no es acusatorio y es una señal clara de que ella no tomó su interrupción como algo personal.

8. *Cuando un hombre termina la frase de ella*

Una mujer siente que un hombre no escucha cuando él termina su frase. Cuando los hombres hacen esto con otros hombres, no les importa. Reciben el mensaje de que él entendió plenamente, lo que después de todo es el propósito de comunicarse. Él no podría completar la frase si no escuchara y comprendiera. Si una mujer siente que un hombre no escucha cuando puede terminar su frase, esto no tiene sentido para él. Los hombres necesitan comprender que una mujer no desea que él termine sus frases. En este caso, cuando las mujeres piensan: "los hombres no escuchan", es más preciso llegar a la conclusión de que él escuchó, mas no de la forma en que ella lo deseaba. Él terminó su frase para expresar que entendía.

Una mujer se siente escuchada no sólo cuando comprenden su idea, sino porque se expresó plenamente. Aunque en Marte puede ser razonable terminar las frases de otras personas, no lo es en Venus. Ahí, el acto de que ella diga las palabras a menudo la conduce a una mayor comprensión. La acción de autoexpresarse la ayuda a comprenderse mejor y, en ese proceso, sus ideas pueden cambiar mientras habla y enriquecerse más. Cuando él la interrumpe y termina su frase, puede sentirse desorientada y llegar a bloquear su expresión creativa.

El acto de autoexpresión ayuda a una mujer a comprenderse mejor.

Aunque a él le parece que así expresa haber comprendido lo que ella dijo, no causa ese impacto. Para ella, dice: "Ya sé lo que vas a decir, por tanto, no te molestes en decírmelo". Una mujer tenderá a sentir que no la respetan porque sabe que quizá vaya a decir más que el punto que él va a expresar. Él puede pensar que sabe hacia dónde se dirige ella, pero no puede saberlo, porque en ocasiones ella no está plenamente segura hasta que lo expresa. Esta manera de pensar y expresarse es diferente en Marte. Generalmente los hombres piensan en lo que van a decir y luego se apegan a esto. Las mujeres, en cambio, se inspiran y siguen la corriente; en el proceso descubren a dónde desean ir con exactitud.

9. *Cuando un hombre supone que sabe lo que desea una mujer*

Una mujer considera que un hombre no escucha cuando él supone que sabe lo que ella desea. Un hombre escuchará y llegará a la conclusión de lo que ella desea. El hecho de que él llegue a la conclusión equivocada no significa que no estaba escuchando. Él piensa que ayuda al decir lo que escucha que ella pide. Aunque esto es aceptable en Marte, puede ser descortés y parecer demasiado "prepotente" en Venus. En este ejemplo, cuando las mujeres piensan: "los hombres no escuchan", es más preciso llegar a la conclusión de que él escuchó, pero que se equivocó al suponer que sabía lo que ella deseaba.

Otro error similar que cometen los hombres es asumir que una mujer necesita su ayuda para decidir lo que desea. Esto es una distinción muy sutil. Ella puede desear que indique opciones y que le haga preguntas respecto de sus necesidades, pero no quiere que él tome la decisión o que suponga que ella no puede tomarla.

Una mujer aprecia un diálogo sobre sus necesidades, pero no desea que un hombre tome decisiones por ella, a no ser que lo solicite en forma directa.

En Marte, si un hombre ve a alguien a quien considera un experto, no le importa que le diga lo que desea. Al hacer preguntas, un hombre reconoce que la otra persona tiene gran experiencia. Como resultado de eso, desea escuchar lo que dicha persona piensa que él debería hacer. Cuando las mujeres hacen muchas preguntas a los hombres sobre algo, ellos suponen que desean que les digan qué hacer.

Una mujer considera, por lo general, que un hombre no desea que otros le den indicaciones. Esto es cierto cuando un hombre piensa que puede hacerlo solo. Si un hombre busca la ayuda de otra persona y percibe que esa persona tiene la experiencia que él no tiene, con facilidad acepta y aprecia su guía. Cuando un hombre reconoce que otro es experto, no le importa que ese experto suponga que sabe lo que él desea.

Esta dinámica se ve con mucha claridad en las consultas médicas. Una mujer desea que los médicos hagan preguntas y respondan a las de ella para conocer sus opciones y decidir. Una mujer confiará mucho en un médico así y lo apreciará.

Una vez que un hombre se encuentra en el consultorio del médico, básicamente desea conocer sus opciones, pero está más interesado en lo que el médico piensa que él debe hacer. Para un hombre, lo que piensa un médico confiable es el resultado final. No se siente ofendido si el médico dice: "Esto es lo que usted desea hacer...". Un hombre simplemente lo escucha como un plan de acción o un plan de ataque para solucionar un problema y de ninguna manera se siente ofendido.

Los hombres en principio se resisten a pedir indicaciones, pero una vez que preguntan a un experto, ponen poca resistencia para recibir esa indicación.

En sus relaciones personales, los hombres tienen la idea de que las mujeres desean que ellos sepan lo que ellas quieren. No hay nada más romántico que un hombre que hace lo que desea una mujer, sin que ella se lo pida. En el lugar de trabajo, este mismo principio es cierto, pero en forma diferente. Una mujer en el lugar de trabajo aprecia y confía en un hombre que le proporciona el servicio que desea. Lo que ella no pretende es que él decida por ella lo que cree que quiere.

Otro motivo por el que algunas mujeres no desean que un hombre les diga lo que quieren es el factor presión. Al decir directamente a una mujer lo que ella desea, un hombre la presiona para que esté de acuerdo. En Venus tienen una mayor tendencia a complacer y satisfacer a los demás. Con una mayor sensibilidad a lo que las otras personas desean, a ella puede dificultársele saber lo que desea. Aprecia el apoyo de un hombre que la ayude a averiguar por sí misma. Lo último que necesita es sentir la presión de complacerlo aceptando que tiene la razón, cuando trata de buscar en su interior. En cambio, le gustaría sentirse relajada y cómoda al tomar una decisión.

Éstos son cinco ejemplos de cómo un hombre podría cometer este error:

1. Él dice: "Esta oficina en el costado es exactamente lo que deseas".
   En cambio, podría decir: "Este lado tiene una vista excelente, ¿te gustaría tener tu oficina aquí?".
2. Él dice: "Lo que deseas hacer es dejar atrás este problema y seguir adelante. Llama...".
   En cambio, podría decir: "Bueno, por fortuna dejaste atrás este problema y puedes seguir adelante. ¿Quisieras llamar...?"
3. Él dice: "Éste es el paquete indicado para ti. Te da lo que deseas en un auto".
   En cambio, podría decir: "Este paquete tiene todo lo que pediste. ¿Te parece bien?".
4. Él dice: "Este sitio es exactamente lo que deseas. Tiene todos los detalles que buscas. Puedes...".
   En cambio, podría decir: "Éste es un buen sitio. Tiene todos los detalles que buscabas. ¿Quieres recorrerlo?".
5. Él dice: "Podría venir el jueves por la tarde para mostrarte esta presentación o el viernes, que estaré en esta parte de la ciudad".

En cambio, podría decir: "¿Deseas que venga a mostrarte esta presentación? Estaré disponible el jueves por la tarde y también andaré en esta parte de la ciudad el viernes".

En cada uno de estos ejemplos, un hombre supone que sabe lo que desea una mujer y hace una sugerencia basándose en tal suposición antes de que ella decida por sí misma. Al no pedirle que tome una decisión, no la ofende ni la presiona para que esté de acuerdo con sus deseos. Al emplear este enfoque que no es asfixiante, él se gana su confianza y aumenta su voluntad para cooperar con él.

Frente a un hombre que supone que sabe lo que desea una mujer, ella puede hacerse valer de una manera amistosa, sin sentir la presión de complacer y aceptar. He aquí algunas sugerencias:

1. Él dice: "Esta oficina en el costado es exactamente lo que deseas".
   Ella podría responder: "¿Por qué lo piensas?" Después de que él responda, ella puede añadir: "No estoy tan segura, me gustaría ver mis otras opciones...".
2. Él dice: "Lo que deseas hacer es dejar atrás este problema y seguir adelante. Llama...".
   Ella podría responder: "No estoy tan segura de haberlo solucionado. Aún tengo algunas ideas que podrían hacer una diferencia".
3. Él dice: "Éste es el paquete indicado para ti. Es el auto que necesitas".
   Ella podría responder: "Bueno, es un buen paquete, pero aún necesito ver más opciones antes de comprar un auto".
4. Él dice: "Este sitio es exactamente lo que deseas. Tiene todos lo que buscas. Puedes..."
   Ella podría responder: "Me da gusto que pienses así. Todavía necesito más tiempo para ver qué más está disponible, no tengo prisa".
5. Él dice: "Podría venir el jueves por la tarde para mostrarte esta presentación o el viernes, que estaré en esta parte de la ciudad".

Ella podría responder: "Bueno, gracias, pero aún no estoy lista para tomar una decisión sobre esto. Me comunicaré contigo pronto".

Con sólo afirmar que aún no se ha decidido puede desviar la suposición de un hombre, sin tener que apartarlo o rechazar su decisión. Las mujeres corren el riesgo de hacer enojar a los hombres al tomar sus suposiciones en forma personal y decir: "Eso no es lo que deseo".

Tenga en mente que las palabras no son tan importantes como el tono. Incluso una declaración enérgica y positiva, como "eso no es lo que deseo", sería totalmente aceptable en Marte, si se expresa de una manera amistosa y confiada. Las respuestas sugeridas anteriormente son útiles en particular para las mujeres que tienen la tendencia a tomar en forma personal la "prepotencia" de un hombre o que se les dificulta mantenerse firmes mientras experimentan un sentimiento amistoso y cooperativo.

10. Cuando un hombre supone que entiende lo que siente una mujer

Una mujer piensa que un hombre no escucha cuando él se apresura a decir que entiende. A menudo, un hombre dirá: "Entiendo", pensando que da apoyo al indicar que está escuchando y sabe lo que ella siente. En Venus, no se puede entender hasta haber escuchado todo. Decir que entiende puede resultar insultante, porque suena como: "Ya lo capté. No tienes que decirme nada más. Continuemos". Un marciano piensa que está escuchando porque cree que entiende lo que ella siente. No tiene idea de que esto puede ser muy insultante.

Las mujeres tienen una tolerancia mucho mayor a la angustia emocional. En lugar de lanzarse a la acción de inmediato, escuchan las expresiones de angustia de otra persona y luego consideran la forma de ayudar. Un hombre escucha un problema y, de inmediato, desea hacer algo al respecto. Cuando ella comparte sus sentimientos, él piensa que sólo lo alerta ante el hecho de que hay un problema que se supone él debe solucionar. No comprende que, muchas veces, ella sólo desea que la escuche con paciencia.

Cuando él dice: "Comprendo" está expresando que se siente motivado a ayudar en alguna forma y que escuchó suficiente como para sugerir una solución. Lo que ella escucha es: "No deseo escuchar más. Vamos a hacer algo o a cambiar el tema".

En este ejemplo, cuando las mujeres piensan: "los hombres no escuchan", es preciso llegar a la conclusión de que un hombre escuchó, pero se equivocó al suponer que sabe todo lo que ella siente. Además, él asumió que ella deseaba una solución, cuando en realidad quería que escuchara todos sus sentimientos antes de dar su punto de vista. Los hombres necesitan recordar que decir "comprendo", en el momento equivocado, puede ser insultante.

En lugar de decir "comprendo", puede asegurar a una mujer que la escucha al asentir con la cabeza y ocasionalmente emitir pequeños sonidos como "umhumm", "¡oh!" o "¡vaya!". En Venus, esta clase de gestos reafirmantes significan: "Estoy escuchando y tratando de comprender lo que dices".

Un hombre puede asegurar a una mujer que la escucha al emitir pequeños sonidos como "umhumm", "¡oh"! o "¡vaya!".

Generalmente un hombre no asiente con la cabeza ni emite sonidos reafirmantes porque en Marte esto significaría que está de acuerdo con el punto de vista de una mujer. Si ella se sintiera tan impotente y desesperanzada, el último mensaje que él desearía enviarle es que está de acuerdo; en cambio, desea darle esperanza y ofrecer su ayuda. Con esta nueva percepción, un hombre puede mostrarse más alentador en la respuesta que le ofrezca.

11. Cuando un hombre supone que sabe cómo debe sentir una mujer

Una mujer cree que un hombre no la escucha cuando él supone que sabe lo que ella debe sentir. A menudo, un hombre hace comentarios como: "No deberías preocuparte por esto" o "No es un gran problema". Él considera que no podría hacer estos comentarios correctos si no estuviera poniendo atención.

En Venus, estos comentarios están mal vistos y son señales claras de que él no está escuchando los sentimientos de ella con interés. En ese instante es cuando las mujeres piensan: "los hombres no escuchan", y por eso es preciso llegar a la conclusión de que él escuchó, pero se equivocó al asumir que sus comentarios minimizantes serían de ayuda. Con este conocimiento, una mujer se siente menos inclinada a ofenderse.

En Marte, un hombre considera con frecuencia los sentimientos de un amigo como reacciones excesivas y sugiere que no les preste atención. Por una sugerencia como ésta podrían encarcelarlo en Venus. Los sentimientos son sagrados y reconocerlos es la forma en que alguien demuestra apoyo. En Venus, minimizar los sentimientos de angustia se considera como una señal de desprecio y hace que una mujer se sienta atacada en forma personal.

En Venus, los sentimientos son sagrados y reconocerlos es la forma en que alguien demuestra su apoyo.

Éstas son algunas frases comunes que los hombres emplean para apoyarse mutuamente en momentos de angustia:

"No tiene objeto quejarse de eso."
"Reaccionas con exageración."
"No es gran cosa."
"No lo conviertas en más de lo que es."
"Eso no es lo que realmente sucedió."
"No es tan malo como piensas."
"No te abrumes."
"Vamos, sólo olvídalo."
"Hagamos algo divertido."
"De acuerdo, ya escuché suficiente."
"Lo hecho, hecho está."
"¿Podemos cambiar de tema ahora?"

Un hombre sabio no emplearía estas frases con un extraño o con un cliente. Las utilizaría con personas que considera cercanas o vinculadas a él. Un hombre sabio tampoco usaría estas frases con una mujer, aunque trabajaran juntos. Cuando un hombre minimiza los sentimientos de una mujer, ella puede evitar malinterpretar su intención al comprender que trata de ser amistoso y ayudarla.

Si una mujer puede comprender los comentarios minimizantes de un hombre, es capaz de vincularse con mayor efectividad con los hombres, sin tener que convertirse en uno de ellos. Cuando él hace un comentario minimizante, ella crea una sensación de camaradería y respeto mutuo si responde de una manera ligera. Éstos son algunos ejemplos de humor para disminuir el estrés entre los sexos:

ÉL DICE	ELLA DICE PARA VINCULARSE
No tiene objeto quejarse por esto.	Hey, sólo estoy desahogándome.
Estás reaccionando en forma excesiva.	Es sólo temporalmente.
No es tan importante.	Tal vez no, pero déjame ventilarlo unos minutos más.
No lo agrandes más de lo que es.	De acuerdo, pero escúchame y me sentiré muy feliz.
Eso no es lo que realmente sucedió.	Tenemos distintos puntos de vista.
No es tan malo como piensas.	Quizá tengas razón. Estoy segura de que lo superaré pronto.
No te abrumes.	Dame tres minutos más para quejarme.

ÉL DICE	ELLA DICE PARA VINCULARSE
Vamos, olvídalo.	Sé que ya te cansaste de escuchar hablar de esto. Ya casi termino.
Hagamos algo divertido.	Tienes razón. No hay motivo para que ambos suframos. Volvamos a trabajar.
De acuerdo, ya escuché suficiente.	Puedes soportar más. Dame otros tres minutos y en verdad me sentiré complacida.
Lo hecho, hecho está.	De acuerdo, me detendré. Permíteme terminar y ya no tocaré el tema.
¿Podemos cambiar el tema ahora?	Sí, creo que ya sufriste bastante.

Esta clase de respuestas humorísticas no resultan apropiadas para todas las ocasiones, pero en situaciones casuales de trabajo, en situaciones privadas o en reuniones de grupo, el tono humorístico y de aceptación de inmediato elimina la tensión emocional que surge cuando los hombres se resisten a los sentimientos compartidos.

12. Un hombre cambia el tema antes de que ella haya terminado

Una mujer siente que un hombre no escucha cuando él cambia el tema en lugar de hacer más preguntas para que fluya la comunicación. Para una mujer, esto es evidencia de que él no estaba escuchando. En Venus, una mujer no dice todo intencionalmente para que el oyente demuestre interés al formular más preguntas. Al hacer una pausa, da a la otra persona una oportunidad para interactuar. Esto no es sólo un gesto amistoso, sino que permite que ambos estén más conectados. Cuando el oyente hace una pregunta, da al orador una oportunidad de aclarar lo que decía, de acuerdo con la necesidad del oyente. En el proceso de responder preguntas, ella sabe que también será más clara.

Una mujer se siente escuchada cuando, después de que establece una propuesta y hace una pausa, el oyente pide más información. Una mujer llega a la conclusión de que si un hombre hubiera estado escuchando, habría comprendido que había más que decir y pediría más detalles.

Las mujeres demuestran su comprensión al formular preguntas para pedir más detalles.

Por lo general un hombre no está consciente de este protocolo venusino y asume que una mujer aclaró el punto y terminó. Cuando él no hace más preguntas, ella recibe el mensaje de que no está interesado en lo que tiene que decir. En este ejemplo, cuando las mujeres piensan: "los hombres no escuchan", es acertado llegar a la conclusión de que él escuchó, pero se equivocó al asumir que ella había terminado y no comprendió que deseaba que le hiciera más preguntas.

En Marte no dependen de los demás para expresarse, sino que comentan sus mejores ideas de inmediato. Es importante para las mujeres comprender que un enfoque indirecto saboteará su éxito al hacer una presentación en el lugar de trabajo. Un hombre es propenso a expresar sus puntos más convincentes antes de hacer una pausa o de que se inicien las preguntas. No espera expresarse mediante las preguntas. Cuando una mujer hace esto, los hombres asumen que su presentación es incompleta y tiene muchos huecos. Al presentar ideas ante los hombres, una mujer necesita saber que la evaluarán por su primer conjunto de ideas. No tiene valor para su imagen profesional esperar expresarse por medio de las preguntas que le hagan.

En discusiones, una mujer demostrará naturalmente su interés al hacer preguntas para que una persona sea más comunicativa. Lo que no sabe es que esta tendencia puede ser ofensiva para los hombres. Cuando ella hace una pregunta, un hombre puede considerar que piensa que su idea no está completa. Si ella atrae la atención hacia algo que falta en la presentación de él, respetará sus preguntas. Si ella intenta demostrar su interés haciendo que él se exprese más mediante sus preguntas aclarativas, puede ofenderlo. Con esta percepción, los hombres y las mujeres pueden aprender a no interpretar las preguntas o la falta de éstas como un ataque personal.

Si las preguntas de una mujer atraen la atención hacia algo que falta en la presentación de un hombre, él respetará sus preguntas.

Un hombre puede evitar ofender a una mujer al hacer preguntas que aclaren, en lugar de apresurarse a expresar su punto de vista o a dar una solución. Por otra parte, cuando una mujer emplea preguntas aclaratorias para que un hombre se exprese más, su táctica puede resultar ofensiva para él y hacerla parecer como tonta o que no capta los conceptos desde la primera vez. Para una mujer es correcto usar frases explicativas con los hombres, siempre que en verdad busque una aclaración y no trate de que él se exprese más o en forma indirecta esté pretendiendo que él aclare sus pensamientos. Éstos son algunos ejemplos de preguntas aclaratorias:

"Entonces, ¿dices que.....?"
¿Quieres decir que...?"
"¿Realmente es verdad que...?"
"¿Cómo puede ser que...?"
"¿Acaso estás bromeando...?"
"¿Tiene sentido decir...?"
"¿Es más eficiente...?"
"¿Debo llegar a la conclusión que...?"
"Te escuché decir.... ¿es eso correcto?"
"¿Qué dirías si...?"

Una mujer se siente apoyada por las preguntas aclaratorias, pero un hombre puede ofenderse. Si una mujer se siente personalmente agredida por lo que él dijo, las preguntas explicativas pueden parecer un ataque. Si un hombre tiene que defenderse, él no puede ser la solución. Los hombres tratan de no reaccionar en forma personal ante esto. En muchas situaciones, se desafían mutuamente sin crear animosidad, al hacer preguntas sin sentirse ofendidos.

Una de las cosas que los hombres más detestan respecto de la comunicación en el lugar de trabajo es que les hagan preguntas sólo para tener un acercamiento. Por otra parte, una de las cosas que los hombres disfrutan más es ser el experto y ayudar. Si una mujer hace más preguntas y se asegura que por el tono de su voz él sabe que sus ideas y sus respuestas son muy útiles, entonces él se siente feliz al responder y ella crea confianza y respeto en su relación de trabajo.

Los hombres en el lugar de trabajo detestan que los interroguen sólo para crear un acercamiento.

La lista de las preguntas aclaratorias es útil para los hombres que saben qué decir cuando les urge cambiar el tema a una mujer. Éstas son las preguntas que un hombre podría formular para asegurarle que la escucha. Esta lista también es de utilidad para que las mujeres reconozcan la diferencia que causa el tono de su voz. Al actuar estas preguntas con un tono de desconfianza, una mujer puede tener una sensación clara de cómo ha alejado a los hombres. Las mujeres pueden asegurarse de que los hombres reciban el mensaje correcto al añadir ocasionalmente comentarios optimistas antes de hacer una pregunta.

Éstos son algunos ejemplos:

"Esto es muy útil, ¿dices que...?"
"Es en verdad una buena idea, ¿quieres decir que...?"
"Nunca habría pensado en eso. ¿Realmente es verdad que...?"
"Esto me sorprende. ¿Cómo puede ser que...?"
"Quién lo hubiera dicho. Debes estar bromeando..."
"Eres justamente la persona con quien necesito hablar. ¿Tiene sentido decir...?"
"Debes tener razón, pero ¿en realidad es más eficiente...?"
"Esto tiene sentido. ¿Debo llegar a la conclusión de que...?"

"Es una buena idea. Permite que me asegure de captarla. ¿Lo que escuché decir...?"

"Esto es grandioso. ¿Qué dirías si...?"

Al añadir su apreciación a su pregunta, un hombre claramente capta la idea correcta y no siente que está siendo agredido. Las palabras no son en realidad tan importantes, pero dedicar el tiempo para expresar un poco de apreciación hace la gran diferencia.

En forma similar, cuando un hombre dedica más tiempo a escuchar con cortesía y hace preguntas, su interés se activa en mayor medida y se expresa por el tono de su voz. Cuando se expresan sentimientos positivos en el tono de la voz, la tendencia de otras personas a ofenderse disminuye bastante.

A un hombre no le importa que lo desafíen, mientras sepa que sus palabras e ideas no las toman en forma personal. Si presiente que lo desafían desde una perspectiva personal, esto hará que salga a la superficie lo peor de él. Cuando los hombres sienten que son considerados como el enemigo, responden en forma defensiva. Toman un asunto en forma personal cuando previamente su interlocutor lo abordó así. Por este motivo, en el lugar de trabajo se deben excluir los sentimientos personales y apegarse a lo primordial.

Al ser un poco más personales, los hombres tienen la llave para lograr más éxito y aumentar la armonía y la cooperación de las compañeras de trabajo, gerentes y clientas. Cuando las mujeres aprenden a interpretar correctamente los hábitos masculinos de escuchar, disminuyen la tendencia a sabotear su éxito al responder al comportamiento masculino de una manera personal. Con esta mayor comprensión y respeto en el lugar de trabajo, todos ganan.

8 Las reglas son de Marte y los modales de Venus

Los hombres tienden a seguir un conjunto de reglas tácitas para ofender menos en el competitivo e impersonal ambiente de trabajo. Al seguir estas reglas, las motivaciones de un hombre no son personales. A usted puede agradarle alguien o ser su amigo, pero la toma de decisiones se basa principalmente en lo que se requiere para alcanzar determinados objetivos.

Las mujeres, por su parte, tienden a seguir un conjunto de modales y costumbres que nutren y están orientados a las relaciones. Aunque este enfoque es útil para educar a los niños, también lo es en el lugar de trabajo para crear armonía, cooperación, colaboración, alianzas y lealtad. Cuando un cliente enfrenta una elección y todas las cosas son iguales, continuará con su sentido de lealtad y conexión. Los vínculos personales pueden ser el factor decisivo para cerrar un trato.

Los vínculos personales pueden ser el factor decisivo para cerrar un trato.

El nuevo lugar de trabajo cambió mucho. Las antiguas reglas de Marte eran particularmente efectivas en un ambiente limitado de comunicación y elección, pero en la actualidad se han vuelto anticuadas. A no ser que los hombres empiecen a romper las antiguas reglas, se encontrarán rezagados. Con los nuevos avances tecnológicos en la velocidad y efectividad de la comunicación, los empleados y los consumidores tienen más opciones. Para no perder competitividad en el cambiante mercado mundial se requiere de un equilibrio de reglas, modales y valores marcianos y venusinos.

A no ser que los hombres empiecen a romper las antiguas reglas, se encontrarán rezagados.

Las antiguas reglas de Marte con frecuencia se oponen en forma directa a los modales y costumbres de Venus, los cuales están orientados a las relaciones. A menudo, el comportamiento aceptable y respetable en Marte hace que las mujeres se sientan excluidas, traicionadas e incapaces de confiar. Por otra parte, el hecho de tener modales y costumbres venusinas suele verse como señal de debilidad en Marte. Al comprender las reglas marcianas, una mujer tiene la ventaja de estar a la cabeza en las diferentes áreas del lugar de trabajo que domina el hombre.

Para desarrollar un nuevo estilo de hacer negocios, es esencial que tanto los hombres como las mujeres reconozcan cómo pueden violar las reglas y las costumbres de sus diferentes mundos. Con un conocimiento claro sobre cómo podemos darnos más apoyo mutuamente, el lugar de trabajo reflejará una mezcla más armoniosa de reglas marcianas y costumbres venusinas.

Es un gran reto para muchas mujeres cambiar a un ambiente competitivo marciano, en el que el objetivo central es encontrar soluciones útiles y pragmáticas. Este desafío es aún mayor cuando una mujer no comprende las reglas de Marte en el lugar de trabajo.

Estas reglas no son secretas, pero no se mencionan. Las mujeres no son excluidas a propósito de esta información importante. Para los hombres, son parte instinto y parte las aprenden al jugar deportes competitivos. A no ser que una mujer crezca con muchos hermanos, es muy difícil para ella descifrar estas reglas.

Algunas mujeres "las captan" en forma automática, porque simplemente nacieron con niveles más altos de hormonas marcianas. Por instinto se relacionan con el mismo conjunto de reglas que los hombres. Estas mujeres son las que con frecuencia progresan en los negocios. Sin embargo, la mayoría de ellas necesita aprender las reglas que siguen los hombres para lograr un mayor éxito.

Las mujeres con niveles más altos de hormonas marcianas se relacionan mejor con los hombres y, como resultado de ello, progresan en los negocios.

Imagine que trata de jugar basquetbol sin conocer las reglas. Se sentiría confundida y maltratada durante todo el tiempo. Sin saberlo, cometerá faltas. No sabría por qué está perdiendo. Al no comprender los diferentes juegos y estrategias, sería un perjuicio para su equipo.

No importa lo talentosa que sea usted o lo mucho que se esfuerce; si no conoce las reglas no triunfará.

Sin comprender las reglas guía de los hombres en el lugar de trabajo, las mujeres pueden considerar que los hombres son arrogantes, insensibles, exigentes e indiferentes, cuando en realidad sólo están haciendo su trabajo y respetando las reglas de Marte que gobiernan el competitivo lugar de trabajo. En sus relaciones personales, estos mismos hombres pueden ser amables, generosos, considerados e indulgentes. Incluso en sus relaciones de trabajo, estas características pueden estar presentes, pero alguien que no comprende sus reglas no lo considerará así.

Cómo crear un cambio en el lugar de trabajo

El éxito en cualquier área de la vida aumenta cuando respetamos a los mayores y dejamos espacio para los nuevos. Esta clase de síntesis de valores opuestos es el secreto de la creatividad y el progreso.

Una síntesis de los valores marcianos y venusinos es el secreto de la creatividad y el progreso.

Las antiguas reglas marcianas necesitan actualizarse. Este proceso toma tiempo. Mientras tanto, si conoce las reglas en las que se basan los demás, puede elegir cómo desea actuar. Al menos, cuando otros declaran una falta, sabrá por qué. Cuando otras personas no deseen que forme parte de su equipo, no lo tomará de manera personal, sino que reconocerá que usted es quien no desea jugar de acuerdo con sus reglas. Cuando otros intenten enfrentarlo o derribarlo, no lo tomará personalmente.

Durante un seminario en Londres comenté mi propia experiencia en esto con los medios informativos. Expliqué: "Ocasionalmente, un entrevistador parecerá muy amistoso y luego se volteará y hará algunos comentarios feos y mezquinos en un artículo o reportaje. Prácticamente cualquier cosa que uno diga, cuando se toma fuera de contexto, puede servir para justificar el punto de vista del entrevistador. Cuando la intención es hacer un 'trabajo suprimiendo', pueden hacer que cualquiera parezca ser lo que ellos desean".

Después de que mencioné esto, una mujer se puso de pie y anunció que ella era uno de esos reporteros. Su comentario simple fue: "Trate de perdonar. Si no parecemos cínicos y duros, nuestros publicistas no imprimen nuestros artículos y no nos pagan. Si ahonda más, verá que también decimos algunas cosas buenas".

Esto cambió por completo mi perspectiva. En casi todo ella tenía razón. No debía tomarlo de manera tan personal. Ellos sólo seguían sus reglas y hacían lo que requería su trabajo. Cuando dejé de tomarlo personalmente, mi vida pública fue mucho más relajada. En lugar de enfocar lo negativo, pude ver también lo positivo.

El mundo del trabajo es a veces injusto, frío, manipulador y corrupto. Sin embargo, también puede apoyar, ser respetuoso, enriquecer y satisfacer. Es un sistema imperfecto creado por gente imperfecta. Esperar perfección es programarse para quedar desilusionado. En forma gradual, el lugar de trabajo mejora.

Puede actuar de acuerdo con las reglas o no hacerlo así. La elección es suya. Si desea cambiar las reglas, primero tiene que respetarlas. La única manera de cambiar las reglas es trabajar con éstas. Tomarlas en forma personal sólo lo enoja y limita su poder para lograr un cambio positivo.

Finalmente, las reglas marcianas y los modales venusinos no son mejores que los otros. Sólo son diferentes. Tienen un contexto en el que son muy apropiados. Cuando el contexto cambia, entonces también las reglas necesitan cambiar. Cuando los hombres y las mujeres trabajan juntos, el contexto cambia. Aquellos que son capaces de adaptarse respetando a los demás y a sí mismos son los que llegan a la cima.

Aquellos que son capaces de adaptarse respetando a los demás y a sí mismos son los que llegan a la cima.

Al respetar y apreciar las reglas marcianas y los modales venusinos puede lograrse una síntesis y desarrollar un nuevo y mejor conjunto de reglas y costumbres.

Los negocios y los deportes competitivos

En Marte, las reglas de los negocios son a veces como las reglas de los deportes de competencia: en la arena, en las canchas y en los campos de juego, literalmente luchan uno contra otro. Su objetivo principal es derribar al oponente y ganar. Mientras se sigan ciertas reglas, todo lo demás es justo y nadie toma la competencia en forma personal. El objetivo es hacer lo más posible y que gane el mejor.

Después del juego pueden ser los mejores amigos, pero durante el juego su objetivo es derrotar al otro. Hacen todo lo posible por ganar. Parte de ese proceso es la estrategia y la planeación para derrotar a su oponente. Siempre les preocupan las anotaciones y se sienten más felices cuando están ganando.

En deportes como el tiro con arco, el boliche y el golf, un hombre puede competir consigo mismo para actuar lo mejor posible, pero en otros deportes como el tenis, el basquetbol, el futbol americano, el beisbol y el boxeo, compite con otras personas en forma más activa. Las reglas de Marte se aplican particularmente a estos deportes más competitivos. El objetivo, aunque pueda parecer despiadado en Venus, es que los otros pierdan para que el ganador sea usted.

Hace todo lo posible por cansarlos, poncharlos, taclearlos o incluso noquearlos. Hacer menos sería un insulto. Ningún marciano desea sentir que el equipo contrario o el oponente "los dejó ganar". Una actividad deportiva es una prueba de habilidad y talento. Para que alguien gane, otro debe perder.

Estos deportes más competitivos reflejan las reglas de Marte. Estas reglas permiten que los hombres lleven a cabo dichas contiendas sin tomarlo en forma personal. Pueden tratar de derrotar a su oponente sin desear en realidad lastimarse mutuamente. "Quieren" ganar, pero no son crueles. Desean ganar limpia y honestamente. Desean ganar a cualquier costo, pero siguen las reglas y no golpean debajo del cinturón a propósito. Al seguir las reglas acordadas, obtienen honor mientras derrotan a un adversario. Si no se siguen las reglas, aunque ganen, se desprestigian.

Las reglas en los deportes permiten a los hombres contender y desafiarse sin tomarlo personalmente.

En Venus piensan en forma diferente. Juegan con reglas distintas. Desean que los demás ganen y no ellas mismas. El sacrificio y el dar en forma incondicional se aprecian mucho. Mientras todos tengan esta actitud, todos se cuidan.

En Venus, cuando todos dan, todos obtienen.

Este enfoque funciona en Venus, pero no en los deportes ni en el mundo de trabajo marciano. No puede ganar un juego de basquetbol si entrega constantemente la pelota al oponente o si permite que anote un tiro ganador. Hace todo lo posible por conservar la pelota y bloquear sus jugadas. Esta oposición directa es amistosa y justa, porque todos tienen la misma oportunidad. De esta manera, el equipo mejor y más hábil gana.

En un mundo de trabajo poblado por venusinas, si un hombre intenta ganar la confianza y el respeto de las mujeres, necesita comprender las costumbres y los modales de Venus. Por ejemplo, en el mundo de los negocios venusino, en ocasiones, la forma de ganar clientes es pasándolos a alguien más calificado para sus necesidades. Recordarán que se interesó en ellos y, como resultado, lo apoyarán más.

Con la afluencia de mujeres en el mundo de trabajo, las antiguas reglas están cambiando en forma gradual. El antiguo "Yo gano, tú pierdes" se está remplazando, cuando es apropiado, con un nuevo y mejorado "Yo gano y tú ganas". Algunas compañías aún intentan derrotar a la competencia, pero entre los compañeros de trabajo, entre la gerencia y los compañeros de trabajo, y entre los proveedores de servicios y los clientes, esta actitud ganar/ganar está prevaleciendo. Ganar/ganar es una síntesis del pensamiento marciano y venusino. Al dedicar tiempo a respetar y honrar las diferencias en el lugar de trabajo, se creará terreno fértil para que los hombres y las mujeres experimenten oportunidades iguales al aumentar el éxito.

Marte y Venus en la sala de sesiones

Cuando los hombres asisten a una junta del consejo directivo pueden tener debates acalorados, pero nadie lo toma en forma personal. Quizá se enojen, se frustren, se desilusionen o expresen preocupación. No es la intención tomarlo en forma personal ni se considera así.

Al mediodía, cuando es hora de la comida, los hombres salen juntos y la pasan bien. Se esfuerzan por asegurarse que el mensaje sea claro: los negocios son negocios y nada debe tomarse en forma personal. Al pasar un buen tiempo juntos o al compartir una copa, refuerzan el mensaje de que no hay resentimientos.

Los hombres se aseguran de reforzar el mensaje de que no hay resentimientos.

Es muy diferente cuando un grupo de mujeres de varios departamentos se reúne y discute. En el mundo de trabajo, una mujer tiene que vender una idea. Si la idea no es aceptada, con frecuencia no se siente escuchada o respetada y, como resultado, aumenta la tensión.

Cuando es hora de la comida, en lugar de salir juntas, como los hombres, las mujeres a propósito toman diferentes direcciones para discutir en forma más íntima con una amiga o una compañera de trabajo lo que se dijo. De este modo, ella logra liberar la tensión y el estrés al sentirse escuchada.

En Venus, cuando las mujeres comparten en sus grupos de apoyo, la dinámica es diferente de la que ocurre en el lugar de trabajo. Cada mujer se siente escuchada y validada. Esto es mucho más fácil cuando no tiene que tomar decisiones de negocios, hacer cambios y evaluaciones o cuando una persona es el jefe y toma la decisión final.

Esta clase de estrés aumenta para las mujeres cuando los hombres y las mujeres se juntan en reuniones importantes. Sin saberlo, los hombres se expresan en tal forma que hacen que las mujeres se sientan atacadas personalmente. En esos momentos, una mujer puede responder en forma que exprese ira, resentimiento, frustración, dolor, desilusión, preocupación, temor y desconfianza. Como ya lo explicamos, esto sólo crea antagonismo con los hombres. La mujer, por su parte, pierde de inmediato credibilidad ante ellos, simplemente por la manera en que actuó.

Igualdad en el lugar de trabajo

Cuando las personas buscan igualdad en el lugar de trabajo, generalmente desean un mejor sueldo, más oportunidades y más privilegios. Vemos que otras personas obtienen más y lo deseamos. Sin una comprensión clara de cómo opera el lugar de trabajo, empieza a surgir resentimiento.

Con esta nueva comprensión sobre cómo piensan, sienten y se comunican los hombres y las mujeres en el lugar de trabajo, compartimos una oportunidad igual para ganar el respeto de los demás en el terreno laboral. Aunque esta igualdad de oportunidad está disponible, no existe tal equidad en ese sitio.

Todos obtienen un sueldo y privilegios diferentes y siempre será así. En una economía libre, competimos para obtener más, nadie nos lo regala. Nuestro sueldo o valor lo regulan la oferta y la demanda. Si su servicio está en demanda y la oferta es baja, su valor sube. Como resultado, consigue más respeto. Por ejemplo, si es la única persona que puede arreglar una computadora, cuando llegue habrá gran reverencia y maravilla en el aire. Si la oficina está llena de programadores con una habilidad similar, ni siquiera notarán su talento.

En una economía libre nada es gratis. Todo tenemos que ganarlo.

Si una mujer aprende las reglas que gobiernan el pensamiento de los hombres, puede hacer algunos ajustes pequeños y ganarse su respeto como lo haría otro hombre. Esto puede lograrse también sin tener que convertirse en un marciano. No es que los hombres no respeten a las mujeres. Los hombres no respetan ciertos comportamientos que violan las reglas tácitas de Marte. Cuando alguien, ya sea hombre o mujer, viola estas reglas de negocios y profesionalismo, pierde el respeto de sus colegas varones.

Para obtener respeto en el lugar de trabajo, éste debe ganarse.

Esto puede parecer injusto, porque las mujeres tienen que comportarse y comunicarse en formas determinadas por hombres para que ellos las respeten. Sin embargo, los hombres enfrentan el mismo problema. Si los hombres desean ganarse el respeto y el apoyo de las mujeres, tienen que cambiar su forma de comportarse y de interactuar.

Comprender las reglas de Marte ayudará también a algunos hombres que no tienen el respeto que merecen de las personas de su propio género. Si un hombre creció en una familia de niñas, estaba muy cerca de su madre y no practicaba deportes en equipo, o si tiene niveles más bajos de hormonas marcianas, a veces tampoco funciona con estas reglas.

En forma similar, las mujeres que crecieron con hermanos varones, que jugaron deportes competitivos, que estuvieron más cerca de su padre o que nacieron con niveles altos de hormonas marcianas, por instinto se adoptan a las reglas de Marte.

Comparación de las reglas marcianas y los modales venusinos

Resumamos estas reglas de Marte y comparémoslas con los modales complementarios de Venus. Recuerde: un conjunto no es mejor que el otro. El propósito de anotar estas diferencias es comprender cómo puede usted malinterpretar a otras personas o cómo los demás pueden malinterpretarlo a usted.

REGLAS DE MARTE	MODALES DE VENUS
Hable sobre un problema sólo si tiene una solución.	Cuando hay un problema, hable sobre éste.
Emplee el menor número posible de palabras para hacer una propuesta; esto demuestra competencia.	Compartir los detalles de sus experiencias crea afinidad y fortalece las relaciones de trabajo.
No se rebaje, pues eso debilita su poder para dirigir.	No se coloque por encima de los demás. Eso crea división.
Demostrar los sentimientos es señal de debilidad y sus enemigos lo utilizarán contra usted.	Comparta los sentimientos vulnerables para crear confianza y obtener apoyo.
Tenga siempre una respuesta y nunca revele el sentimiento de inseguridad.	No asuma que tiene la mejor respuesta. Incluya a los demás en el proceso de solución del problema.
Demuestre fortaleza y seguridad al no ofenderse.	Demuestre interés y amor propio al ofenderse por una falta de respeto.
Contenga los sentimientos: permanezca frío, controlado y calmado y los demás lo respetarán más.	Exprese sentimientos personales para mejorar la comprensión y el apoyo mutuos.

REGLAS DE MARTE	MODALES DE VENUS
Sólo pida ayuda si en realidad la necesita. Lo evalúan y respetan por lo que hace por cuenta propia.	Dar y recibir ayuda a generar una sensación de conexión, colaboración y espíritu de equipo.
De usted depende cerrar cada trato y obtener lo que desea. Si no lo pide, no lo obtendrá.	Demuestre su responsabilidad esforzándose lo más posible y los demás lo notarán automáticamente y la recompensarán.
La regla de eficiencia: nunca haga lo que no tiene que hacer. Si hace más, asegúrese de que lo recompensen.	La regla de oro: haga a los demás lo que le gustaría que le hicieran. Dé más y obtendrá más.
Siempre tome el crédito por lo que hace y permita que se sepa. Promuévase y otros lo promoverán.	Dé siempre crédito a quienes la ayudaron. Promueva a otros y ellos la promoverán.
Los negocios son negocios: permita que el resultado final determine sus decisiones y no el sentimiento.	Si me ayudas, te ayudaré. Recuerde a sus amistades y ellas la recordarán.
El fin justifica los medios: mida el éxito por el resultado final y no por el proceso.	El éxito es un viaje y no un destino. Lo importante no es lo que hace, sino cómo lo hace.

Con este mayor conocimiento podrá ajustar su comportamiento y sus respuestas de acuerdo con el contexto en el que trabaja. Si labora con una mujer o con un grupo de mujeres, deseará pulir sus modales venusinos. Si trabaja con un hombre o con un grupo de hombres, es útil que recuerde cómo puede ser evaluada.

Al tomar en consideración estas reglas y estos modales, estará mejor preparado para elegir sus respuestas e interactuar de la manera más apropiada.

Cómo pedir apoyo y conseguirlo

Cuando no obtiene el apoyo que desea en el lugar de trabajo, una causa significativa puede ser que no pide suficiente o que lo hace de una forma que no da resultado. Cuando se trata de solicitar apoyo, las reglas y los modales de Marte y Venus son totalmente diferentes. Los hombres a menudo se resisten más a pedir indicaciones; sin embargo, piden con más facilidad una mayor compensación. Pedir indicaciones implica no poder hacer algo, pero pedir una compensación implica obtener lo que merece porque es capaz de hacer algo. Las mujeres tienden a pedir apoyo y compensación, pero en formas que se pasan por alto fácilmente o que se malinterpretan en Marte.

Con frecuencia, una mujer pide apoyo de manera demasiado indirecta para que los hombres se den cuenta de lo que está pidiendo. Por otra parte, un hombre tenderá a ser demasiado directo o a parecer irrespetuoso. Al tomar en consideración cómo escucha nuestras peticiones el sexo opuesto, podemos tener mucho más éxito para conseguir el respeto que merecemos, el apoyo que necesitamos y la cooperación que deseamos.

Por qué las mujeres no piden

Las mujeres cometen frecuentemente el error de pensar que no tienen que pedir apoyo en forma directa. Debido a que en Venus por intuición conocen las necesidades de los demás y dan lo que pueden, erróneamente esperan que los hombres en el lugar de trabajo hagan lo mismo. Cuando las mujeres trabajan juntas, siempre preguntan si necesitan su ayuda. Una mujer por instinto busca con mucho gusto y entusiasmo formas para ofrecer su apoyo. Mientras más respeta, aprecia o tiene interés en alguien, más ofrecerá su apoyo y no esperará a que se lo pidan. En Venus, todos dan apoyo en forma automática, por lo que no hay motivo para solicitarlo. Cuando los hombres en el lugar de trabajo no notan las necesidades de ella u ofrecen de inmediato su apoyo, una mujer llega a la conclusión errónea de que no la respetan o aprecian.

Una mujer pierde apoyo al no pedirlo, pero un hombre pierde puntos al no ofrecerlo.

Las mujeres tienden a pedir apoyo indirectamente en dos formas: dando mucho o expresando sentimientos negativos sobre un problema. En Marte no es suficiente sólo con dar apoyo y esperar a que éste llegue. Cuando una mujer da su apoyo con gusto, pero no lo pide en forma directa o no solicita compensación a cambio, un hombre llega a la conclusión de que ella ya obtuvo lo que necesitaba. En el segundo caso, si ella expresa sentimientos de frustración o de preocupación mientras habla sobre un problema, a no ser que directamente le pida que la apoye, él quizá no ofrezca ayuda. Puede hacerle una sugerencia, pero no hará nada más.

Un hombre retiene su apoyo activo no porque no desee ayudar, sino que espera "respetuosamente" a que se lo pidan. Recuerde que en Marte no ofrecen ayuda no solicitada ni asistencia no pedida. Si ella no lo solicita en forma directa, él erróneamente llega a la conclusión de que desea hacerlo por sí misma. Para motivar a un hombre, una mujer necesita desarrollar el arte de pedir apoyo en forma directa. Esto es útil no sólo para obtener ayuda, sino también para obtener aumentos, más personal, mayores beneficios y más prebendas en el trabajo. A no ser que una mujer lo pida en forma directa, un hombre no ofrecerá darle su apoyo.

Cuando una mujer da con gusto su apoyo, un hombre llega a la conclusión de que ella ya tiene lo que necesita.

Cuando una mujer no pide directamente lo que desea, un hombre llega a la conclusión de que ella no lo desea o que ya tiene lo que desea y necesita. Un hombre podría incluso preguntarse en silencio por qué una mujer no pide su ayuda mientras intenta resolver un problema. Al mismo tiempo, la mujer se pregunta o resiente por qué él no ofreció su ayuda. Cuando ella no pide, él erróneamente llega a la conclusión de que ella desea hacer las cosas por sí misma o que ya tiene suficiente apoyo.

Cuando una mujer no pide, un hombre llega a la conclusión de que ella ya tiene lo que desea o necesita.

Un hombre sabio se anota muchos puntos si se esfuerza por conocer cuándo podría ella necesitar ayuda y apoyo. Con frecuencia, cuando él ofrece apoyo no solicitado, incluso si ella no lo desea, él obtendrá puntos por ofrecerlo. Es entonces cuando resulta importante que los hombres recuerden que son las cosas pequeñas las que cuentan en Venus. Al tener pequeños gestos de apoyo, un hombre se asegura de ganar el apoyo de una mujer y de crear un ambiente de trabajo de apoyo mutuo.

Cómo se gana admiración en Venus

Finalmente, la forma en que un hombre progresa hoy en dia en el lugar de trabajo es ganándose el respeto y la admiración de compañeras, gerentes, empleadas, clientas y consumidoras. No hay nada que provoque admiración con más rapidez que ofrecer apoyo en formas pequeñas. No es suficiente estar dispuesto a hacer todo lo que ella pide. No es suficiente decir: "Todo lo que tienes que hacer es pedir y con gusto ayudaré". En cambio, él obtiene más puntos si nota cómo pueden necesitarlo y ofrece su apoyo.

A menudo, un hombre piensa que está ofreciendo su apoyo, pero una mujer escucha críticas. Él hace una pregunta en lugar de ofrecer su apoyo en forma directa. Quizá él piense: "Tal vez ella necesita ayuda para ordenar esas nuevas formas. Si todavía no lo ha hecho, lo haré por ella".

En lugar de ofrecer directamente su ayuda, erróneamente dice algo como esto: "¿Terminaste de ordenar las nuevas formas?". No desea ofrecer su apoyo, a no ser que sepa que ella realmente lo necesita. Esta tendencia proviene de Marte. En su planeta, él puede insultar a otra persona al ofrecer ayuda, a no ser que la necesiten de manera evidente. Ofrecer ayuda implica que otro marciano no es capaz de hacerlo por su cuenta.

El hecho de preguntar si una mujer terminó de ordenar las nuevas formas, puede ser totalmente contraproducente. Si ella ya se siente un poco estresada y todavía no ha ordenado las formas, la pregunta de él puede sonar como si la presionara para que haga más, cuando ya está haciendo todo lo que puede. Ella podría sentirse resentida por la intromisión.

Lo que daría resultado sería que él ofreciera su apoyo en forma directa sin preguntar primero si lo necesita. Debería decir: "¿Puedo ayudarte a ordenar esas nuevas formas?". También podría hacerse cargo de una manera amistosa y preguntar: "¿Dónde están esas nuevas formas que es necesario ordenar? Tengo tiempo extra. Permite que las clasifique". Al usar "puedo" o "permite", un hombre solicita permiso para dar, en lugar de colocar a una mujer en la posición de tener que pedirle ayuda en forma directa.

Al decir "puedo" o "permite", un hombre facilita que una mujer acepte su apoyo.

Al plantear las cosas de esta manera, él ganará muchos puntos con ella. Otra forma de ganarse su admiración y apoyo es evitando preguntar si le *gustaría* que él hiciera algo por ella. Necesita recordar que si ella no lo ha pedido en forma directa, es probable que espere que le ofrezca su apoyo, si él lo desea. Preguntar si a ella le "gustaría" su apoyo no es lo mismo que ofrecerlo. Es sólo una pregunta que pone la responsabilidad en ella para pedir. Si ella ya se siente incómoda al pedir, es probable que responda: "No, está bien. Gracias de cualquier manera".

Preguntar si a ella le "gustaría" su apoyo no es lo mismo que ofrecerlo.

En lugar de decir: "¿Te *gustaría* mi ayuda?", él debe preguntar: "¿Puedo ayudarte?". Con este pequeño cambio, ella estará más deseosa de aceptar su ayuda y él se ganará su admiración. Cuando los hombres dicen: "¿Te gustaría mi ayuda?" o "¿Puedo ayudar?", las mujeres a menudo responden "no", cuando en realidad quieren decir "sí". En su planeta, ella está diciendo en realidad: "Bueno, no quiero ser exigente, pero si tienes tiempo extra, realmente apreciaría la ayuda. Sólo insiste en ayudar y aceptaré tu ayuda".

Cuando los hombres dicen: "¿Te gustaría mi ayuda?" o "¿Puedo ayudar?", las mujeres a menudo responden "no", cuando en realidad quieren decir "sí".

Cuando una mujer desea ayudar, por instinto sólo se acerca y empieza a ayudar. En Venus son colaboradoras. En un ambiente de cooperación, la ayuda siempre es bienvenida. Una venusina no ofrecería ayuda diciendo: "¿Te gustaría mi ayuda?" a no ser que digan algo como: "Si en realidad necesitas mi ayuda, entonces ayudaré. De lo contrario, tengo otras cosas que hacer".

Para resumir estos puntos de ofrecer ayuda, ésta es una lista de qué decir, qué no decir y una interpretación de lo que ella puede escuchar si un hombre ofrece su apoyo sin ser directo.

Cómo ofrecer a las mujeres ayuda no solicitada

OFRECIMIENTO DIRECTO DE APOYO. DIGA	OFRECIMIENTO INDIRECTO DE APOYO. NO DIGA	LO QUE ELLA PUEDE ESCUCHAR CUANDO UN HOMBRE NO ES DIRECTO
Permite que te ayude con eso.	¿Quieres que te ayude a clasificar esas nuevas formas?	Te ayudaré si en realidad lo necesitas, pero tengo otras cosas más apremiantes que hacer.
Éste ha sido un día muy ocupado. Permite que te ayude a ordenar esos papeles.	¿Necesitas ayuda?	Ya estoy haciendo mucho, pero si en realidad necesitas ayuda de nuevo, entonces te ayudaré.
Tengo tiempo extra. ¿Puedo ayudarte a ordenar esos papeles?	¿Qué puedo hacer para ayudar?	Hoy estás muy distraída. Si en realidad necesitas ayuda, puedo ayudar.
Permite que te ayude a ordenar estos papeles.	¿Ya terminaste de ordenar esos papeles?	Ya deberías haber terminado de ordenar esos papeles.

OFRECIMIENTO DIRECTO DE APOYO. DIGA	OFRECIMIENTO INDIRECTO DE APOYO. NO DIGA	LO QUE ELLA PUEDE ESCUCHAR CUANDO UN HOMBRE NO ES DIRECTO
¿Puedo sugerir que hagas esto mañana? No necesitamos estas formas de inmediato.	¿Por qué no haces eso mañana?	No eres muy buena para elegir prioridades. Tal vez mañana lo hagas bien.
Ha sido un día muy ocupado. Permite que le pida a Tom que te ayude a clasificar estas nuevas formas.	¿Le pediste a Tom que te ayudara a clasificar estas nuevas formas?	No eres muy buena para colaborar y obtener la ayuda de otros.
Tienes que hacer todas esas llamadas. Permite que te ayude a clasificar estas nuevas formas.	¿Por qué no terminas tus llamadas mientras yo ordeno estos papeles?	Parece que no sabes qué hacer aquí, por lo tanto, te daré algunas indicaciones.
Tengo tiempo extra. Permite que termine de clasificar esos papeles.	¿Tendrás tiempo para terminar de clasificar esos papeles?	Te tomas demasiado tiempo.

Por qué las mujeres se muestran resentidas

Las mujeres a menudo se sienten incómodas al pedir más. No desean arriesgarse a ofender a una persona al pedirle demasiado. Una mujer puede "sugerir", pero no pedir en forma directa lo que desea. Como resultado, pospone las peticiones directas hasta que experimenta resentimiento. Entonces, motivada por un sentimiento de injusticia, dejará su zona de confort y hará demandas. Al pedir en un tono de resentimiento, sus logros disminuirán ante los ojos de un hombre y su deseo de recompensarla también.

Para ganar respeto en el lugar de trabajo, las mujeres necesitan reconocer la importancia de pedir en forma directa y de ajustar la forma en que piensan que están pidiendo. En Marte, si no se pide con claridad, no se consigue nada. Para conseguir más o seguir adelante, tiene que pedir y luego pedir de nuevo. Sin embargo, no es tan simple como eso. *Cómo* pide y *cuánto* pide tienen un gran impacto en lo que obtiene.

Cinco sugerencias para pedir en forma directa

Hay cinco secretos para pedir apoyo en Marte y recibirlo. La mayoría de los hombres no necesariamente conoce estos secretos, pero por instinto los sigue. Son éstos: el momento apropiado, una actitud no exigente, ser breve, ser directo y emplear las palabras correctas. Examinemos cada uno de estos puntos con mayor detalle:

1. *El momento apropiado*. Tenga cuidado de no pedirle algo que es obvio que él planea hacer. Por ejemplo, si él se apresura para terminar un reporte, puede ser insultante decir: "¿Puedes terminar ese reporte hoy?". Él puede sentirse controlado y que no aprecian sus esfuerzos. En cambio, si ella desea asegurarse de que él terminará, puede ser directa en su pregunta. Podría decir: "¿Crees que terminarás hoy?".

El momento es muy importante, incluso cuando una mujer aplica los otros secretos para pedir en forma directa. Cuando un hombre está concentrado en otra tarea, pondrá mucha resistencia a las peticiones de ella si lo interrumpe. Esta resistencia no es hacia su petición, sino hacia la interrupción. No es que él no desee hacer lo que ella le pidió, sino que se resiste a tener que suspender lo que está haciendo para considerar su petición. Siempre que una mujer pueda esperar a que él tome un descanso o que cambie su foco de atención, ése es el mejor momento para pedir algo.

Si tiene que interrumpirlo, aún puede tener éxito si simplemente reconoce que lo está interrumpiendo, con un "discúlpame". En esta situación ella necesita tener cuidado para sólo hacer la petición y no tomarlo en forma personal cuando él refunfuñe. Al no prestar ella atención a su resistencia en ese momento, él se sentirá más deseoso de apoyarla en el futuro. Sin embargo, si posteriormente él llega a la conclusión de que la interrupción de ella no era necesaria o razonable, entonces su respeto hacia ella disminuirá.

Si ella tiene duda, también puede preguntar si es un buen momento para hablar sobre un asunto apremiante. Esto le da a él el control y se sentirá menos interrumpido. Él puede preguntar: "¿De qué se trata?". Esto coloca de nuevo la responsabilidad en él para decidir, con lo cual opondrá menos resistencia y la respetará más. Al respetar ella su "tiempo en la cueva", él puede decidir cuándo desea responder.

2. *Una actitud no exigente.* Una petición no es una exigencia. Los hombres no responden bien a las exigencias o a un ultimátum. A una mujer tampoco le gustan las exigencias, pero respetará una exigencia si la respaldan motivos o sentimientos válidos o justificaciones. Ésta es una gran diferencia entre hombres y mujeres. Cuando alguien se acerca a un hombre y exige su tiempo, atención o recursos, de inmediato se ofenderá. Debido a que se siente controlado, en lugar de escuchar la validez de una petición empezará a defender su derecho de no hacer lo que le piden.

Cuando los hombres tratan con clientas, compañeras de trabajo, gerentes y empleadas, necesitan reconocer que si una mujer hace una petición, requiere que la escuchen sin reservas. De esta manera, un hombre puede anotar puntos con ella. Por otra parte, si una mujer busca obtener con más éxito lo que desea, entonces necesita pedir de una manera que sea más aceptable y directa, sin enojo, resentimiento o exigencia.

Una mujer suele hacer sacrificios por los demás y cuando no obtiene el servicio o el apoyo que considera que merece, lo toma en forma personal y reacciona emocionalmente. Esto sólo hace que un hombre se muestre más defensivo y es más probable que ella consiga mayor resistencia, en lugar de un apoyo amistoso y sincero. Vamos a analizar un ejemplo:

Carol terminó finalmente su sitio web y necesitó establecer un nuevo proveedor de servicio de Internet. Cuando lo instalaba, tuvo varios problemas. Llamó a servicios al cliente pero la trataron con muy poca paciencia y comprensión y no recibió ayuda. Sintió la urgencia de enojarse con el hombre con el que habló. Sintió la urgencia de decirle lo que sentía, pero decidió controlarse y sólo colgó. Se sintió derrotada e impotente.

Entonces decidió probar el enfoque Marte-Venus de pedir en forma directa. Ya había dado el primer paso importante. No se enojó con el hombre.

Esperó hasta calmarse y luego volvió a llamarlo para ser directa de una forma no exigente.

Comprendió que para pedir ayuda de una forma no exigente primero tenía que dar cierto apoyo. Encontró algo por qué felicitarlo. Le dijo que en verdad apreciaba que hubiera hablado con ella en la llamada anterior. Entonces, de una manera amistosa, le dijo que aún estaba en problemas. Comentó: "No sé si pueda ayudarme con esto. No soy muy buena con las computadoras".

Esto apeló al deseo siempre presente de un hombre de que confíen en él, lo acepten y lo aprecien. Ella se sorprendió de que en esta ocasión él la ayudara de una manera increíble e incluso le resultó difícil colgar el auricular. Al final él dijo: "No dude en llamar de nuevo si tiene otros problemas y si no estoy aquí, pregunte por Eric". Se motivó al sentirse necesitado, al tener un problema que solucionar, al ser apreciado y porque aceptaron su estilo.

En lugar de tomar como algo personal que en su primera llamada él no la ayudara, llamó de nuevo y lejos de sentirse justificada para exigir, hizo lo contrario y estableció la paz al pedirle su apoyo de una forma no exigente.

3. *Ser breve*. Al pedir apoyo o un aumento, evite dar una lista de motivos por los que él debe ayudar. Mientras más sienta que tiene que convencerlo, más débil será su posición ante sus ojos. El hecho de ser breve demuestra seguridad y un sentido de valor de lo que pide. Si siente la necesidad de explicarse, entonces será señal de que piensa que tal vez él no desea apoyarla. Esto no resulta conmovedor o motivante para un hombre, como lo es una posición más segura y confíe en que él deseará darle el apoyo que pide.

Las explicaciones prolongadas que validan su petición pueden hacer que él considere que no confía en que la apoyará. Puede sentir que trata de convencerlo para que la apoye, cuando ya desea apoyarla. Irónicamente, al tratar de convencerlo, él deseará apoyarla menos. Un hombre no quiere escuchar una larga lista de motivos o explicaciones sobre por qué debería conceder una petición.

Una mujer dará una lista de motivos para justificar sus necesidades, porque erróneamente llegó a la conclusión de que él en realidad no desea apoyarla, pues de lo contrario ya habría ofrecido su ayuda. Con esta percepción, que explica por qué los hombres no ofrecen su apoyo, una mujer puede interpretar de manera correcta que un hombre desearía echarle la mano, pero que sólo necesita la luz verde con una breve petición. Después de hacer tal petición, si él necesita un motivo lo pedirá y ella podrá darle algunos. Incluso entonces, éstos deben ser breves.

4. *Ser directo*. Las mujeres frecuentemente piensan que están pidiendo el apoyo de los hombres, cuando en Marte no es así. Si una mujer desea ayuda o apoyo, puede presentar el problema, pero no pedir en forma directa. Una petición directa no *implica* una demanda. Al enfocar con nitidez lo que ella desea y al expresarlo muy claramente con pocas palabras, conseguirá más apoyo. Ocasionalmente una petición indirecta es adecuada, pero si ella no obtiene el apoyo que desea, al ser más directa experimentará resultados inmediatos.

Cuando una mujer no se expresa de una manera directa, deja espacio para que un hombre escuche toda clase de mensajes que dan la impresión de que ella exige, critica, desaprueba o culpa. Esta clase de mensajes no generan en él un sentimiento de cooperación o el deseo de apoyarla.

Lo que él puede escuchar cuando ella no es directa

BREVE Y DIRECTA. LO QUE ELLA DEBE DECIR	EVITE SER INDIRECTA. LO QUE ELLA NO DEBE DECIR	LO QUE ÉL PUEDE ESCUCHAR CUANDO ELLA ES INDIRECTA
¿Quieres encargarte de este pedido?	Tengo que recoger los boletos y no tengo tiempo para atender este pedido.	Debes recogerlos, de lo contrario no me estás ayudando. (Exigencia.)
¿Quieres copiar estos papeles y enviarlos a las cinco?	Es necesario copiar estos papeles y enviarlos a las cinco.	Se supone que debes hacer esto. No debería tener que pedírtelo de nuevo. (Expectativa.)
¿Quieres investigar qué sucedió con el paquete?	Ese paquete aún no llega.	No has estado pendiente de esta entrega. Deberías ser más responsable. (Crítica.)

BREVE Y DIRECTA. LO QUE ELLA DEBE DECIR	EVITE SER INDIRECTA. LO QUE ELLA NO DEBE DECIR	LO QUE ÉL PUEDE ESCUCHAR CUANDO ELLA ES INDIRECTA
¿Se encargaría tu departamento de efectuar este cambio?	Tu departamento es responsable de hacer este cambio.	Es culpa tuya si esto no sucede. (Culpa.)
¿Quieres hacerte cargo de esto? Lo necesito lo más pronto posible.	Esto no ha funcionado.	No me agrada tu trabajo. (Descontento.)
¿Quieres aclarar este enredo? No sé qué hacer.	Esto es un gran enredo. En realidad no sé qué hacer.	No organizaste esto en forma adecuada. Debes ser más responsable. (Rechazo.)
¿Quieres recogerlo alrededor de las tres? Todavía trabajo en esto.	Ya debía haber terminado, pero aún tengo más trabajo pendiente. No creo poder terminar a las doce.	Debes hacer esto, porque no hay otra solución. Si no lo haces, entonces no eres muy considerado. (Obligación.)
¿Quieres remplazar el papel de la impresora cuando lo utilices?	Utilizaste de nuevo todo el papel de la impresora.	Olvidaste de nuevo remplazar el papel de la impresora. No me escuchas. (Desaprobación.)
¿Quieres programar tiempo para que podamos hablar sobre esto? ¿Qué te parece hoy a las cuatro?	Aún no hemos hablado sobre esto.	No respetas mis necesidades. Debes dar más apoyo. (Resentimiento.)

5. *Emplear las palabras correctas*. Cuando se trata de pedir, los hombres son muy particulares. Uno de los errores más comunes al pedir apoyo es el uso de "podrías" y "puedes" en lugar de "harías" y "harás". "¿Podrías atender este problema?" es simplemente una cuestión de reunir información. "¿Te encargarías de este problema?" es una petición directa.

Las mujeres a menudo utilizan "podrías" para implicar "lo harías". En su planeta parece más cortés pedir en forma indirecta. "¿Podrías hacerlo?" Cuando se utilizan ocasionalmente, las peticiones indirectas pueden no notarse, pero si se emplean con constancia, empiezan a irritar a los hombres. Quizá ni siquiera sepan por qué, pero no les gusta. En la mayoría de los casos, un hombre tenderá a olvidar la petición si no es directa.

La magia de utilizar "harías" en lugar de "podrías"

En mis seminarios, he capacitado a miles de mujeres en este arte de pedir en forma directa y repetidamente han tenido un éxito inmediato. Al pedir de una manera que los hombres puedan entender con claridad, las mujeres de pronto obtienen de ellos una respuesta totalmente distinta.

Ésta es una de las miles de historias de éxito. En una compañía, Kelly, una recepcionista, descubrió que los representantes de ventas que trabajaban para la compañía eran una fuente constante de frustración. Ella deseaba salir del trabajo a las 5:00 p.m. porque tenía un hijo en la guardería. Pidió a todos los representantes de ventas que le entregaran lo que tenía que escribir a máquina antes de las 4:00 p.m., pues así tendría tiempo para mecanografiar los reportes y devolverlos al final del día. De este modo podría salir del trabajo a tiempo. Aunque lo pidió una y otra vez, los representantes de ventas inevitablemente lo olvidaban.

Después de aprender cómo pedir de una manera más directa que funciona en Marte, de inmediato consiguió un resultado diferente. Como la mayoría de las mujeres, utilizaba la frase "podrías entregarme" en lugar de "me entregarías". "Podrías" es indirecto, mientras que "entregarías" es directo. Los hombres son muy literales respecto de esto. Si usted dice "podrías...", automáticamente él responderá sin pensar: "Bueno, seguro, puedo hacer eso". Usar "podrías" literalmente significa: "¿Tienes la habilidad?", a lo que un hombre responderá: "No, no tengo la habilidad para traerte esos papeles".

Cuando un hombre responde sí a una petición con "harías", siente como si hiciera una promesa.

Uno de los problemas al emplear "podrías" es que los hombres responden a la pregunta sin meditarlo mucho. Sin embargo, si se utiliza "harías..." entonces él tiene que pensar. Una parte diferente de su cerebro responde y dice: "Hmm, déjame pensar, ¿deseo hacer eso? ¿Por qué debo hacerlo? ¿Qué sucedería si no lo hago? ¿Qué tendré que hacer para hacer eso y ser capaz de terminarlo?".

Cuando una mujer utiliza "harías" un hombre no responde automáticamente con un sí. En cambio, lo considerará un momento. Al pensar más en su petición, él tenderá a recordarla y se sentirá más comprometido a hacerlo.

Cuando un hombre responde sí a una petición con "harías", siente como si hiciera una promesa. Si responde sí a una petición con "podrías", simplemente está contestando a una pregunta. En el momento quizá esté consciente de la petición e incluso desee hacer lo que ella pidió, pero se olvidará de hacerlo.

Para un hombre, "podrías" suena como una pregunta y no como una petición.

Kelly aprendió que los hombres olvidan frecuentemente cuando una mujer utiliza "podrías" en lugar de "harías". En adelante empleó "harías" en lugar de "podrías". Con ese simple cambio obtuvo un resultado instantáneo.

Debido a que los representantes de ventas tuvieron que detenerse a pensar si "llevarían o no llevarían" los reportes a las 4:00 p.m., en la mayoría de los casos empezaron a entregarlos puntualmente, porque habían hecho esa elección consciente.

La diferencia entre "harías" y "podrías" fue muy grande y, finalmente, Kelly logró que el noventa y ocho por ciento entregara lo que ella tenía que mecanografiar antes de las 4:00 p.m. El hecho de utilizar "harías" no sólo facilitó su trabajo, sino que liberó la enorme tensión que se había creado entre el personal administrativo y el departamento de ventas.

9 Establecimiento de límites

En el lugar de trabajo, establecer límites es un requisito esencial para ganar respeto. La forma en que usted comunica sus límites determina el grado de consideración que recibe. Nadie puede respetar los límites de usted si no los da a conocer de una manera comprensible. Es ingenuo pretender que los demás anticipen todos nuestros deseos, necesidades y aspiraciones, en particular cuando entran en juego valores y sensibilidades totalmente distintos. Para lograr un mayor éxito resulta esencial que digamos no a lo que no deseamos y que pidamos en forma directa lo que sí queremos.

Los demás no pueden respetar sus límites si usted no se los hace saber.

Los hombres y las mujeres establecen límites o dicen "no" de diferente manera. A menudo un hombre no escucha el "no" de una mujer y continúa con un comportamiento que ella no acepta o que no aprecia. Aunque la forma en que ella establece límites se reconocería con claridad en Venus, él no está recibiendo su mensaje. Por otra parte, una mujer escuchará "no" cuando en realidad un hombre sí desea brindarle apoyo. Las mujeres suelen percibir límites donde no existen y sentirse excluidas.

Para experimentar más confianza y respeto en el lugar de trabajo, resulta esencial que los hombres y las mujeres desarrollen una mayor sensibilidad a lo que en realidad se dice. Para respetar a una mujer, un hombre necesita reconocer con claridad los límites que ella ha fijado; de lo contrario, los traspasará, perderá su confianza y limitará su deseo de cooperar y trabajar juntos. Al respetar los límites de una mujer, un hombre puede ganarse en forma automática la confianza y el respeto de ella.

Para respetar con éxito a una mujer, un hombre necesita reconocer en forma clara cuándo ella ha fijado un límite.

En forma similar, las mujeres necesitan reconocer cómo pueden ser pasadas por alto o —por el contrario— aprender formas para imponerse, de tal manera que un hombre reciba con claridad su mensaje. Este temor no es instintivo en una mujer. Ella puede pensar que se está expresando con claridad, pero un hombre no recibirá el mensaje que ella desea dar. Con una mayor percepción sobre cómo los hombres y las mujeres determinan de diferente manera la fijación de límites y al pedir lo que deseamos, podemos tener más éxito al dar y recibir apoyo en el trabajo.

Fijación de límites en Venus y en Marte

Las habitantes de Venus son menos competitivas y más cooperativas que los de Marte. Fijar límites no es tan importante cuando los demás colaboran con usted y comparte el crédito de igual manera. Hacer frente por sí misma y sobresalir no es tan importante cuando nadie trata de quitarle lo que tiene; incluso, es mal vista una actitud así. Cuando el énfasis cultural está en compartir, se nota de inmediato y se respeta la menor indicación de un límite.

Debido a su mayor sensibilidad a los límites, una mujer llega a la conclusión de que un hombre dice "no" cuando quizá esté diciendo "sí", "tal vez", "después" o "no en este momento". Al notar su resistencia, una mujer no pide apoyo ni insiste en pedirlo, porque escucha un firme "no". Lo que suena como un firme "no" no es tan firme en Marte.

Los hombres expresan los límites en forma diferente, porque en Marte son principalmente competitivos. Siempre están peleando en batallas para demostrar su valía, así como para conquistar nuevos territorios de éxito. Incluso dentro de una compañía, compiten entre sí para sobresalir y destacar. Por eso el hombre, en este medio, debe preocuparse más por marcar límites claros, precisos y concretos.

Cuando una mujer se muestra dudosa o es sutil al establecer un límite, un hombre interpreta que ése no es un límite definido o que ella está insegura. Si llega a la conclusión de que ella es ambigua, entonces, naturalmente, continuará insistiendo. Considerará que ella le está enviando señales claras, pero para los de Marte éstas son demasiado sutiles para detectarlas. Cuando ella se enoja, él se siente juzgado o rechazado injustamente. Al comprender la forma en que piensan y sienten las mujeres, un hombre puede estar más consciente de los mensajes sutiles que ella envía y una mujer puede aprender a *parecer* más decidida.

Por qué los hombres son agresivos

En Venus todas las personas son atendidas, pero en Marte, si no se produce, no se come. Los hombres están mucho más motivados a tomar lo que pueden conseguir. Como todos tratan de obtener su trabajo en el mercado, los hombres se vuelven mucho más defensivos y protectores de lo que es suyo. A no ser que reciban un mensaje claro de que no son bienvenidos, luchan e insisten hasta obtener lo que desean.

En Venus, ellas se esfuerzan mucho para confortar o apoyar a una persona, con el fin de que ésta no se sienta excluida. En Marte, en cambio, se esfuerzan mucho para ser incluidos en el siguiente nivel de la escalera del éxito. Mientras que una mujer espera ser incluida, un hombre se impone. Una mujer se da cuenta de que si no la invitan es porque no es bienvenida. Un hombre asume que si no lo invitan es porque aún no se ha ganado su entrada.

Un hombre asume que si no lo incluyen
tiene que ganarse la entrada.

Como resultado de lo anterior, los hombres ven los "límites" no como señales de alto, sino como desafíos que deben superar. Esta tendencia libera a un hombre de tomar el rechazo como algo personal, pero le posibilita pisotear a una mujer. En Marte, él aprende que si desea fijar un límite claro, tiene que ser muy rudo con otros marcianos. A no ser que sea muy evidente, lo desafiarán una y otra vez. Cuando una mujer demuestra la más ligera inseguridad, un hombre interpreta ese signo como una señal de que ella aún está abierta para que la persuadan o le vendan algo.

En Marte, si un hombre escucha "no", esto significa para él "después", "aún no" o "dime más". Si un marciano en realidad quiere decir "no", lo expresará en forma muy clara y contundente, porque sabe que un hombre suele insistir. Esta tendencia se refleja en los deportes. En el beisbol, a un hombre le marcan tres strikes antes de quedar fuera.

En Marte, si un hombre escucha "no", esto significa para él "despüés", "aún no" o "dime más".

Aunque los hombres comprenden por instinto esta actitud, la refuerzan a través de los deportes competitivos, no es detectada de inmediato por una mujer. En su planeta, una simple mirada de desaprobación o duda a menudo es suficiente para decir "alto" y otra mujer se detendrá. Cuando ella dice: "No creo estar interesada en esto", un hombre interpretará su duda como permiso para insistir. En su planeta, ella sólo está siendo cortés, al mismo tiempo que fija un límite.

Comunicación firme y enérgica

Imponerse es expresar con seguridad un mensaje. La mejor técnica de reafirmación para establecer un límite es la repetición. El hecho de repetir un límite resulta incluso más poderoso si se hace sin ninguna emoción. Al expresar enojo o ira, una mujer sólo hará que un hombre se ponga a la defensiva. Al establecer un límite en tono neutral y al repetirlo, una mujer permite que un hombre salve las apariencias. Una respuesta no emocional satisface la necesidad de él de sentirse aceptado en un momento en que podría sentirse rechazado.

Cuando ella dice sin emoción: "En definitiva no estoy interesada", un hombre puede escuchar "no", sin sentirse personalmente rechazado. Sin embargo, si ella se molesta y dice lo mismo enojada, él puede ofenderse. Cuando ella es capaz de permanecer fuerte y sin emoción, un hombre no se pondrá a la defensiva. Sin embargo, si tiene que repetir su petición tres veces, necesitará adoptar una actitud más firme y decir: "Te lo dije tres veces. Quiero que respetes mis deseos". Ésta es una forma más respetuosa de decir: "¿Acaso no entiendes lo que quiere decir no?". Al establecer un límite, no depende de la mujer confortar a un hombre, esto sólo haría que él pensara que el límite de ella no está definido. Un hombre necesita de la claridad neutral de ella y no de su aplomo.

Si ella tiene que repetir su petición tres veces, necesitará adoptar una postura más firme y establecer un límite.

En las siguientes columnas se presentan las formas más comunes en que las mujeres establecen límites sutiles y hay también algunos ejemplos de cómo puede ser ella más definida. La primera columna contiene ejemplos de límites indefinidos que funcionarían en Venus, pero no en Marte. En la segunda columna hay ejemplos de límites más definidos. Si un hombre continúa insistiendo después de que una mujer establece su límite, ella puede escuchar brevemente y luego responder con claridad, repitiendo la misma frase. Si un hombre es muy insistente y ella tiene que repetir un límite indefinido, entonces necesita utilizar los límites más firmes, anotados en la tercera columna. Estos límites más firmes pueden parecer rudos, pero no lo son. En Marte, si una persona es insistente, ésta es una respuesta apropiada.

LÍMITE INDEFINIDO	LÍMITE DEFINIDO	LÍMITE MÁS FIRME
Tal vez puedas venir en otra ocasión.	En este momento no puedo hablar contigo. Puedes llamar de nuevo el próximo jueves para hacer una cita.	Te lo he dicho tres veces. Llama el próximo jueves.
Quizá ya tenemos demasiadas personas.	Ya tenemos demasiadas personas. Ya no hay espacio para ti.	Te lo dije tres veces. Quiero que respetes mi petición y que te vayas.
Tal vez éste no es el mejor momento.	No es un buen momento. Llámame la próxima semana.	Te lo dije tres veces. Llámame la próxima semana.
No estoy segura si deseo comprar esto.	Necesitaré más tiempo para considerar esta compra. Te llamaré en unas semanas.	Te lo dije tres veces. Te avisaré en unas semanas.
No creo que esto sea con exactitud lo que buscamos.	Esto no es lo que buscamos. Estoy consciente de lo que ofreces. Te llamaré si necesitamos tu ayuda.	Te lo dije tres veces. Te llamaré si necesitamos tu ayuda.
No creo estar lista para tomar esta decisión.	No estoy lista para tomar esta decisión. Me comunicaré contigo cuando esté lista.	Te lo dije tres veces. Te llamaré la próxima semana.
Necesito un poco más de tiempo para considerarlo.	En este momento estoy ocupada. Te llamaré la próxima semana.	Te lo dije tres veces. Te llamaré la próxima semana.
Lo lamento, pero en verdad no estoy interesada.	Consideré tu petición y no estoy interesada.	Te lo dije tres veces. No estoy interesada.
En realidad, éste no es un buen momento.	No es un buen momento para mí. Llámame el próximo mes.	Te lo dije tres veces. Llámame el próximo mes

Usted puede aprender a establecer límites con más decisión si practica, actuando y leyendo en voz alta cada uno de estos enunciados. Debe practicar cómo expresar firmeza, sin depender de la ira o de la frustración para enviar su mensaje. La forma más poderosa de imponerse con un hombre es expresándose con tal seguridad que no necesite el respaldo con razones, explicaciones o emociones negativas.

Por su parte, los hombres en el lugar de trabajo pueden revisar esta lista y aprender a interpretar los límites de una mujer, incluso cuando ella parezca indefinida. Él necesita reconocer cuando ella trata de decir "no" con cortesía a su proposición de trabajo. Al respetar su rechazo "cortés" y al no insistir, ella se sentirá respetada y quizá más deseosa de considerar su proposición en otro momento. Si él insiste, esto sólo empeorará la situación para él.

Aprenda a insistir

Así como los hombres necesitan aprender a retirarse y respetar un límite, las mujeres requieren aprender a demostrar insistencia y pedir de nuevo. Cuando un hombre resiste sus peticiones o dice "no" de alguna manera, esta negación no siempre es definitiva. Una mujer necesita practicar escuchando "no" y luego pedir de nuevo, como si fuera la primera vez. Al no sentirse rechazada, puede insistir en forma amistosa.

Ésta es una buena práctica a fin de prepararse para pedir un aumento o un apoyo más sustancial. Sin esta clase de práctica, puede resultar difícil para ella escuchar una negativa y no sentirse bloqueada cuando solicita algo. Su incomodidad al escuchar no le dificulta negociar o aceptar menos de una manera amistosa. Las mujeres que han aprendido a escuchar un "no" como si fuera "aún no", son grandes negociadoras y los hombres las admiran mucho.

Las mujeres que aprendieron a escuchar un "no"
como "aún no", son grandes negociadoras.

Mientras más se enoja una mujer cuya petición no ha sido satisfecha, menos capacidad tendrá para negociar otras cosas. Con frecuencia, si una mujer obtiene un no, evita hacer más peticiones durante mucho tiempo. Por eso es importante escuchar este rechazo como un "aún no" o "lo pensaré". Al escuchar la respuesta de una manera en que no se sienta ofendida, puede empezar a negociar, a pedir menos o a planear conseguir más. En lugar de negociar de esta manera persistente, muchas mujeres respaldan sus peticiones describiendo los problemas que han tenido que superar o cuánto tienen aún que hacer al respecto; sin embargo, esta actitud las hace parecer menos profesionales.

En una situación similar, un hombre sabio evitará dar la apariencia de que se está quejando y señalará con objetividad sus logros y los beneficios que ha proporcionado a la compañía. Si el plan A no funciona, utilizará el plan B y negociará por menos. El proceso de negociación se lleva a cabo diciendo de nuevo lo que desea en una variedad de formas que estarán más acordes para la otra parte, pero que también le darán más de lo que desea. Resulta importante iniciar una negociación con varios planes alternativos. Al tomar en forma personal el rechazo, puede permanecer flexible. Cuando un jefe nota que usted no se ofende, no tiene que mostrarse defensivo y también permanecerá flexible.

Los hombres o las mujeres que han practicado deportes, con frecuencia tienen mucha más práctica en lo que se refiere al fracaso y al rechazo en la vida. Al practicar deportes, esas personas están acostumbradas a perder en una competencia y a ganar en la siguiente. Con este aprendizaje, por instinto saben que la persistencia es una señal de seguridad. Si él o ella está en la banca y desea regresar al juego, sabe bien que sus oportunidades de convencer al entrenador aumentarán si continúa pidiendo su ingreso.

Un hombre toma el rechazo como "después"
y una mujer escucha un "no" firme.

Un antiguo dicho de Marte señala que: "Si al principio no tienes éxito, inténtalo una y otra vez". Para un hombre, pedir un aumento es como sentarse en la banca en un juego de basquetbol y solicitar al entrenador que le permita regresar al juego. En una forma amistosa, medio esperando el rechazo, un hombre solicita una y otra vez tomar parte en el partido. Dirá algo como: "Puedo hacerlo. Sé que puedo hacerlo. Vamos, permítame ir ahí".

Un hombre en el lugar de trabajo hará lo mismo. Siempre está en campaña para que el jefe sepa que él es el indicado para la promoción o el aumento. En una variedad de formas, envía este mensaje: "Soy el hombre adecuado para este trabajo. Puedo hacerlo. Haré un gran trabajo. Mire lo que hice. Mire estos logros. En verdad lo deseo. Vea cuánto lo deseo. Haré lo que sea necesario. Sé que puedo hacerlo. No le fallaré. Puede contar conmigo".

De esta manera, ese hombre prepara al jefe para que le otorgue un aumento. Es la misma actitud que hace que la persona que toma las decisiones acepte una propuesta. Si quien la presenta está seguro, esto ayudará a la persona que toma la decisión a sentirse también más seguro.

Con esta actitud desinteresada y poco exigente, se envía un mensaje claro. Él está diciendo: "Quiero más y también aprecio lo que tengo. Quiero más porque siento que merezco más, pero estoy dispuesto a hacer lo necesario para demostrártelo y ganármelo. Quiero más y pienso que cuando veas lo que puedo hacer o he hecho, desearás darme más".

Un jefe —ya sea hombre o mujer, con características marcianas— se inclina en mayor medida a dar más cuando nota que el empleado en realidad desea más. Con frecuencia, en las negociaciones las mujeres obtienen menos, porque la persona que toma la decisión considera que se conformarán con menos. Este mensaje lo expresan el tono y las palabras que ella elige al expresar su solicitud.

Un jefe —ya sea hombre o mujer, con características venusinas— se inclina a dar más cuando considera que el empleado merece más. En las negociaciones con un jefe venusino a menudo un empleado persistente —hombre o mujer— obtiene menos porque da la impresión de presionar y exigir demasiado.

En Venus educan a las personas para que sean amables, compartan y den apoyo. Una de las formas en que les enseñan a ser amables es quedándose con la galleta rota y ofreciendo a los demás las mejores galletas. Esta actitud de sacrificio y modestia crea una gran habilidad sustentadora, pero no ayuda a negociar por más con un jefe marciano.

A las mujeres les enseñan a ser amables tomando la galleta rota y ofreciendo a los demás las mejores galletas.

Un hombre demuestra su ambición mientras tiene cuidado de no quejarse. En una forma positiva y en diversas formas hace saber una y otra vez que desea más. Cada vez que anuncia su éxito para sobresalir, un jefe o un supervisor del género masculino lo nota y puede ver con claridad que esa persona en verdad desea más.

Un hombre pide en forma directa la promoción con un tono de voz claro que indica: "Puedo esperar si necesita más tiempo para pensarlo o si no considera que estoy listo". Su tono positivo indica: "Confío en que verá todo lo que hago y luego me recompensará con un aumento o mayores beneficios". De esta manera, un hombre pide directamente sólo pocas veces, pero luego —cuando los reportes positivos continúan llegando— el jefe pensará si quiere concederle un aumento.

Si un hombre o una mujer piden un aumento, pero no pueden manejar el rechazo de una manera positiva, el jefe puede ponerse a la defensiva y en lugar de buscar motivos para finalmente darles un aumento, configurará razones para justificar el no dárselos.

Cómo negociar un aumento

Aprender cómo pedir más es una parte importante para negociar un aumento, pero hacer frente y sobresalir son la base para obtener más. Muchas mujeres asumen que alguien llamará a su puerta después de haber notado que trabajaron arduamente. Como resultado, les darán una promoción, un aumento de salario o alguna bonificación. Esto puede suceder en Venus, pero no ocurre en Marte.

Sin esta percepción, una mujer en el lugar de trabajo sólo puede ver que otros consiguen dichos beneficios, pero asume que ella obtendrá lo mismo cuando los otros reconozcan y aprecien su trabajo. De esta forma, continúa trabajando arduamente, considerando que el reconocimiento llegará en forma automática cuando su trabajo sea apreciado. Sin embargo, cuando el reconocimiento no llega o cuando ella no obtiene la promoción, se siente no valorada y la embarga el resentimiento.

Lo que ella tiene que saber es que pueden apreciarla, pero que si no se promueve en forma activa y luego pide lo que quiere de una manera adecuada, no obtendrá el merecido reconocimiento. Algunas mujeres cometen el error de pensar que si son apreciadas, tendrán mayor oportunidad de progresar. Esto es verdad en cierta forma, pero no en otras. Por supuesto, resulta más difícil conseguir un aumento si no la aprecian; sin embargo, más importante que el aprecio personal es ser enérgica al solicitarlo. El hecho de que la aprecien porque es amable no la hace ganar promociones ni aumentos.

Muchos jefes y gerentes aprecian a los empleados que no piden más beneficios o que no solicitan aumentos de salario. ¿Quién no se sentiría más tranquilo si un empleado hiciera un buen trabajo y no pidiera más? Ése es un buen trato. Cuando usted consigue un buen trato en la tienda, no ofrece pagar más porque le gusta esa tienda. En forma similar, sólo porque al jefe le agrada una mujer o porque ella realiza un buen trabajo, él no necesariamente ofrecerá pagarle más.

Sólo porque al jefe le agrada una mujer o porque ella hace un buen trabajo, él no necesariamente ofrecerá pagarle más.

Desde la perspectiva de un jefe, es bueno saber que no tendrá que dar más a todos. Ya hay otros empleados "marcianos" que insistentemente piden más. Todo negocio se esfuerza por aumentar sus utilidades y si no tiene que invertir más en salarios, le resultará más fácil incrementar sus utilidades.

En el lugar de trabajo la gente no necesariamente le ofrece lo que usted vale. Imagine que pone su casa en venta y dice: "Sólo déme su mejor oferta" o "Déme lo que cómodamente pueda pagar". Si usted utilizara este enfoque, nunca se acercaría al valor del mercado.

En el lugar de trabajo, la gente no le ofrece lo que usted vale; es usted quien debe negociar su valor.

Nadie *desea* pagar más. Usted no decidiría comprar una casa y pagar más por ella, sólo porque en verdad le gustó. En forma similar, en el lugar de trabajo le pagarán lo que tienen que pagarle. *Pagarán* más, pero para ello se necesita insistir. Las personas que obtienen aumentos han aprendido cómo sobresalir y negociar para conseguir dicho incremento. Envían mensajes claros de que en realidad lo desean.

Deseo, mérito y seguridad

Si usted desea algo con intensidad y al mismo tiempo proyecta una sensación de mérito y seguridad, su habilidad para negociar aumentará. El quejarse se considera en Marte como deseo sin seguridad. Las mujeres sienten que tienen derecho y están insatisfechas por lo que van obteniendo. Cuando un jefe del género masculino escucha una queja y percibe insatisfacción, empieza a retirarle el respeto a esa persona. El secreto para negociar un aumento o una promoción es mantenerse positivo y evitar quejarse.

Este prejuicio en el lugar de trabajo no es sólo hacia las mujeres, sino también hacia los hombres que no se imponen en forma positiva. Un jefe tendrá más conocimiento del deseo de un empleado y de su mérito para una promoción o un avance cuando éste, sin quejarse, exprese con claridad sus deseos y logros. A fin de motivar a un jefe para que pague más, un empleado debe irradiar un deseo en ese sentido y una sensación de mérito. Estas actitudes provienen de la seguridad.

A fin de motivar a un jefe para que dé más, un empleado debe irradiar deseo y seguridad.

Tanto hombres como mujeres pueden mejorar su oportunidad para obtener más cuando comprendan el punto de vista de un jefe; esto se aplica no sólo al momento en que se busque una promoción o un aumento de salario, sino cuando se lleva a cabo cualquier clase de presentación o propuesta. El jefe o la persona que debe decidir no dice "sí" con facilidad. Necesita que la persona lo convenza mediante la presentación; busca la seguridad de que está realizando el mejor trato. Por supuesto, no desea cometer un error. Si la persona que hace la presentación parece insegura o no definida, entonces quien debe tomar la decisión también empieza a sentirse inseguro e indefinido. En cambio, si quien hace la presentación se muestra seguro y positivo, entonces la persona que toma la decisión sentirá mayor seguridad.

Se debe elegir el momento adecuado para solicitar un aumento; es necesaria mucha preparación para que el jefe esté consciente de los logros de usted. No espere hasta que vaya a pedir una promoción para informar sobre sus éxitos. Cuando se pide un aumento, el jefe ya debe conocer los logros que usted ha alcanzado.

En el proceso de anunciar sus logros, hágalo de una manera sencilla. Demuestre que usted reconoce sus méritos cuando es debido y no porque espera obtener una promoción. Al pedir más con demasiada frecuencia, hará que parezca muy necesitado. Cualquier jefe, hombre o mujer, requiere tiempo para considerar las promociones y los avances. Mientras más consciente esté de sus esfuerzos y logros, más preparado se encontrará para reconocer el valor que usted posee cuando busque negociar un aumento.

Al pedir un aumento debe ser razonable. Por una parte, necesita pedir lo que desea, pero, por la otra, si pide demasiado, esto podría hacer que pierda su empleo. Es fácil tomar decisiones que no se pueden cambiar en lo futuro u ofender a otros al pedir demasiado.

El secreto para pedir es solicitar pequeños incrementos y hacerlo de manera que no resulte exigente. Si pide más y de una forma que indica que en realidad *necesita* más, entonces, si no lo obtiene, un jefe puede sentir que usted no es la persona indicada para el puesto. El jefe necesita tener la seguridad de que usted aprecia lo que él le ofrece. Razona que si la presente compensación no es suficiente para satisfacer sus necesidades, entonces ése no es el puesto indicado para usted.

Si pide demasiado, puede perder el empleo.

Al pedir un aumento, los hombres o las mujeres deben revisar primero sus logros y los resultados que produjeron para la compañía. Al enfocarse en los beneficios de su trabajo, estarán estableciendo una base para pedir más. Una mujer o un hombre sabio piden aumentos de una manera que dice: "Aprecio lo que recibo, pero los resultados que he producido merecen más compensación" o "El mercado ha cambiado, las personas que desempeñan mi trabajo ganan más en la actualidad". Esta clase de enfoque objetivo siempre es mejor que: "Estoy trabajando demasiado para esta clase de paga".

Un hombre o una mujer que se superan, siempre están compitiendo para que sus logros se noten y los reconozca el jefe, quien enviará copias de cartas halagadoras y brillantes reportes de logros. Al hacer que sus logros sean reconocidos mucho tiempo antes de pedir un aumento, una mujer tendrá mucho más éxito en sus negociaciones.

Pedir o no pedir

En Venus, en realidad es más importante la calidad de relaciones de la mujer que el dinero que gana. En lugar de arriesgarse a ofender a su jefe o cliente, una mujer prefiere aceptar y se acomoda más así, sin pedir más. Como resultado, las mujeres son más reservadas cuando se trata de pedir aumentos y con frecuencia obtienen poco. Saber cuándo pedir, cómo pedir y cuánto pedir resulta desafiante para todos. Con una mayor comprensión de lo que su jefe puede estar pensando, solicitar más resulta más fácil.

El resultado final de cualquier negociación consiste en determinar lo que aceptará una persona. Si usted vende su automóvil y dice que aceptará cualquier suma de dinero entre $15,000 y $18,000, sería absurdo que alguien le llamara para decirle: "De acuerdo, me gusta tanto este auto que le daré $18,000". Por supuesto, le ofrecerían el precio más bajo que usted aceptara. Ésa es la naturaleza de los negocios y de una economía libre. No es la forma en que hacen las cosas en Venus, pero sí es la manera en que piensa la mayoría de los jefes, hombres o mujeres. Para obtener más, usted tiene que pedirlo.

En Venus, a no ser que una mujer sienta resentimiento, no deseará parecer demasiado exigente. No es agradable desear más. Sólo cuando una mujer siente resentimiento es cuando experimenta la molestia interior persistente que dice: "Hago mucho por esta compañía, por tanto, merezco que me paguen más" o "Ahora que demostré mi valor a esta compañía, merezco que me paguen más". Una diferencia entre hombres y mujeres es que los hombres frecuentemente sienten de esta manera mucho antes de experimentar resentimiento.

Cuando una mujer observa que otras personas obtienen más y ella menos, puede empezar a sentir resentimiento y luego a exigir más. El problema con este enfoque es que los jefes del sexo masculino no responden bien a un ultimátum con carga emocional. Los jefes no son necesariamente despiadados, sin embargo, necesitan más motivación para pagar y dar más. Esto toma tiempo. Un axioma en ventas es que una persona necesita escuchar sobre un producto siete veces antes de que se sienta motivada a considerar comprarlo.

Los jefes no son necesariamente despiadados,
pero necesitan motivación para pagar y dar más.

La repetición es el secreto para obtener lo que se desea. Cuando una mujer pide un aumento o una promoción, lo primero que debe reconocer es que sólo está iniciando el proceso. Sería inapropiado exigir. Cuando desea más, necesita promoverse pacientemente una y otra vez.

Cuando una mujer pide más y no lo consigue, quizá no comprenda que si se muestra cortés al no obtener más, entonces de inmediato podrá pedir menos. Con ello se encuentra en condiciones de desarrollar un plan que finalmente la conducirá a obtener lo que desea. Éste es el arte de la negociación.

En lugar de alejarse de una negociación con un no, al menos puede alejarse con algo que apreciar. Los jefes masculinos están motivados en particular a dar más después, cuando ha sido apreciado lo que se dio en el presente. Cuando un marciano pide un aumento, y no lo obtiene, pide un beneficio menor y luego demuestra mucho agradecimiento. De esta manera, al demostrar que se siente feliz por lograr menos, abre una puerta para continuar obteniendo más.

Si un hombre no obtiene lo que pidió, solicitará un beneficio menor y luego demostrará mucho agradecimiento.

Uno de los errores más grandes que puede cometer una mujer cuando negocia un aumento es justificar su solicitud con una exploración de su insatisfacción personal. Con frecuencia, al pedir un aumento o algún beneficio, una mujer pierde apoyo al hablar sobre lo mucho que hace y lo poco que obtiene. Al señalar lo mucho que está trabajando o que las cosas son difíciles para ella, sólo está saboteando su petición.

Este "compartir" se expresa a menudo con el tono emocional de estar abrumada o exhausta. En Venus, esto comunicaría lo mucho que trabaja y lo dedicada y lo cuidadosa que es; en su planeta, y con un jefe venusino, sus sentimientos evocarían admiración y una respuesta empática de su jefe. Como resultado, obtendría el apoyo que necesita. No obstante, en Marte, o con un jefe marciano, al expresar sus sentimientos negativos y al compartir sus problemas, perderá puntos y conseguirá menos apoyo.

Incluso si su jefe es más venusino, en lugar de desear darle más dinero, él o ella se sentirá más motivado a aligerar su carga y darle menos trabajo. El jefe puede llegar a la conclusión de que si ella no puede soportar la carga que lleva ahora, no podrá manejar más. Con esta perspectiva, resulta difícil para un jefe pensar en darle un aumento a esa persona. El apoyo que obtendrá, por tanto, consistirá sólo en algunas sugerencias sobre cómo manejar mejor las cosas.

Para ganarse un respeto igual al que se demuestra mediante aumentos y promociones, resulta esencial que cuando las mujeres pidan más, no utilicen sus emociones con el fin de justificar su petición. Expresar una pequeña emoción negativa para conseguir la afirmación de un compañero de trabajo puede resultar apropiado, pero abrumar a su jefe con estos sentimientos y esperar que él o ella responda con un aumento cada vez es poco realista. Al permanecer positiva y concentrarse en sus éxitos, logros, contribuciones y mayor eficiencia y productividad, una mujer tendrá una ventaja extra a la hora de negociar.

Vulnerabilidad en el lugar de trabajo

En una ocasión, cuando recomendé para un empleo a una mujer que había laborado para mi compañía, me sorprendió escuchar que otra mujer me preguntara en forma muy directa: "¿Alguna vez ha llorado bajo presión?". Era obvio que esta última no deseaba contratar a una mujer que llorara en el lugar de trabajo. Al principio, esto me pareció cruel y despiadado, pero gradualmente comprendí que había un grano de sabiduría en lo que decía. Por supuesto, yo no despediría a una mujer por llorar en el trabajo, pero tampoco la alentaría para que usara el lugar de trabajo con el fin de conseguir esa clase de apoyo.

Es importante que no busquemos satisfacer nuestras necesidades emocionales en el trabajo. Llorar es una de las muchas formas en que un hombre o una mujer se abren para recibir el apoyo emocional de los demás. Esta clase de vulnerabilidad, sin embargo, se expresa en forma más apropiada en nuestras relaciones personales. No resulta adecuado considerar a su jefe o a un compañero de trabajo como un hombro sobre el cual llorar. El lugar de trabajo no debe ser una familia, un amante o un terapeuta sustitutos.

Un jefe o una compañera de trabajo venusina se sentirían más cómodos con demostraciones de vulnerabilidad, mas no un jefe o un compañero de trabajo marciano. Una mujer que llora o que expresa sentimientos vulnerables en el lugar de trabajo señala al hombre como el villano. Si él no responde a sus sentimientos tiernos con compasión y apoyo, ella podría considerarlo cruel e insensible. Esto no es justo para él, pero además es una señal de que ella espera demasiado de él y del lugar de trabajo. Aunque su tendencia humana es confortarla, se le vuelve importante reprimir ese impulso y no tomar el papel de terapeuta o de un miembro de la familia.

Una mujer que llora o que expresa sentimientos vulnerables en el lugar de trabajo señala a un hombre como el villano.

En lugar de abrazarla, él puede darle un pañuelo u ofrecerle un vaso de agua. Luego debe continuar la conversación sin prestar atención al llanto y volver a tratar el asunto como si nada hubiera sucedido. Si presta atención a lo sucedido, animará esa clase de muestras de emoción o parecerá más insensible cuando al final tenga que cambiar el tema para poder tratar el asunto pendiente. El hecho de hacerle preguntas que demuestren preocupación sólo vuelve más difícil para ella recuperar el control. No es trabajo de usted confortarla o asesorarla, eso es responsabilidad de ella. Al ofrecer programas que enriquecen la vida y programas de asesoramiento, un jefe o una compañía puede proporcionar un tipo de apoyo más apropiado.

Si un jefe o un compañero de trabajo se convierte en paño de lágrimas, podría ocasionar una serie de problemas que una jefa, en el mismo papel, evitaría por instinto. Un hombre tiende a ser excesivamente responsable y a dar un tratamiento especial, pero hacer esto establece un precedente. A no ser que continúe satisfaciendo la necesidad de ella de su lado sensible, finalmente ella empezará a resentir que sus decisiones de negocios se basan principalmente en el resultado final. Si él continúa mostrándose sensible y compasivo con ella, otros empleados resentirán ese favoritismo. Por último, si ella empieza a depender del lugar de trabajo para solucionar sus problemas personales o para satisfacer sus necesidades personales, él empezará a resentir que ella se muestre tan necesitada y le perderá el respeto.

Él puede sentir como si lo "obligaran a ser amable" con ella porque ella es demasiado sensible. La mujer puede conseguir la empatía del hombre, pero obviamente no logrará la promoción o el avance que desea. Con esta percepción, una venusina puede lograr más éxito si mantiene sus necesidades personales separadas de lo que espera conseguir en el lugar de trabajo.

En el lugar de trabajo, el hecho de llorar puede ganar la empatía de un hombre, pero ella se arriesga a no obtener la promoción o el avance que desea.

La misma dinámica se aplica cuando los hombres o las mujeres utilizan el sexo para avanzar. Mediante el sexo pueden seducir al jefe para que les conceda favores especiales, pero esto siempre será temporal. Cuando la flama del romance se apague, el jefe retirará su atención especial y resentirá sentirse obligado a darle a esa persona una consideración especial. No sólo los demás empleados experimentaran resentimiento, sino también el jefe.

Acoso sexual

Así como resulta inapropiado expresar sentimientos vulnerables en el lugar de trabajo, también lo es la expresión de sentimientos sexuales. Las mujeres muestran con mayor frecuencia vulnerabilidad emocional de una manera inapropiada, pero los hombres expresan más a menudo sus necesidades personales de estimulación sexual de una forma inapropiada. Así como llorar debe dejarse para las relaciones más íntimas, fuera del lugar del trabajo, lo mismo debe pasar con el sexo.

Siempre habrá cierto grado de expresión sexual en el lugar de trabajo. Después de todo, para muchos hombres y mujeres que trabajan juntos sesenta horas a la semana, el lugar de trabajo es el principal sitio para buscar y encontrar una pareja romántica. Sin una comprensión de nuestras diferentes sensibilidades, los hombres y las mujeres se comportan en formas que en ocasiones resultan inapropiadas.

En la actualidad, con tanta atención de los medios informativos a los casos de acoso sexual criminal, hay confusión respecto de lo que resulta o no apropiado. El término "acoso sexual" significa muchas cosas diferentes para distintas personas. Sólo porque una mujer se sienta acosada por un hombre, ello no significa que el comportamiento de él sea criminal. La corte rechaza casos de acoso sexual todos los días. Al mismo tiempo, sólo porque un hombre piensa que su comportamiento sexual es inocente, esto no significa que en realidad lo sea ante una corte de la ley.

El término "acoso sexual" significa muchas cosas diferentes para distintas personas.

Para algunas personas, "acoso sexual" significa comentarios, acercamientos o comportamientos sexuales inapropiados que resultan ofensivos o no son bienvenidos. Para otras personas, representa diferentes grados de violación y el abuso criminal del poder para satisfacer los deseos o urgencias sexuales. Con estas diferentes interpretaciones, resulta imponderable aclarar la expresión "acoso sexual" y reconocer que algunos comportamientos sexuales no son apropiados y merecen una reprimenda, mientras que otros comportamientos se castigan como un crimen.

En nuestra discusión, nos limitaremos a comprender los sentimientos de acoso que ocurren por comportamientos merecedores de una reprimenda y no de los comportamientos criminales como violación y abuso del poder. Es importante reconocer que existe una distinción entre el comportamiento inapropiado que enoja a otros y el comportamiento criminal que resulta abusivo. Cuando los hombres y las mujeres aprendan a identificar y corregir el comportamiento sexual enojoso e inadecuado, será más fácil evitar y protegerse contra comportamientos más graves que constituyen el acoso sexual criminal.

El acoso sexual puede disminuirse al reconocer la diferencia entre el comportamiento inapropiado que resulta enojoso y el comportamiento criminal que es abusivo.

Los hombres y las mujeres comúnmente realizan acercamientos sexuales inapropiados, pero los hombres muestran una mayor tendencia a insistir en el comportamiento sexual, a pesar de que una mujer haya expresado ya su resistencia al respecto. Mientras más insiste él en las expresiones sexuales no apreciadas —tales como bromas sexuales, acercamientos y comentarios—, éstas cambian de ser fuentes de enojo a abuso. Con frecuencia, un hombre le resta importancia a la resistencia de ella y no la toma en serio. También, resiente la desaprobación y la enajena. De cualquier manera, esta falta de respeto hará que ella se sienta acosada.

Un hombre debe reconocer que cuando una mujer expresa con claridad que su comportamiento sexual no es bien recibido y él insiste contra su voluntad, ella se sentirá acosada. Aunque tal vez él no considere esto una violación de los derechos de ella, sí lo es. Pese a que un comportamiento puede no constituir un acoso criminal, esto creará desconfianza y resentimiento en sus relaciones de trabajo. Además, se verán debilitados sus intentos por contar con un ambiente de trabajo positivo y en el que haya cooperación.

A fin de evitar que se generen sentimientos de acoso sexual, un hombre requiere de mayor sensibilidad y conocimiento para respetar las reacciones de una mujer ante sus comportamientos sexuales, a pesar de que sean diferentes de los suyos.

Con una mayor comprensión de las mujeres, un hombre puede aceptar que las reacciones de una mujer al sexo son diferentes.

Una mujer también puede beneficiarse con esta exploración. Al comprender por qué un hombre podría ignorar su resistencia y, en algunos casos, resentir su desaprobación, ella podrá ser más efectiva al establecer sus límites.

Establecimientos de límites sexuales

Sin una comprensión de su perspectiva, cuando una mujer establece sus límites sexuales o se queja de acoso sexual, algunos hombres pueden llegar a la conclusión de que está haciendo un alboroto sin tener razón. Él piensa que aceptaría con gusto un poco de atención sexual y, por tanto, llega a la conclusión de que ella también la aceptaría. Considera que sólo se está divirtiendo un poco y no presta atención a la resistencia de la mujer. Cuando ella se siente ofendida por palabras o acercamientos no deseados, él no la comprende.

Un hombre razona que aceptaría con gusto un poco de atención sexual y, por tanto, llega a la conclusión de que también una mujer la aceptaría.

Esta clase de pensamiento es un remanente del pasado, cuando la sociedad no permitía que a las mujeres les gustara el sexo. Esta prohibición de una época más puritana coloca a los hombres en la molesta posición de tener que insistir, a pesar de la resistencia de una mujer. En aquellos momentos algunas mujeres dirían "no", pero en realidad aceptarían gustosas la insistencia de un hombre. Esta antigua forma de relacionarse ya no resulta apropiada. En la actualidad, las mujeres tienen libertad para disfrutar el sexo y cuando dicen "no", es eso lo que quieren decir.

Éstos son seis motivos comunes por los que los hombres insisten en un comportamiento sexual no deseado o se les dificulta aceptar los sentimientos de acoso de una mujer. En la segunda columna hay motivos para ayudar a un hombre a respetar el derecho de una mujer respecto de fijar sus límites sexuales.

Por qué los hombres ponen resistencia a los límites sexuales

RAZONAMIENTO DE UN HOMBRE	CÓMO COMPRENDER LAS REACCIONES DE ELLA
Él piensa que su comportamiento es sólo un coqueteo inocente. Razona: "¿Qué hay de malo en coquetear? Para otras mujeres eso no es un problema".	Un hombre necesita reconocer que sólo porque un comportamiento es aceptable para una persona, esto no hace que lo sea para otra. El acoso no es tanto por el comportamiento, sino porque él insiste cuando ella no lo pide.
Él defiende sus acciones así: "Si una mujer admirara mi cuerpo, aunque no estuviera sexualmente interesado en ella, no me sentiría acosado. Me gustaría o, al menos, me sentiría halagado".	Las mujeres responden en forma diferente a la estimulación sexual. Tienen reacciones hormonales y emocionales muy diferentes en relación con el sexo. A no ser que ella se sienta emocionalmente atraída hacia él, su atención sexual no le resultará estimulante. Lo que es estimulante para él, puede ser enojoso para ella.
En su planeta, comportamientos tales como colgar pornografía en la pared o la expresión de bromas sexuales no son ofensivos. Piensa que ella exagera.	En su planeta, estos comportamientos son ofensivos. No es justo para él decir: "Mi forma de actuar es la correcta. Puede colgar pornografía en casa o hacer bromas cuando está en compañía de hombres".

RAZONAMIENTO DE UN HOMBRE	CÓMO COMPRENDER LAS REACCIONES DE ELLA
Él piensa que está correspondiendo a los acercamientos sexuales de ella. Cuando una mujer se viste de una manera que acentúa su atractivo sexual o toca al hombre casualmente en una interacción social, él puede pensar que ella está iniciando una interacción sexual.	En Venus, tocar casualmente (zonas no sexuales) como una forma de conexión no es una señal de que ella esté coqueteando. Puede vestirse para atraer a un hombre, pero eso no significa que desee atraerlo.
Cuando ella lo resiste de una manera tentativa, agradable o amistosa, él asume que ella desea que la persiga.	En la actualidad, las mujeres están liberadas. Si desean una interacción sexual, con claridad dicen "sí". Si ella parece insegura o tentativa en su resistencia, está diciendo "no", pero tiene cuidado para no herir sus sentimientos.
Cuando ella se siente acosada —porque el acoso sexual puede describir también un acto criminal— él resiente que lo coloquen en la categoría de violador criminal o de pervertido. Como resultado, reacciona en forma defensiva y considera los sentimientos de acoso de ella como una exageración.	No es culpa de ella que la sociedad esté confundida respecto del acoso. No justifique su propia reacción defensiva culpándola. Considere sus sentimientos de acoso y déle a ella el respeto que merece ajustando usted su comportamiento.

En *Marte y Venus en el trabajo* hemos explorado cómo los hombres y las mujeres reaccionan en forma diferente ante las mismas situaciones. Con esta nueva percepción, no resulta difícil comprender o al menos aceptar que lo que a él le agrada sexualmente, puede ser rechazado por ella. Lo que lo estimula, puede resultar repulsivo para ella.

Para evitar generar sentimientos de acoso, los hombres necesitan recordar que somos de diferentes planetas. De la misma manera, con una mayor comprensión respecto de la forma en que piensan los hombres, una mujer puede tener más éxito al fijar sus límites para evitar ser acosada sexualmente.

Por qué la atención sexual puede resultar molesta

Algunos hombres se cuestionan por qué la atención o los comentarios sexuales pueden resultar tan molestos para una mujer, pero ello se debe a que no están en su lugar y no han experimentado la vida desde la perspectiva de ella. Al explorar los diferentes motivos por los que un hombre no se relaciona con el sentimiento de acoso, esto puede ayudarlo a obtener una noción del mundo de ella. Esta percepción se vuelve útil para crear la compasión y la sensibilidad requeridas para ajustar libremente sus comportamientos. Los seis puntos siguientes explican por qué un hombre no se relaciona con la experiencia de una mujer:

1. Él no comparte la experiencia incómoda de ser apreciada como un objeto sexual, en lugar de que lo que se reconozca sea su capacidad e inteligencia.
2. Él no ha pasado gran parte de su vida tratando de ser cortés al responder "no" a los acercamientos no deseados.
3. Él no ha experimentado ser objeto de prejuicio sexual, ni ha tenido que demostrar que puede desempeñar un trabajo con la misma efectividad que un hombre.
4. Él no considera lo desafiante que resulta tener una relación de trabajo armoniosa y continuar con alguien a quien tiene que estar rechazando.
5. Cuando una mujer no elige cooperar con las burlas o las peticiones sexuales de un hombre, puede ser tratada como una extraña, una mojigata, una persona "de ideas atrasadas" o demasiado seria, y esto resulta totalmente injusto para ella.
6. Al fijar sus límites, tal vez ella tenga que enfrentar la ira o la indiferencia de él. Más difícil para ella es la sensación de exclusión que resulta, así como sentirse impotente para corregir la situación.

Muchas grandes compañías tienen sus propias políticas cuando se trata de proteger a sus trabajadores y a ellas mismas de los procesos por acoso sexual. Sin una comprensión de nuestras diferencias, algunos empleados resienten dichas restricciones. Las seis percepciones anteriores pueden ayudar a liberar el resentimiento que quizá sienta un hombre cuando tiene que controlarse para respetar al sexo opuesto. Al comprender la diferente perspectiva de una mujer, un hombre empieza a sentir que es justo y razonable contener los acercamientos y las bromas sexuales.

Cómo decir "no" a los acercamientos sexuales

Una mujer también puede ser parte de la solución: algunas veces, el acoso ocurre porque un hombre no recibe un mensaje claro para detenerse. Al aprender ella a establecer con claridad sus límites sin enojarse, puede motivarlo fácilmente para que deje de actuar como lo está haciendo, sin ninguna repercusión negativa. Cada día, las mujeres con sentido común detienen los acercamientos de los hombres mucho antes de que sea necesario buscar la ayuda de la gerencia.

En ocasiones, a un hombre se le dificulta descubrir los sentimientos de una mujer hacia él. Como resultado, da un paso para encontrar la respuesta. Algunas mujeres pueden apartarlo con facilidad con un comentario como: "No, no siento eso por ti; ¡eres un buen amigo!" o "¡Vamos, eres como mi hermano!". Para la mayoría de los hombres, esta clase de comentario detendrá sus avances y también los ayudará a salvar las apariencias.

Cuando un hombre da un paso hacia una mujer y ésta no se encuentra interesada, ella necesita enviar un mensaje amistoso pero preciso. No debe parecer insegura cuando quiere decir "no". Frecuentemente, una mujer no comprende que al establecer un límite "no definido" respecto del comportamiento, comentarios o atención sexual, algunos marcianos no escuchan "no" o "detente". Por supuesto, si su comunicación tajante no da resultado, debe buscar ayuda.

Una mujer debe practicar el ser más directa para obtener mejores resultados cuando quiera establecer límites. Si el intentar ser "amable" al fijar un límite menos definido no da resultado, sin enojarse debe expresar un límite más definido. Aunque puede parecer grosero en su planeta, los hombres respetan los límites claros y definidos. Lo que se les dificulta es escuchar límites e ira al mismo tiempo. Cuando la mujer permanece calmada y centrada, su efectividad aumenta.

Después de repetir un límite más definido, si él aún no la respeta, entonces usted debe fijar un límite más contundente. Si esto tampoco funciona, en definitiva tendrá que buscar ayuda. Éstos son algunos ejemplos de lo que la mujer puede decir:

Comunicación enérgica respecto del sexo

LÍMITE MENOS DEFINIDO	LÍMITE DEFINIDO	LÍMITE MÁS CONTUNDENTE
En realidad no me agrada esta clase de frivolidades.	En verdad no estoy interesada. Busca a otra persona para divertirte.	Te lo he dicho tres veces. Busca a otra persona para divertirte.
Te admiro, pero como amigo.	No eres mi tipo. Seamos sólo amigos.	Te lo he dicho tres veces. No eres mi tipo.
En este momento tengo una relación con otra persona.	No estoy disponible y no me interesa sostener una relación contigo.	Ya te lo dije tres veces. No me interesa tener una relación contigo. Busca a alguien más.
En este momento estoy ocupada. Tengo mucho en mi plato.	Mantengo mi vida personal separada de mi vida de trabajo. No me interesa tener una relación contigo.	Ya te lo dije tres veces. No me interesa tener una relación contigo. Deja de llamarme.
Discúlpame, no quise darte una idea equivocada.	Estás siendo insistente. No estoy interesada en tener una relación contigo.	Es la tercera vez que te lo digo. Quiero que respetes mis deseos. No estoy disponible.

LÍMITE MENOS DEFINIDO	LÍMITE DEFINIDO	LÍMITE MÁS CONTUNDENTE
Lo lamento, pero estoy saliendo con otra persona.	No tengo interés en iniciar una relación contigo.	Te lo he dicho tres veces. No me interesa tener una relación contigo. Deja de intentarlo.

Establecer un límite es más poderoso y claro si una mujer no se enoja, juzga, da sermones o amenaza. Además, no debe proporcionar información adicional sobre su vida personal para justificar su respuesta. No se requiere de ninguna explicación. Si la mujer busca consolarlo, él asumirá que le interesa y continuará insistiendo.

El secreto de la seguridad en sí mismo consiste en ser breve y no emplear tonos o sentimientos emocionales para consolar o respaldar su petición. Cuando un hombre se muestra insistente o agresivo, ella puede tener más éxito al establecer un límite sin dejar que se dé cuenta de que la enoja o la afecta. Mientras menos emotiva se muestre, menos necesitará él defender sus acciones y podrá retractarse. Al no mostrarse emotiva, él puede salvar las apariencias y cambiar su comportamiento.

Cómo fijar el límite entre el lugar de trabajo y nuestra vida personal

El solo hecho de que una mujer se vista de una manera provocativa no es una invitación para que un hombre se exprese de una manera sexual. Una mujer tiene todo el derecho a ser atractiva y a vestirse de la manera en que se sienta bien. Su estilo de vestirse no justifica los acercamientos o los comentarios no deseados y no solicitados de un hombre.

El estilo de vestirse de una mujer no justifica los acercamientos o los comentarios sexuales no solicitados de un hombre.

Cuando un hombre tiene fotografías de su esposa y de su familia en la oficina, está afirmando que es una persona amorosa y afectuosa. No es una invitación para que todos entren en su oficina y lloren sobre su hombro. Así como se espera que los hombres y las mujeres dejen sus sentimientos personales para su vida personal, también se considera que deben relegar los sentimientos sexuales a su vida personal y separarlos del lugar de trabajo.

Esto no significa que una mujer nunca "deba" demostrar emociones vulnerables o que un hombre nunca pueda expresar atención sexual. Ambos comportamientos pueden ser aceptables, siempre y cuando la otra persona sea receptiva y esto no consuma el tiempo de trabajo.

El coqueteo de un hombre resulta ofensivo cuando no es bien recibido. Si una mujer está interesada en tener una relación con un hombre, entonces el mismo comportamiento es correcto. De la misma manera sucede con una mujer. Si el hombre con quien comparte sentimientos está muy cerca de ella, puede ser apropiado mostrarse más vulnerable.

No existe una definición clara y simple de lo que resulta correcto cuando se trata de sexo y vulnerabilidad en el lugar de trabajo. La mejor forma de enfocar este problema potencial es ser cauteloso y considerado con los demás. Al fijar con claridad sus propios límites y al respetar los límites de los demás, usted mantendrá una actitud profesional.

10 Cómo minimizar el estrés con apoyo emocional

El hecho de comprender las diferencias ayuda bastante a disminuir el estrés, pero no puede remplazar su necesidad de apoyo emocional. Uno se siente particularmente incómodo cuando todos los demás obtienen lo que necesitan y uno no. En el pasado, sobre todo las mujeres se sentían así, pero cada vez más, en la medida en que las diferentes áreas del lugar de trabajo las ocupan ellas, los hombres también se sienten frustrados y, en ocasiones, no bien recibidos. En la actualidad, los hombres y las mujeres requieren de un mayor grado de apoyo emocional.

No importa qué tanto intente un hombre apoyar a una mujer; a veces ella necesita el apoyo amable y empático que otra mujer puede proporcionarle por instinto. De la misma manera, un hombre sentirá cierta tranquilidad cuando otros hombres estén cerca. Todos necesitamos momentos en que podamos ser nosotros mismos sin sentir la necesidad de corregir o cambiar nuestro comportamiento. Cuando hay más personas del sexo opuesto, esto puede resultar una experiencia incómoda tanto para los hombres como para las mujeres. Este desafío puede superarse al asegurarnos que fuera del lugar de trabajo podemos satisfacer nuestras necesidades personales insatisfechas.

Todos necesitamos momentos en que podamos ser nosotros mismos, sin sentir la necesidad de corregir o cambiar nuestro comportamiento.

En el lugar de trabajo, siempre habrá situaciones desafiantes en las que no podamos satisfacer nuestras necesidades personales. A no ser que logremos actuar para obtener lo que necesitamos, esto se convierte en una fuente de resentimiento. Si continuamos tratando de conseguir apoyo donde no es posible, nos sentiremos cada vez más frustrados. En lugar de buscar apoyo en el lugar de trabajo, necesitamos ir a otra parte. Al saber dónde satisfacer esas necesidades, la tendencia de culpar al trabajo o a los demás en el lugar de trabajo disminuye. Como resultado, hay menos estrés y los sentimientos positivos de seguridad y aprecio aumentan.

El estrés y la productividad perdida

Las compañías que apoyan más la vida familiar —al proporcionar horarios más flexibles cuando es necesario y ofrecer programas de enriquecimiento personal— experimentan resultados positivos inmediatos; la productividad y las utilidades aumentan bastante. Cuando los empleados están más satisfechos emocionalmente, se muestran más motivados en forma natural, lo que significa que son más creativos, productivos y cooperativos.

No es el estrés, sino la forma en que lo manejamos, lo que determina nuestro nivel de productividad. Al asegurarnos de satisfacer nuestras necesidades emocionales, estamos mejor preparados para enfrentar los desafíos estresantes del trabajo. Si obtenemos el apoyo emocional que necesitamos, el estrés en el lugar de trabajo estimula una mayor creatividad y energía. El estrés sólo da como resultado la pérdida de la productividad cuando no satisfacemos nuestras necesidades emocionales.

No es el estrés, sino la forma
en que lo manejamos,
lo que determina nuestro nivel de productividad.

La falta de habilidad para manejar el estrés es causa de que los trabajadores cometan errores, lo que resulta una pérdida de tiempo y de dinero. Los empleados infelices tienden a crear mucha tensión emocional innecesaria y conflicto. Cualquier compañía se beneficia directamente al apoyar una vida más enriquecida para sus empleados.

En la imagen general, el empleado relajado y personalmente satisfecho toma las mejores decisiones. Lo que hace la gran diferencia no son más horas de trabajo, sino horas de trabajo más eficientes.

Las personas más exitosas son las que pueden minimizar los efectos negativos del estrés. Mientras más apoyen nuestras necesidades emocionales, mejor manejamos el estrés. Para algunas personas, el desafío del lugar de trabajo las nutre totalmente, pero la mayoría logra esto si cuenta con una vida personal fuera del lugar de trabajo.

Cómo reaccionan los hombres ante el estrés

Los hombres y las mujeres reaccionan de diferente manera ante el estrés. En Marte, cuando un hombre no satisface sus necesidades emocionales, tenderá a concentrarse sólo en algo y a perder productividad al aislarse en su cueva.

Al interactuar con otras personas, mostrará una mayor tendencia a refunfuñar y a resistir la energía o la asistencia útiles. Su mayor agresividad e irritabilidad son señales de que está bajo demasiada tensión.

Bajo tensión, un hombre se confinará más y perderá productividad al aislarse en su cueva.

En este estado, la mayoría de los hombres ni siquiera se da cuenta de que está concentrado en algo en forma excesiva. Experimenta una clase de visión de túnel y son incapaces de ver la imagen completa. Al enfocarse en el fuego grande que necesita ser apagado con urgencia, un hombre ignora otros fuegos pequeños que también necesitan de su atención. A no ser que un problema o una tarea ocupe el primer lugar de su lista de prioridades, él no le da importancia. Es todo o nada. Al ignorar las actividades con menor prioridad, estos pequeños asuntos se convertirán finalmente en problemas mayores. Por supuesto, hay un momento y un lugar para ignorar todo y atender sólo la emergencia, pero cuando esta tendencia se vuelve crónica, la productividad se reduce junto con la calidad de todas las relaciones de trabajo.

Cuando los hombres están bajo una tensión excesiva, experimentan una clase de visión de túnel y no pueden ver la imagen general.

Cuando los hombres se sienten demasiado estresados, tienen mayor tendencia a culpar de inmediato a otros, en lugar de hacerse responsables. Esta inclinación no sólo disminuye su flexibilidad y su creatividad, sino que hace que se muestre muy intimidante con los demás. La mayor parte de sus habilidades para relacionarse y sus modales desaparecen cuando está concentrado en su tarea.

Con un conocimiento de estas tendencias, un hombre puede compensarlas al intentar mostrarse más considerado con los demás y más responsable de sus errores. En ese momento, necesita obligarse a ampliar su conocimiento y crear tiempo para atender los incendios más pequeños que también necesitan apagarse. Esto requiere de mucho esfuerzo de su parte, debido a su tendencia a permanecer enfocado en "eso" que le produce más estrés.

Más importante aún, necesita disminuir los efectos del estrés al dedicar tiempo para satisfacer sus necesidades emocionales. En lugar de aislarse y concentrarse en su trabajo, requiere hacer un alto que lo relaje y satisfaga. Al equilibrar su vida de trabajo y su vida personal, puede evitar perder tiempo y dinero y aumentar así su productividad.

Cómo reaccionan las mujeres ante el estrés

Cuando una mujer se siente sumamente estresada, suele manifestar la reacción opuesta a la del hombre. Las mujeres se vuelven muy comunicativas y se sienten cada vez más abrumadas por todo lo que es necesario hacer. Pierden productividad al sentir una mayor necesidad de hablar sobre los problemas, en lugar de solucionarlos. Tenderán a culparse. Esta propensión a culparse aumenta su desconfianza de sí mismas e impide que se impongan y hagan valer sus necesidades.

En este estado abrumado, cuando una mujer necesita más ayuda acepta, en cambio, más responsabilidades. Disminuye su habilidad para identificar con claridad sus prioridades y pierde mucho tiempo apagando pequeños incendios, mientras que no atiende el incendio principal. Los problemas pequeños pueden parecer mucho mayores de lo que son. Al sentirse abrumada se le dificulta mucho más tomar decisiones.

Cuando las mujeres se sienten sumamente estresadas, experimentan la sensación de estar abrumadas y los problemas pequeños parecen más grandes de lo que son.

Por supuesto, hay un momento y un lugar para enfocar todos los asuntos pequeños que no se están atendiendo, pero cuando esta tendencia se vuelve crónica y una mujer siente la carga de todo lo que tiene que hacer, su efectividad y su productividad son limitadas. El sentirse abrumada o exhausta es una indicación clara de que no está satisfaciendo sus necesidades emocionales.

Cuando aumente el conocimiento de los problemas y las responsabilidades, ella empezará a sentirse más exhausta porque "hay demasiadas cosas pendientes". Si no se corrige esta sensación de cansancio excesivo, se convierte en resentimiento al considerar que no obtiene suficiente apoyo.

Si no se corrige esta sensación de cansancio excesivo, se convierte en resentimiento al no obtener suficiente apoyo.

En el momento en que ella necesite dedicar más tiempo a relajarse y a conseguir el apoyo emocional que requiere, se sentirá culpable si dedica tiempo para ella. En lugar de dedicar más tiempo a satisfacer sus necesidades personales, acepta más trabajo. A no ser que sea experta en satisfacer sus necesidades emocionales, cuando se tome tiempo libre se preocupará más y será incapaz de relajarse y obtener el apoyo que necesita.

Las mujeres tienen un gen sustentador extra y con frecuencia dan apoyo a todos los demás, pero olvidan sus necesidades personales. En la mayoría de los casos, cuando una mujer está muy estresada, necesita crear primero más apoyo en su vida personal y luego podrá solucionar mejor sus prioridades y tensiones en el trabajo.

Al dedicar tiempo a hablar con sus amistades sobre las fuentes de su estrés, una mujer puede manejar éste en forma más efectiva, empero, si lo hace en horas de trabajo, no sólo perderá tiempo, sino que puede enojar a sus compañeros que desean emplear su tiempo en forma más productiva. Hablar sobre los problemas para disminuir el estrés funciona principalmente en un contexto que no requiera una solución al problema. Por supuesto, el expresar y compartir un poco los problemas en el lugar de trabajo es útil y efectivo para disminuir el estrés, pero no remplaza la necesidad de una vida personal.

Con un conocimiento de estas tendencias, una mujer puede reconocer los síntomas del estrés y dedicar tiempo para satisfacer sus necesidades emocionales fuera del lugar de trabajo. Al hablar con las amistades que no están involucradas en su vida laboral, libera con mayor efectividad el estrés. Con este alivio, puede empezar a crear más equilibrio en su vida y asegurarse de dar prioridad a sus necesidades emocionales.

El lugar de trabajo no es terapia

Lo primordial para hombres y mujeres es que el lugar de trabajo no es responsable de su satisfacción personal. Eso depende de usted. Si su trabajo no le proporciona el apoyo emocional que necesita, culpar a la compañía no mejorará su situación. Si experimenta síntomas severos de estrés, hasta que pueda empezar a crear ese apoyo en su vida personal, podrá beneficiarse con la terapia. No espere que el lugar de trabajo sea esa terapia. Si obtiene ayuda en el lugar de trabajo, considérelo como un postre.

Mientras consideremos el lugar de trabajo como a un padre, un amigo, un terapeuta o una pareja amorosa, nos dirigiremos al fracaso y al resentimiento. Siempre que culpe al lugar de trabajo, eso se convierte en parte del problema y no de la solución.

Si esperamos que el lugar de trabajo sea un padre, un amigo, un terapeuta o una pareja amorosa, nos dirigimos al fracaso y al resentimiento.

El cambio en el lugar de trabajo es necesario, pero para crearlo debemos asegurarnos que nuestros requerimientos sean razonables. Todo cambio ocurre en pasos pequeños. Cuando un paso funciona, entonces puede darse otro. Cuando el resentimiento personal está fuera del camino, estamos ya en una mucho mejor posición para escuchar las necesidades de los demás mientras expresamos las nuestras. Este respeto y apreciación mutuos son la base de la negociación exitosa.

El resentimiento personal termina cuando el hecho de satisfacer sus necesidades no depende de cambiar a otras personas en el lugar de trabajo. Si culpa a un gerente, un compañero de trabajo o a todo el sexo opuesto de su infelicidad, les está dando permiso en su mente para atormentarla. Al responsabilizarse de su satisfacción, se libera de que lo estresen otras personas con las que tiene que trabajar. Al actuar para encontrar satisfacción personal fuera del lugar de trabajo, está mejor equipado para crear un cambio positivo.

El responsabilizarse lo libera de que lo estresen otras personas con las que tiene que trabajar.

Por último, la actitud ideal para el lugar de trabajo es llegar a laborar para nutrirse dando apoyo y no recibiéndolo. En un mundo perfecto, nuestras relaciones personales nos apoyan mientras nuestras relaciones de trabajo nos desafían para dar apoyo. No es saludable depender del trabajo para satisfacer todas nuestras necesidades personales. Si esperamos que el lugar de trabajo satisfaga estas necesidades, nos sentiremos repetidamente desilusionados y resentidos. Esta actitud hará que el lugar de trabajo sea desagradable y estresante.

Necesitamos recordar siempre que nuestro trabajo es "sólo un trabajo". Esto no quiere decir que no debamos esforzarnos por hacer lo máximo, pero no significa que hagamos que el trabajo sea más importante que tener una vida personal.

Aprenda a dar apoyo

El éxito no depende de recibir apoyo emocional del lugar de trabajo, sino de nuestra habilidad para darlo. En toda interacción, uno se siente apoyado o no apoyado. Cuando todas las cosas son iguales, el apoyo emocional que proporcionamos a menudo es lo que hace la diferencia entre el éxito y el fracaso.

Por ejemplo, si puedo comprar una computadora nueva en línea o en tres diferentes tiendas en mi área al mismo precio, lo que siento respecto de un vendedor particular determinará con quién elija hacer el negocio. Cuando una oportunidad de trabajo está disponible y cinco personas distintas están igualmente calificadas, es sólo un "buen sentimiento" o algo "instintivo" lo que determina a quién se elegirá.

En el nuevo mercado mundial, donde abundan los proveedores, es muy importante perfeccionar las habilidades para proporcionar apoyo emocional. Las alianzas personales que establezca en el lugar de trabajo harán la diferencia entre el éxito y el fracaso en todos los niveles laborales.

Las alianzas personales que usted logre crear en el lugar de trabajo harán la diferencia entre el éxito y el fracaso.

Al entender nuestras diferentes necesidades emocionales, contamos con una base para dar apoyo con mayor efectividad en el lugar de trabajo. Al comprender la clase de apoyo emocional que más necesita una mujer para disminuir el estrés, un hombre cuenta con una herramienta extra para proporcionar apoyo en forma efectiva. De la misma manera, si las mujeres entienden lo que necesitan los hombres para disminuir el estrés, también tendrán una nueva ventaja para dar apoyo.

Podría hacerse mal uso de esta información. Una mujer puede adivinar lo que necesita una mujer y usarlo para justificar su resentimiento hacia los hombres en su oficina. Un hombre puede conocer la forma diferente en que los hombres piensan y usar este conocimiento como una excusa para no hacer cambios en la manera en que trata a las mujeres. Evite tener una actitud de víctima. No emplee esta información para culpar a otros o para justificar que permanece igual. En cambio, utilícela para ganarse el respeto y la confianza de los demás. Al comprender nuestras diferentes necesidades emocionales, podemos tomar decisiones más sabias con el propósito de determinar cómo tener éxito al dar apoyo emocional.

Las doce necesidades emocionales

Cuando se trata de establecer comunicaciones de apoyo en el lugar de trabajo, el tono emocional en el que usted habla y las acciones son lo que importa. Cuando el tono de su voz o sus acciones satisfacen la necesidad emocional de otra persona, el nivel de estrés de esa persona disminuirá y se ganará su respeto y su confianza. Quizá ni siquiera sepan por qué. Con frecuencia, los hombres dirán: "No sé por qué, pero tengo un instinto respecto de esto". O una mujer expresará: "Tal vez no tenga sentido, pero tengo una sensación respecto de esto". Nuestro respeto y confianza —como un río que fluye camino abajo— fluirán hacia las personas que satisfacen nuestras necesidades personales.

Tal vez no estemos conscientes de nuestra necesidad de calcio, pero cuando comemos o bebemos algo que contiene calcio nos sentimos mejor. En forma similar, todos en el lugar de trabajo tienen necesidades que se satisfacen o no, según sea el caso. Cuando se pueden satisfacer las necesidades de una persona, aunque ella no esté consciente de su necesidad, responderá en forma positiva.

Hay doce necesidades emocionales básicas: afecto, confianza, comprensión, aceptación, respeto, apreciación, participación, admiración, validación, reconocimiento, seguridad y estímulo. La enorme tarea de determinar cómo dar apoyo en el lugar de trabajo se simplifica bastante al comprender lo que ayuda a los hombres y a las mujeres a manejar mejor el estrés. Al revisar la lista siguiente puede concentrarse en dar la clase de apoyo que se apreciará más.

Las principales necesidades emocionales en Marte y en Venus

Por supuesto, todo hombre y toda mujer necesitan los doce tipos de apoyo, pero, bajo estrés, las mujeres aprecian particularmente seis clases y los hombres las otras seis. Mientras más estrés sienta una persona, más apreciará una clase de apoyo en particular.

Estas necesidades también cambian de acuerdo con la situación. Una mujer en un papel que requiere que dé órdenes o que se imponga puede tender a ser de Marte y a apreciar más lo que apreciaría un hombre. Un hombre que de pronto va a hacer una gran compra o que se siente vulnerable en alguna forma puede apreciar más lo que apreciaría una mujer. Un mayor conocimiento de nuestras diferentes necesidades le ayudará a saber qué clase de apoyo emocional debe proporcionar en su estilo de comunicación.

Esta lista nos ayuda a recordar lo que es más importante en Marte o en Venus para liberar el estrés. Sin ella, sería fácil que un hombre prestara la clase de apoyo que él necesitaría y que no dé atención a lo que puede ser más importante para una mujer. Lo mismo se aplica para las mujeres. En lugar de enfocarse en dar la clase de apoyo que ella aprecia más, tendrá más éxito al proporcionar el apoyo que más desean los hombres. Cuando los niveles de estrés aumentan, estos tipos de apoyo se necesitan más.

Éstas son las diferentes necesidades emocionales anotadas una junto a otra:

AYUDA PARA MUJERES ESTRESADAS	AYUDA PARA HOMBRES ESTRESADOS
Afecto	Confianza
Comprensión	Aceptación
Respeto	Apreciación
Participación	Admiración
Validación	Reconocimiento
Seguridad	Estímulo

En esta lista de necesidades emocionales, cada elemento mantiene una relación de reciprocidad con otro. Por ejemplo, cuando un hombre muestra más *afecto* por una mujer, la respuesta automática de ella es *confiar* más en él. Cuando una mujer *confía* más en un hombre, él automáticamente siente más *afecto* por ella. Cuando un hombre dedica tiempo a escuchar y *comprender* a una mujer, ella en forma automática lo *acepta* más a él y a sus diferencias. Cuando una mujer *acepta* a un hombre y no trata de cambiarlo, él se vuelve más *comprensivo* y la juzga menos a ella o a sus peticiones.

De esta manera, las diferentes necesidades son recíprocas. Para conseguir una clase particular de apoyo, usted sólo tiene que enfocarse en dar la clase de apoyo correspondiente. En las siguientes secciones exploraremos con mayor detalle la naturaleza recíproca del apoyo emocional.

1. *Ella desea afecto y él desea confianza*

Cuando los pensamientos, las decisiones y las acciones de un hombre están influidas por los sentimientos, las necesidades y los deseos de una mujer, ella se siente considerada o que él la aprecia. Una actitud de aprecio demuestra interés y preocupación porque los derechos, las necesidades y las peticiones de una mujer se satisfagan de una manera razonable y a tiempo. Cuando un hombre dedica tiempo a demostrar su interés y consideración, incluso en cosas pequeñas, esto hace una gran diferencia en Venus. Él se convierte en una persona de quien ella puede depender y apoyarlo. En respuesta, él recibirá su confianza, que se traducirá en más lealtad de clientes y una mayor cooperación de los compañeros de trabajo y de la gerencia.

Cuando la actitud de una mujer es abierta y receptiva hacia un hombre, él siente que confían en él. Expresar confianza en Marte es creer que un hombre está haciendo todo lo que le es posible y que desea desempeñar el mejor trabajo. Una actitud de confianza no exige perfección, sino que reconoce que se cometen errores y da el beneficio de la duda.

Cuando las palabras y las reacciones de una mujer tienen un tono emocional de confianza, un hombre responderá en forma automática con mayor consideración e interés por ella. Al reconocer la intención positiva de un hombre de hacer todo lo que le es posible, una mujer es capaz de sacar a la superficie lo mejor de él.

2. *Ella desea comprensión y él desea aceptación*

Cuando un hombre escucha con paciencia a una mujer, sin darle soluciones de inmediato y sin interrumpirla, ella recibe el mensaje de que él la comprende. Cuando él supone saber de antemano lo que ella desea o siente, a menudo ella considera que él no la comprende. Una actitud de comprensión no supone conocer los pensamientos, sentimientos y deseos de una persona, sino que él capte el significado de lo que escucha y actúe en consonancia para validar lo que se le comunica. Una actitud de comprensión tiende a ser empática y compasiva. Mientras más comprendida se sienta una mujer, más tenderá a relajarse y a dar a un hombre la aceptación que él desea.

Cuando una mujer es receptiva y abierta a lo que dice un hombre, él se siente aceptado. Cuando no toma en cuenta o minimiza los errores de él, no obtiene la aceptación que desea. Una actitud de aceptación no rechaza, sino que afirma que él es favorablemente recibido. Para aceptar, una mujer no tiene que estar de acuerdo o aprobar los pensamientos o las acciones de un hombre.

La aceptación no es creer que alguien sea perfecto, sino una actitud que permite e incluso espera cierto grado de imperfección. Un hombre siente aceptación cuando una mujer no está activamente motivada a mejorarlo o corregirlo o no se ofende con sus pensamientos, sentimientos y comportamiento. Una actitud de aceptación hará que un hombre se muestre más ávido de comprender los pensamientos, sentimientos, necesidades y deseos de una mujer.

3. *Ella desea respeto y él desea aprecio*

Cuando un hombre responde a una mujer de una manera que reconoce y da prioridad a sus derechos, deseos y necesidades, ella se siente respetada. Cuando el comportamiento de él respeta los pensamientos y los sentimientos de ella, la mujer empezará a experimentar una apreciación sincera por él. Las expresiones concretas y físicas de respeto —como hacer de inmediato una tarea para ella o responder a su llamada con rapidez— no pasan inadvertidas. Aunque esto no es tan importante en Marte, se aprecia mucho en Venus.

Cuando una mujer reconoce haber recibido beneficio personal y valor de los esfuerzos y el comportamiento de un hombre, éste se siente apreciado. Con esta percepción, una mujer puede dar a un hombre apoyo simplemente permitiéndole ayudarla en formas que ella apreciará. Éste es otro buen motivador para animar a las mujeres a pedir en forma directa en el momento en que necesitan ayuda. Cuando un hombre es apreciado, él sabe que sus esfuerzos no se desperdiciarán y se anima a dar más. En respuesta, se vuelve más respetuoso.

4. Ella desea participación y él desea admiración

Cuando un hombre hace preguntas activamente para que una mujer tome parte en una conversación, ella se siente incluida. En cambio, si hace bromas sexuales o habla sobre deportes, crea una sensación de separación. Cuando un hombre ofrece su ayuda sin que se la pidan o convoca la ayuda de ella, la mujer tiene la sensación de que está incluida en una comunidad que proporciona apoyo. Una actitud de participación reconoce la afinidad entre dos o más personas. En lugar de concentrarse en las diferencias, lo hace en las similitudes para crear una sensación de conexión y afinidad. Cuando un hombre busca crear participación al involucrar a una mujer en sus pensamientos, planeación y actividades, ella responderá automáticamente con admiración por lo que él es y lo que hace.

Admirar a un hombre es considerarlo con aprecio, gusto, confianza o aprobación gustosa. Él se siente admirado cuando ella se impresiona no sólo por su capacidad para desempeñar una tarea, sino por sus características, habilidades o talentos únicos. Estos talentos pueden incluir fortaleza, persistencia, integridad, disciplina, honestidad, bondad, humor, afecto y percepción. Cuando un hombre se siente admirado, desea colaborar más con una mujer o incluirla en el desarrollo de un proyecto. En el momento en que una mujer es capaz de reconocer un talento o admirar una característica en el comportamiento de un hombre, en forma automática crea una conexión que motiva la participación de él. Con esta clase de apoyo, él siente menos la necesidad de apartarse y hacer las cosas por su cuenta.

5. *Ella desea validación y él desea reconocimiento*

Cuando un hombre no objeta o cuestiona con los sentimientos, derechos y deseos de una mujer, sino que acepta y confirma su validez, ella se muestra más deseosa de reconocer lo bueno en sus acciones y comportamientos. Con frecuencia, una mujer siente que debe luchar para que la escuchen o para lograr una diferencia. Si desea explorar un problema hablando sobre éste, pero los hombres minimizan el problema u ofrecen soluciones, cruzan una línea y ella se siente invalidada. Dar validez a su punto de vista no significa que un hombre tiene que estar de acuerdo con éste, sino que sólo tiene que dedicar tiempo para ver una situación desde la perspectiva de ella. La mujer no requiere que él vea la situación de la misma manera. Cuando un hombre busca validar en lugar de descontar, una mujer reconoce sus otras expresiones de apoyo y de ayuda.

En Marte valoran bastante la capacidad y el logro. Si una mujer dedica tiempo para reconocer la capacidad de un hombre o sus logros, esto es cómo música para los oídos de él. Una actitud de reconocimiento recuerda y mide a un hombre basándose en sus logros y no en sus fracasos. Es lo opuesto de una actitud que dice: "¿Qué has hecho por mí últimamente?". En cambio, reconoce el bien en lo que él ha hecho últimamente. Cuando un hombre siente que sus esfuerzos son reconocidos, se muestra mucho más deseoso de validar los sentimientos, los pensamientos, derechos, deseos y necesidades de una mujer. Al reconocer lo bueno en su pasado o presente, una mujer lo motiva para que dé más en el futuro. Si una mujer dedica tiempo para reconocer las formas en que un hombre otorga apoyo, él automáticamente es más capaz de validar la perspectiva de una mujer. Después de todo, es esa perspectiva la que le da el apoyo que busca.

6. *Ella desea seguridad y él desea estímulo*

Frecuentemente los hombres cometen el error de asumir que una mujer continúa sintiendo su apoyo porque él hizo algo que la ayudó en el pasado. Un hombre no reconoce que las venusinas necesitan que les den seguridad una y otra vez. Podría esforzarse bastante para lograr que una mujer se sintiera bienvenida en un empleo y luego ignorarla por completo, pensando que ya estableció que él es su amigo y le da apoyo. Las mujeres están mucho más conscientes de los cambios y por ello buscan tener la seguridad de que poseen la misma posición y el mismo apoyo que el día anterior. Esta tendencia resulta similar a nuestra necesidad mutua de contar con la seguridad de que nuestras acciones aún están bien. Como el mercado puede cambiar con mucha rapidez, resulta reconfortante saber que nuestras acciones conservan una buena posición. La actitud de seguridad de un hombre proporciona una sensación de confort y seguridad en una mujer, que evoca su buena voluntad y su confianza en un hombre. Ella es capaz de creer en él cuando tiene la seguridad de que aún la apoya.

Las mujeres suelen hablar demasiado sobre los problemas, cuando un hombre busca encontrar una solución. Un hombre sugerirá algo y, con mucha rapidez, una mujer verá lo que podría resultar mal y lo señalará. Esto puede ser muy desalentador para un hombre, que erróneamente llega a la conclusión de que ella no reconoce o no aprecia su capacidad. Antes de expresar dudas o preocupaciones, es mejor que ella escuche lo que él sugiere y reconozca el mérito de sus ideas. Una actitud que anima es abierta, confiable y paciente para ver lo bueno de algo. Para estimular, una mujer no debe encontrar de inmediato una falta ni expresar preocupación. Puede pensar que sólo está ayudando, pero dicho comportamiento suele aumentar el nivel de estrés de él. Es importante para una mujer darse cuenta cuándo es necesaria su preocupación, de lo contrario, podría resultar contraproducente. Cuando un hombre se siente animado por la confianza, el aprecio y la aceptación de una mujer, busca dar más seguridad al mostrarse más interesado, comprensivo y respetuoso respecto de los deseos y las necesidades de ella.

Cómo puede perder negocios sin darse cuenta

Sin una comprensión de nuestras diferentes necesidades emocionales, los hombres y las mujeres ofenden, descuidan y enojan a los clientes. En lugar de reducir su estrés, lo aumentamos. Aunque el objetivo del mundo del trabajo es proporcionar un servicio funcional, también lo es la gente. Usted puede hacer un trabajo excelente por un precio alto, pero cuando las personas no sienten que estén siendo satisfechas sus necesidades emocionales, buscan a otra persona para hacer negocios. Las personas pueden decir que desean el mejor negocio, pero en el fondo quieren sentirse bien. Cuando sus necesidades emocionales no quedan satisfechas, pueden sonreír ante usted, pero no regresarán. Si las personas no se sienten apoyadas emocionalmente, pueden sentirse heridas, celosas, resentidas, ofendidas, ansiosas, enojadas, amén de todas las demás emociones humanas. Al dedicar tiempo para dar la clase de apoyo adecuado, puede evitarse gran parte de esto.

Los clientes le pueden sonreír para ser corteses en su presencia, pero si no se sienten apoyados, no regresarán.

Mientras las mujeres tienden a tener más "sentimientos sensibles", los hombres tienden a tener más "egos sensibles". Al asegurarse de mostrar interés, comprensión, respeto, participación, validación y seguridad, un hombre puede evitar herir los sentimientos de una mujer. Al asegurarse de demostrar confianza, aceptación, apreciación, admiración, reconocimiento y estímulo, una mujer puede tener la seguridad de halagar el "ego masculino". Esto no sólo crea más negocios, sino que produce un mejor ambiente de trabajo. Cuando los compañeros de trabajo y la gerencia dan más apoyo, esto también afecta a los clientes. Si una mujer cliente escucha o ve que un hombre no respeta a una compañera de trabajo, a menudo lo tomará en forma personal. De la misma manera, cuando un hombre observa que las mujeres apoyan a los hombres en el trabajo, desea hacer negocios en ese lugar.

Usted quizá tenga el mejor producto, pero si los demás no se sienten emocionalmente apoyados, se irán a otra parte. No es suficiente con tener un producto para motivar a los demás a que lo prueben y lo usen; los otros necesitan estar motivados para hablar sobre éste a otras personas. No logrará nada si sus clientes no sienten el apoyo emocional que más aprecian.

La siguiente lista contiene los errores de comunicación más comunes que cometen las mujeres en relación con las principales necesidades emocionales de un hombre. Estos errores son más obvios con los clientes, pero los mismos principios se aplican con los compañeros de trabajo y con la gerencia.

ERRORES QUE COMÚNMENTE COMETEN LAS MUJERES	POR QUÉ UN HOMBRE NO SE SIENTE APOYADO
Ella lo corrige o le da consejo no solicitado. "Ésa no es la forma en que se supone que debes usar esto."	*Los hombres desean confianza:* incluso si ella tiene razón, él no se siente apoyado, porque no le pidió consejo. No siente que confíen en su capacidad.
Ella expresa impaciencia o frustración en el tono de su voz. "Planeamos hacer eso, pero no era nuestra principal prioridad."	*Los hombres desean aceptación:* él escucha que es un problema para ella, cuando se supone que debe darle apoyo. No se siente aceptado.
Ella se excusa con un tono de voz que indica que está abrumada. "Ésta es una temporada loca. Estamos cortos de personal."	*Los hombres desean apreciación:* él escucha que ella siente la carga de sus asuntos y no se siente apreciado.
Ella ofrece su ayuda cuando él no la pidió. "Permite que te ayude con eso..."	*Los hombres desean admiración:* un hombre no se siente admirado cuando percibe que le solicitan ayuda, pero ésta en realidad no es necesaria.
Ella defiende un error culpando a algo o a alguien, sin dedicar tiempo a reconocer lo que hizo el cliente para expresar su necesidad con claridad. "¿Dónde está mi personal cuando lo necesito...?"	*Los hombres desean reconocimiento:* él escucha que ella no es responsable. No siente que reconozcan con claridad que él hizo lo que se le requería.

ERRORES QUE COMÚNMENTE COMETEN LAS MUJERES	POR QUÉ UN HOMBRE NO SE SIENTE APOYADO
Ella se queja de su compañía y de sus políticas. "No puedo lograr que cambien esto."	*Los hombres desean estímulo:* él escucha su frustración hacia su compañía y no se siente animado a hacer negocios con esa empresa.

En cada uno de estos ejemplos, resulta evidente que una mujer puede decir o hacer algo que en su planeta proporcione apoyo, pero no en Marte. Los hombres cometen la misma clase de errores. Dan el apoyo que desearía un hombre, pero no lo que una mujer reconoce como tal. La siguiente lista contiene los errores de comunicación que cometen los hombres en relación con las principales necesidades emocionales de una mujer.

ERRORES QUE COMETEN LOS HOMBRES	POR QUÉ ELLA NO SE SIENTE APOYADA
Él escucha brevemente y ofrece de inmediato una solución. "Creo que deberías..."	*Las mujeres desean consideración:* una mujer no siente que a él le interese escuchar todo lo que ella piensa o lo que considera que debería hacer. Su desconsiderada actitud la desalienta.
Él no hace preguntas para saber más sobre el problema o petición, pero responde con una sensación de seguridad de que dicho problema puede solucionarse con facilidad. "No hay problema, podemos arreglar eso."	*Las mujeres desean comprensión:* ella siente como si él le restara importancia al problema. Al minimizar el conflicto, él hace que ella se sienta subestimada o despedida. Una mujer se siente frustrada si él no comprende todo el problema.

ERRORES QUE COMETEN LOS HOMBRES	POR QUÉ ELLA NO SE SIENTE APOYADA
Él expresa una política de la compañía con un tono de aceptación y rendición. "No hay nada más que pueda hacer las reglas son reglas."	*Las mujeres desean respeto*: la mujer escucha las palabras de él como indiferencia a su necesidad y siente que le falta al respeto. Preferiría algo como "Lamento tanto no poder...".
Un hombre suele escuchar las ideas, proposiciones y peticiones de una mujer sin mostrar ningún movimiento, respuesta o emoción.	*Las mujeres desean participación:* una mujer considerará el rostro inexpresivo de él como una señal de que no tiene interés o que oculta algo. Se siente excluida.
Cuando una mujer está insatisfecha, un hombre tratará de ofrecerle algo más como una forma de compensar su pérdida. "Mejor prueba esta opción. También dará buen resultado."	*Las mujeres desean respeto:* una mujer no se sentirá apoyada si no satisfacen su necesidad de sentirse respetada. Desea que él dedique más tiempo para reconocer su pérdida.
Cuando un hombre no tiene nada bueno que reportar, suele esperar para "ponerse en contacto" hasta que haya algo definitivo o tenga buenas noticias.	*Las mujeres desean seguridad:* una mujer malinterpretará el silencio de él como una mala noticia o falta de interés de su parte. Las mujeres son mucho más rápidas para ponerse en contacto con alguien con reportes de progreso.

Es obvio que si deseamos tener éxito al tratar con los clientes, depende de nosotros ofrecer el mayor apoyo posible. Después de todo, ellos nos pagan por servirlos. En otras áreas del lugar de trabajo, esto es igualmente cierto, pero no tan evidente. Nuestras relaciones de trabajo en todos los niveles se basan en ganarnos nuestro camino. La única forma de conseguir el apoyo que se desea es dando a los demás lo que necesitan. Nada recibirá si no lo genera antes.

Cómo ganarse el apoyo de una mujer

La forma más efectiva en que un hombre puede tener éxito para ganar el apoyo de las mujeres es mediante la comunicación firme. Al aprender a escuchar a un hombre puede demostrar con mayor efectividad una actitud de interés, comprensión, respeto, participación, validación y seguridad. Al comunicarse de esta manera, él minimizará los niveles de estrés de ella y a cambio se ganará su apoyo.

Uno de los mayores problemas que tienen los hombres en lo que a escuchar se refiere, es que olvidan nuestros diferentes estilos de comunicación y se frustran o enojan. La tabla siguiente señala lo que él necesita recordar y muestra algunas sugerencias sobre qué hacer.

Cómo pueden escuchar los hombres sin frustrarse

LO QUE DEBE RECORDARSE	QUÉ HACER Y QUÉ NO HACER
La frustración se presenta al no comprender el punto de vista de una mujer y esto nunca es culpa de ella.	Responsabilícese por no entender. No la culpe por el enojo que usted siente. Recuerde que la forma de comunicación de ella es igualmente válida. Olvídelo y empiece de nuevo, tratando de ver las cosas desde la perspectiva de ella.
Los sentimientos no siempre tienen sentido de inmediato, pero son válidos y merecen empatía. Incluso si los sentimientos de ella lo hacen sentirse culpable, esto no justifica que levante la voz y descargue su ira contra ella.	Respire profundamente varias veces con la intención de relajarse. No diga nada. Lo peor que puede hacer cuando está enojado es hablar sin haber pensado primero con calma. Cuando otra persona resiste la expresión de ira eso puede compararse con poner gas en el fuego, pues sólo se enojará más.

LO QUE DEBE RECORDARSE	QUÉ HACER Y QUÉ NO HACER
La frustración y la ira surgen a menudo por no saber qué hacer para mejorar las cosas. Recuerde que está tratando de mejorar la situación y si se enoja sólo empeorará las cosas.	No la culpe porque las soluciones de usted no dan resultado. Escuche más y ella podrá proporcionar alguna solución. Si la involucra en la solución, lo apreciará más.
No tiene que estar de acuerdo con ella para validar su perspectiva. Las mujeres no requieren que esté de acuerdo, pero se resisten a escuchar comentarios de desaire como "Eso es estúpido" o "Eso es ridículo". Usted piensa que está reprimiendo un comportamiento, pero ella lo toma de manera personal.	Evite hacer comentarios degradantes para expresar su desacuerdo con un comportamiento o una idea. No emplee adjetivos o nombres negativos para reprimir a otras personas. Exprese con qué no está de acuerdo y señale lo que apreciaría a cambio, sin frases directas de desprecio.
Un hombre puede permanecer relajado al recordar que hay luz al final del túnel. Cuando las mujeres hablan sin que las interrumpan, en forma automática se muestran más abiertas y receptivas a lo que un hombre tiene que decir.	Cuando se sienta presionado para interrumpir y explicar su punto de vista, en lugar de decir que entiende, *haga lo opuesto*. Con amabilidad permita que ella sepa que no entiende lo que está diciendo y entérela de que desea entenderla. Muestre interés en dedicar más tiempo para captar lo que dice y ella hará lo mismo por usted. Con esta seguridad, ella no sucumbirá ante el comportamiento contraproducente y su ira se calmará.
Ella no es responsable de la ira de usted. Los hombres se enojan más cuando piensan que ella es quien los enoja. No sea una víctima y no la culpe. Usted perdió la serenidad y ella no la tomó. Si ella no aprecia lo que usted dice, espere, escuche más y luego ella lo apreciará más.	Si desea ofrecer una solución o mejorar la situación, asegúrese de que ella haya terminado y repita el punto de vista de ella para que se sienta satisfecha, antes de dar el suyo. No levante la voz.

LO QUE DEBE RECORDARSE	QUÉ HACER Y QUÉ NO HACER
No tiene que hacer lo que ella sugiere. Se encuentra aún a mitad de una negociación. El tono emocional de ella puede sonarle final a él, pero en Venus las emociones significan que la perspectiva de ella aún no es definitiva. Las emociones negativas necesitan escucharse primero, antes de que se vuelvan más positivas.	No discuta con sentimientos y opiniones cuando alguien está irritado emocionalmente. Dedique tiempo a discutir las cosas más tarde, cuando haya menos carga emocional. Diga simplemente: "Déjame pensar más esto y luego hablaremos". No diga: "Estás demasiado enojada por esto y no puedo hablar contigo".

Cuando un hombre puede escuchar los sentimientos de una mujer sin enojarse o frustrarse, se gana su confianza, aceptación y aprecio y disminuye su estrés. Cuando él permite que ella experimente con seguridad un altibajo ocasional de emociones en el lugar de trabajo, ella se mostrará deseosa de aceptar sus defectos y apreciará, reconocerá y admirará sus éxitos. Mientras más comprendida se sienta una mujer, más podrá dar a un hombre el apoyo que desea.

Cómo ganarse el apoyo de un hombre

Las mujeres pueden aprender a apoyar a los hombres al hacer menos y recibir más. Cuando una mujer consigue el apoyo de un hombre obtiene, de alguna manera y en forma automática, la habilidad de demostrarle confianza, aceptación, apreciación, admiración, reconocimiento y estímulo.

El secreto de conseguir su apoyo es evitar cambiarlo o mejorarlo. Por supuesto, quizá desee que él cambie, pero no actúe de acuerdo con ese deseo. Sólo si él pide consejo directa o específicamente, está abierto a recibir su ayuda.

Con frecuencia, éste es el motivo por el que muchos hombres tienen problemas con gerentes del sexo femenino. Cuando una mujer se siente responsable de la acción de un hombre, puede tomarse más libertad que un gerente para decirle qué hacer. Los hombres perciben cuándo un hombre ha recibido suficiente orientación y no hacen demasiadas sugerencias útiles.

Una mujer gerente se tomará más libertad para mejorar a un hombre y decirle qué hacer.

Si un hombre se resiste a su autoridad, una mujer gerente buscará su opinión en lugar de imponer su autoridad y pedir en forma directa a un hombre que haga algo de la manera en que ella lo desea. Suavizará su petición con frases tales como: "No crees...", "Tal vez sería mejor..." o "Podrías intentarlo de esta manera...". Esta tendencia a suavizar su poder para dirigir el comportamiento de él se valora en Venus, mas no en Marte. Para él, sus palabras suenan como si no estuviera segura. Él razona que es injusto que ella imponga su manera de pensar cuando se siente insegura y él no lo está.

También sus sugerencias amistosas pueden resultar ofensivas. Si requiere que él cambie su enfoque para hacer algo de la manera en que ella lo desea, es mucho mejor que sea directa. Al buscar su opinión, cuando su deseo está respaldado por su autoridad como gerente, sólo crea más estrés. En Marte, someterse a sus peticiones "suavizadas" da la impresión de que él acepta que la forma de ella es mejor que la suya. Para ayudarlo a salvar las apariencias, un gerente del sexo masculino no suaviza sus peticiones, sino que utiliza su autoridad y pide en forma directa. De esta manera, el empleado acata las órdenes porque ése es su trabajo y no porque su manera sea deficiente.

Un gerente masculino se relaciona con la necesidad marciana de salvar las apariencias y pide en forma directa a otro hombre que haga algo, en lugar de señalar que él tiene una mejor manera de hacerlo. Si una mujer hace valer su autoridad, debe ser directa, aunque de una manera agradable. Los hombres respetan la jerarquía. Si ella es la jefa, tiene ciertos derechos. Cuando minimiza su autoridad y da consejo útil como compañera de trabajo, pero más tarde requiere acatamiento, él se desconcierta. Éstos son algunos ejemplos:

EVITE SER INDIRECTA; NO DIGA	SEA DIRECTA Y DIGA
Probablemente sería mejor si hablaras con Sam antes de presentar ese pedido.	¿Hablarías con Sam antes de presentar el pedido?
¿No crees que sería mejor que terminaras esto antes de cambiar tu oficina?	¿Terminarías esto antes de cambiar tu oficina?
No estoy segura de que debas hacer esa cita. Creo que es el territorio de Richard.	¿Hablarías con Richard antes de hacer esa cita? Creo que ése es su territorio.
Tal vez deberíamos avisarles que no deseamos hacer estos cambios.	¿Les avisarás que no deseamos hacer estos cambios?
¿Podrías avisarle a Tom que no estoy interesada en ese programa?	Por favor, dile a Tom que no estoy interesada en ese programa.
¿Quisieras devolver esto por mí?	¿Devolverías esto por mí?
¿Crees que quizá podrías dejar de hacer eso?	¿Dejarías de hacer eso, por favor?

Si una mujer recuerda hacer peticiones directas, en lugar de hacer solicitudes "corteses" indirectas, logrará que un hombre se vuelva más receptivo. Estas sugerencias anteriores no son sólo para que las utilicen gerentes mujeres con empleados, pues son igualmente útiles para tratar con compañeros de trabajo, clientes y pacientes del sexo masculino. Los hombres aprecian siempre lo directo.

Para que las mujeres reconozcan que estos pequeños ajustes podrían ser muy importantes en Marte, veremos un ejemplo muy venusino. Imagine a un hombre de rodillas, pidiendo la mano de una mujer en matrimonio. En lugar de decir: "¿Te casarías conmigo?", él dice: "¿Puedes casarte conmigo?".

Incluso si ella ya desea casarse con él, esto le daría motivo para pensarlo un momento. En lugar de inspirar y motivar su corazón para que se abra, las palabras que él ha eligido crearán la respuesta contraria.

Se pierde mucho tiempo cuando un hombre y una mujer, en todos los niveles del lugar de trabajo, se ofenden mutuamente sin darse cuenta. Con un mayor conocimiento de las seis necesidades principales del sexo opuesto, usted tendrá una herramienta extra para alcanzar sus objetivos y ganar el reconocimiento, el respeto y la confianza que merece. Cuando los hombres y las mujeres en el lugar de trabajo se apoyan mutuamente con más efectividad, la tensión emocional disminuye mientras que la cooperación y la colaboración aumentan; el estrés disminuye y la productividad aumenta.

11 Sobresalga y destaque

El ambiente de trabajo es, en muchas formas, lo opuesto al ambiente familiar. En una familia las personas se ayudan mutuamente de acuerdo con sus necesidades. En el ambiente de trabajo, quizá sea necesario hacer negocios, pero esto no motiva a la gente para que compre sus productos o emplee sus servicios. Sólo porque necesita más dinero para pagar sus cuentas, no va a conseguir un empleo. Puede tener el talento, pero si no puede convencer a alguien más, no será recompensado. El lugar de trabajo no es una institución de beneficiencia. A usted lo recompensarán de acuerdo con los resultados que obtenga. Depende de usted asegurarse de que los demás estén conscientes de las habilidades que posee. Tal vez les agrade a las personas, pero si no conocen sus capacidades, no obtendrá el empleo.

Los hombres comprenden esto y se promueven siempre que les es posible. Un hombre busca formas para sobresalir más que otros y destacar entre la multitud. Esto resulta opuesto a la manera en que piensan las mujeres; ellas son más igualitarias y participativas.

Puesto que mejorar nuestros talentos especiales, habilidades y logros puede crear una sensación de división, en Venus las diferencias se expresan poco. Esta tendencia crea una gran desventaja para las mujeres en el lugar de trabajo, en donde los hombres y las mujeres con tendencias marcianas son los que principalmente toman decisiones.

Un hombre busca alguna forma para sobresalir más que otros y destacar entre la multitud.

Al comprender la forma en que los hombres perciben el poder y la capacidad, una mujer consigue una ventaja competitiva para asegurarse de tener las mismas oportunidades que un hombre. De la misma manera, un hombre obtiene una ventaja competitiva al comprender que las mujeres perciben de diferente forma el poder y la capacidad.

La percepción del poder

Cuando los hombres interactúan, siempre califican el nivel de capacidad de los demás. Por costumbre, un hombre sólo se concentra en el resultado final y éste siempre cambia. Se valora a sí mismo de acuerdo con ese objetivo y también lo valoran así los demás. Aunque esto parece cruel y despiadado, es un hecho de la vida. Así como a las mujeres se les juzga con frecuencia por su edad y apariencia, a los hombres se les juzga por su salario. Cuando una mujer informa a sus padres con quién desea casarse, una de sus primeras preguntas es: "¿A qué se dedica?".

Finalmente, todos merecen amor incondicional, pero en el lugar de trabajo todo es condicional. Si alguien desea el empleo, tiene que demostrar que puede desempeñarlo. El respeto en Marte siempre es de quien gana. Naturalmente, una empresa quiere a la mejor gente. El resultado final en el lugar de trabajo es que la capacidad gana respeto.

No obstante, la capacidad no resulta suficiente si no se conoce. No basta con tener el mejor producto en el mercado; tiene que enterar a los demás que usted cuenta con el mejor producto. Desde esta perspectiva, la mercadotecnia lo es todo. El poder en el lugar de trabajo no sólo incluye capacidad, sino que incluso es más importante la percepción de poder. Si los demás lo consideran poderoso, ha obtenido mayor poder para influir a otros.

En Marte, la percepción del poder gana el mayor respeto.

Por instinto, los hombres respetan y siguen a aquellos que perciben que tienen más poder. En Marte, el sentido de sí mismo de un hombre se define principalmente por su sentido de capacidad. Se enorgullece de su habilidad para solucionar los problemas o para llevar a cabo un trabajo. En la medida en que sus logros aumentan, los anunciará, junto con sus habilidades, en una variedad de formas, a veces sutiles y otras no.

En Venus, la capacidad es importante, pero la compasión, el interés, la integridad y otros valores más personales tienen precedencia. Como resultado, las mujeres no anuncian su capacidad, sino que se enorgullecen de su interés, bondad, responsabilidad, dedicación y deseo de servir. La introducción de estas cualidades en el lugar de trabajo lo convierten en un mejor sitio. Las mujeres tendrán más influencia en el medio laboral cuando aprendan a incorporar las formas marcianas de promover la capacidad.

En Venus, la capacidad es importante, pero la compasión, el interés, la integridad y otros valores más personales son más importantes aún.

Las mujeres tienden a ocultar las cualidades y los atributos que podrían generar el respeto de los hombres en el lugar de trabajo. Cuando una mujer no se promueve en forma activa, un hombre asume que no tiene nada que promover. A no ser que una mujer aprenda a sobresalir más que otros y a destacar entre la multitud, saboteará su éxito con los hombres.

En forma similar, cuando los hombres se promueven demasiado, construyen muros de resistencia en Venus. Los mismos atributos que hacen que los hombres sobresalgan pueden minimizar el respeto y la confianza que reciben de las mujeres. Éstas desean hacer negocios con alguien que dedique tiempo a reconocer su valor y considere sus necesidades. Un hombre puede sobresalir y destacar si equilibra su seguridad en sí mismo con una demostración igual de los valores venusinos. Al ser más sensibles respecto de lo que los demás sienten en su presencia, puede destacar más al crear mejores relaciones de trabajo.

Aprenda a atribuirse el mérito

Una mujer suele minimizar sus logros y atribuir su éxito a la buena suerte o a la ayuda de los demás; puede sentirse muy orgullosa de sí misma, pero no lo informa a los otros. No comprende la importancia de sobresalir por sí misma y destacar al atribuirse el crédito de sus logros. Alguien podría felicitarla por un gran trabajo que hizo y, en respuesta, ella diría: "Bueno, tuve mucha ayuda".

En este ejemplo, resta importancia a su papel para mantener una sensación de participación y relación con sus compañeros. Para sobresalir y destacar, una mujer necesita atribuirse el mérito de lo que hizo al decir algo como: "En realidad, también me siento muy orgullosa por esto. Cada vez resulta más fácil". En Venus, esto es lo último que haría, pues parecería arrogante, vana o "que se promueve demasiado". Con esta actitud fácilmente podría perder la aprobación de otras mujeres.

En Venus, fruncen el ceño y desaprueban cuando una mujer alardea sobre sus logros.

Es bueno agradecer a los demás cuando la recompensan por sus logros, pero sólo cuando resulta evidente que en realidad ella es la responsable. En el lugar de trabajo, al minimizar con humildad sus logros, una mujer crea una percepción en Marte de que no es tan competente. Al dar crédito *sólo* a otras personas por sus logros, hace que un hombre asuma que en realidad ella no es responsable de esos logros y dudará de la capacidad de esa mujer. Cuando ella acredita su éxito a la buena suerte, al menospreciar su talento superior, así como su capacidad y aplicación excelente, un hombre asumirá que en verdad no es competente, sino que sólo tuvo suerte. Cuando una mujer dice: "No merezco este reconocimiento, pertenece a mi equipo", un hombre podría tomar literalmente sus palabras. Una mujer la consideraría gentil.

Al sólo dar crédito a los demás por sus logros, una mujer hace que un hombre dude de su capacidad.

Las presentaciones de premios, beneficios extra, reconocimiento y juntas de revisión son una gran adición para el lugar de trabajo; permiten que las mujeres sobresalgan y destaquen libremente sin las preocupaciones de que sean percibidas como engreídas.

Los premios o beneficios adicionales son útiles, pero finalmente una mujer necesita desarrollar la habilidad para atribuirse el mérito siempre. En un mundo ideal, las personas reconocerían el valor y el beneficio de otros, pero ése no es el lugar de trabajo. Por una parte, una mujer necesita respetar sus valores instintivos venusinos, pero, por otra, requiere de atribuirse el crédito por sus logros, para demostrar su grado de capacidad.

A fin de mantener un sentido de humildad y reconocer su capacidad, una mujer puede dar las gracias a otras personas, pero *después* de atribuirse primero el crédito de alguna manera. Esto le permite sentir que incluye a los demás, pero que se concentra en su éxito. Por ejemplo, podría responder a un cumplido diciendo: "Yo también me siento orgullosa. Cada vez resulta más fácil. Sin embargo, no podría haberlo hecho sin el apoyo de los demás...". Al reconocerse primero ella, está en libertad para reconocer a los demás.

En el mundo de los negocios, para apoyar a los demás necesitamos que ellos sepan lo que tenemos para ofrecer. En una corporación, los que toman las decisiones y son responsables de las promociones necesitan su ayuda para determinar quién es mejor para un mayor nivel de responsabilidad. La consideran, pero si no acepta el crédito, alguien más lo hará y a ella no la verán. Con esta percepción, una mujer puede sentirse más cómoda al promoverse, pues, al hacerlo, también apoyará a quienes desea servir.

Una señal desde arriba

Cuando escribí *Los hombres son de Marte, las mujeres son de Venus* enfrenté este conflicto dentro de mí. No me sentía cómodo con los informes promocionales, pero eran una forma efectiva de sobresalir y destacar. Me parecía de mal gusto tener un mensaje hermoso y útil y luego abaratarlo al "anunciar" su efectividad. Parecía arrogante promover los beneficios increíbles de mis talleres. Oré varios meses para encontrar la solución a este dilema.

Recibí la respuesta durante unas vacaciones con mi esposa Bonnie y nuestra hija más joven, Lauren. Viajábamos en automóvil de California al Festival Shakespeare en Ashland, Oregon. Cuando llegamos nos encontramos con que estaban agotados los boletos para la función a la que deseábamos asistir, pero nos informaron que podíamos esperar hasta antes de la función para comprar los boletos a las personas que no los utilizarían. Cuando llegué treinta minutos antes de la función, había cuarenta personas con la misma idea.

Después de cinco minutos, se presentó alguien con boletos. Antes de que me diera cuenta, las personas que querían boletos lo rodearon por todas partes. Esto era desalentador. No deseaba pasar por encima de otros ni agobiar a nadie. Pensé que esto también sería muy incómodo para la persona que vendía los boletos. Continúe de pie ahí, sin saber qué hacer.

Cinco minutos después, noté que un hombre compraba boletos a otra persona que había llegado. Este hombre tenía un pedazo chico de papel que decía: "Necesito dos boletos para la función de esta noche de *Sueño de una noche de verano*". Estaba de pie, lejos de la multitud. Cuando llegó una persona que vendía boletos, en forma automática se dirigió hacia él.

Después del intercambio, el hombre se alejó. Me acerqué y le pedí su letrero. Cambié las palabras para conseguir tres boletos, me situé lejos de la multitud y esperé. En unos minutos se acercó a mí alguien que deseaba evitar a la multitud y venderme boletos; los compré, pero no eran los mejores asientos, por lo tanto, esperé y continué comprando más boletos, hasta que conseguí asientos realmente buenos.

Al empezar a comprar más boletos, un pequeño grupo de mujeres se mantuvo de pie junto a mí, con la esperanza de adquirir los boletos que yo no quisiera. Estas mujeres se mostraron muy aliviadas y agradecidas por conseguir esas entradas. En diez minutos, conseguí mejores asientos y vendí mis otros boletos. Me sorprendió que cuando fue aparente que conseguía los mejores asientos, nadie mostrara un letrero similar.

Cuando terminé, empecé a alejarme, pero nadie me pedía mi letrero. Me acerqué a una mujer y le ofrecí mi letrero. Se mostró muy agradecida. Me sorprendió que entre esa multitud de cuarenta personas, nadie más hiciera lo mismo o se sintiera cómodo sobresaliendo y destacándose. Al ofrecerle mi letrero, ella se dio permiso para sobresalir.

Tuvimos asientos excelentes para la función, pero lo más importante para mí fue que conseguí lo que buscaba. Mi oración fue respondida. Ahora reconozco el valor de la publicidad. Este evento me dio el permiso que necesitaba para destacar: a no ser que me responsabilizara de permitir que los demás supieran lo que tenía que ofrecer, no lo sabrían. Era mi trabajo poner mi letrero y, luego, de ellos dependería escoger y elegir lo que deseaban hacer.

Años después, regresé al Festival Shakespeare con Bonnie. En esta ocasión, más personas usaban letreros pequeños para sobresalir; sin embargo, para sorpresa mía, sólo era veinte por ciento. Todavía había una multitud deseosa de rodear al siguiente vendedor de boletos, a pesar de que la mayoría de los vendedores de inmediato se dirigía a las personas que traían letreros.

Permita que sus resultados hablen por sí mismos

Otro enfoque para permanecer humildes mientras se atribuye el mérito, proviene de Marte. Un hombre más humilde a menudo alardea de sus resultados, pero no de sí mismo. No dice: "Sí, hice un gran trabajo de nuevo", sino: "Hice un gran trabajo. El señor Parker está muy contento con los resultados". Al hablar de los resultados, puede atribuirse el mérito sin rebajar a nadie en el proceso.

Este enfoque resulta útil para las mujeres, pero ellas aún se sienten muy incómodas con la palabra "yo". Una mujer se siente más cómoda si utiliza "nosotros", incluso cuando ella sea la principal responsable de un logro. Cuando una mujer utiliza "nosotros" en lugar de "yo", esto resulta muy engañoso para los hombres. En Marte, con gusto aceptan el crédito por lo que pueden, y a ello se debe que cuando una mujer no toma el crédito o no alardea de sus resultados, los hombres erróneamente llegan a la conclusión de que es menos competente.

Cuando una mujer no se atribuye el mérito,
un hombre asume que es menos segura y competente.

Cuando una mujer trabaja con hombres, para sobresalir y destacar necesita practicar cómo atribuirse el crédito empleando la palabra "yo" y no la palabra "nosotros". Se requiere de práctica a fin de adularse y atribuirse el crédito sin parecer o sentirse arrogante. Al principio, resultará difícil y poco común, pero con la práctica será algo natural y fluido.

Una mujer o un hombre experimentarán beneficios inmediatos si practica atribuirse crédito frente a un espejo antes de ir al trabajo. Escriba primero una lista de los logros grandes y pequeños; luego, escriba cómo puede atribuirse crédito usando la palabra "yo", mientras enfatiza el resultado. Por último, practique unos minutos a atribuirse crédito en voz alta, de pie, erguido y con el pecho levantado. Debe practicarlo una y otra vez. Esto puede ser tan simple como pensar en un logro y decir en voz alta: "Hice un buen trabajo".

Otra versión de esta técnica es imaginar que otros reconocen y dicen que hizo un buen trabajo. Luego, en respuesta, diga en voz alta: "Tiene razón, hice un buen trabajo".

Cuando se sienta más cómodo al atribuirse el crédito en casa y en privado, otras personas en el trabajo le demostrarán más reconocimiento. Al enfocarse unos minutos al día en destacar y sobresalir, también empezará a notar todas las diferentes actitudes que toma para que no le presten atención.

En los ejemplos siguientes, fíjese que en el enfoque de Venus el énfasis está en "nosotros". En la segunda columna, note que en el enfoque de Marte el énfasis se encuentra en el resultado. El "yo" se menciona principalmente por claridad. Al enfocarse en el resultado, un hombre expresa cierto sentido de humildad, mientras sobresale y resalta. Lo que enfoca es el resultado de sus acciones y no él. En la tercera columna, ambos enfoques se combinan para crear un enfoque Marte/Venus. Al emplear este enfoque, las mujeres no se sienten ofendidas y una mujer puede obtener el reconocimiento y el crédito que merece de los hombres. Observe que en la tercera columna a menudo se usa primero "yo" y luego "nosotros".

ENFOQUE DE VENUS: COMPARTIR EL CRÉDITO	ENFOQUE DE MARTE: SE ATRIBUYEN EL MÉRITO Y ENFOCAN LOS RESULTADOS	ENFOQUE MARTE/VENUS: SE ATRIBUYEN EL CRÉDITO, COMPARTEN CRÉDITO Y ENFOCAN LOS RESULTADOS
Hicimos un gran trabajo.	En verdad estoy orgulloso de este trabajo. Sobrepasó mis expectativas.	Estoy muy orgulloso de este trabajo, pero no podría haberlo hecho sin la ayuda de mi equipo. Sobrepasó mis expectativas.
Realmente todos trabajamos mucho.	No creo haber trabajado nunca tanto, pero valió la pena. Es algo realmente bueno y muchas personas se beneficiarán.	En verdad trabajé mucho en este proyecto y tuve mucho apoyo de mi equipo. En verdad es bueno y muchas personas se beneficiarán.
Cambiamos el enfoque y ahora tenemos varias sucursales.	Puse en marcha un nuevo enfoque y ahora abriré varias sucursales para dar servicio a más personas.	Implementé un nuevo enfoque y ahora abrimos varias sucursales para atender a más personas.
Encontramos una mejor manera de hacerlo.	Encontré un nuevo enfoque y ahora estoy obteniendo mucho mejores resultados. Todos están contentos.	Encontré un nuevo enfoque y ahora estamos obteniendo mucho mejores resultados. Todos están contentos.
Henry estuvo de acuerdo y ahora tenemos el negocio.	Llamé a Henry y cerré el negocio. Ahora no habrá más retrasos y todos podrán avanzar.	Llamé a Henry y cerramos el negocio. Ahora no habrá más retrasos y todos podremos avanzar.

ENFOQUE DE VENUS: COMPARTIR EL CRÉDITO	ENFOQUE DE MARTE: SE ATRIBUYEN EL MÉRITO Y ENFOCAN LOS RESULTADOS	ENFOQUE MARTE/VENUS: SE ATRIBUYEN EL CRÉDITO, COMPARTEN CRÉDITO Y ENFOCAN LOS RESULTADOS
El proyecto está al fin terminado e hicimos un gran trabajo.	Pasé las tres últimas semanas terminando el proyecto y ahora parece fabuloso. De aquí en adelante habrá tranquilidad.	Pasé las tres últimas semanas terminándolo y ahora parece fabuloso. Hicimos un gran trabajo. De aquí en adelante habrá tranquilidad.
Implementamos un nuevo enfoque en San Diego y las ventas se duplicaron.	Desde que implementé un nuevo enfoque durante mi viaje a San Diego, dupliqué las ventas. Ahora todos podrán utilizar este nuevo enfoque.	Desde que implementé este nuevo enfoque duplicamos las ventas. Ahora todos podrán utilizarlo.
Al esperar una semana, logramos un mejor negocio.	Al esperarme una semana, obtuve un mejor negocio. Ahora nuestras utilidades aumentarán.	Al esperar una semana, obtuvimos un mejor negocio. Ahora nuestras utilidades aumentarán.

Otra actividad es hacer una lista de los logros obtenidos por usted para otra persona a quien admire o con quien trabaje. Finja ser esa persona y atribúyase el crédito. En ocasiones, resulta más fácil dar permiso a otros para que se atribuyan el crédito, que dárnoslo. Al actuar y ser otra persona ante el espejo, puede empezar a sentir que está bien.

Sus amigos desearán que se atribuya el crédito de sus éxitos y si no es así, no son sus amigos. El resultado final en los negocios es que sus clientes y gerentes deseen con claridad que se atribuya el crédito. Sea considerado con ellos, pues esto le conviene para destacar y sobresalir.

Cómo se lleva la cuenta en Marte

Los hombres de inmediato permiten que los demás conozcan sus logros, de la misma manera en que siguen las anotaciones en una actividad deportiva. En Marte, mencionar los logros no es un halago al ego, sino una forma de que los demás conozcan la capacidad de un marciano.

Al hablar de sus logros, un hombre no rebaja con arrogancia a los demás; simplemente permite que los otros conozcan los hechos para que tengan la seguridad de que pueden confiar en él, a fin de desempeñar el trabajo. En Marte, la humildad tiene más que ver con no rebajar a otros para elogiarse. Es una autoestima saludable resaltar, si sus resultados lo respaldan. En lugar de rebajar a otros, un marciano usa la lista de sus logros para alabarse. En su planeta, esto es una señal de humildad.

En Marte, la humildad tiene que ver con no rebajar a otros para alabarse.

Cuando un proyecto se termina, con frecuencia no está claro quién es más responsable del éxito; después de todo, muchas personas suelen estar involucradas. En forma errónea, las mujeres asumen que al trabajar más arduamente los demás notarán sus logros y los señalarán. Como desea parecer humilde, no se impondrá para conseguir más crédito. Una mujer no comprende que si no se atribuye el mérito, entonces alguien más recibirá el crédito que ella merece. A no ser que participe en señalar sus logros, no la tomarán en cuenta.

Las mujeres cometen el error de asumir que trabajar arduamente les servirá para que los demás noten sus logros y les den el crédito.

En el negocio del cine, los actores no eran tomados en cuenta; los estudios trataban de obtener todo el crédito. En forma gradual, las estrellas de cine se volvieron más importantes que las compañías; sin embargo, a los directores y los argumentistas aún no los tomaban en cuenta y lo que empezaron a hacer fue contratar a actores desconocidos que hicieron grandes películas. Cuando los actores no obtuvieron la atención automáticamente, los directores pudieron reclamarla. En general, los guionistas todavía no son tomados en cuenta, pero algunos ya están empezando a atraer más atención y crédito. Finalmente, el que obtiene el crédito es la persona que lo reclama con éxito y luego comercializa sus logros para que los demás los conozcan.

Cuando un actor o una actriz alcanzan el estrellato, es posible ver que el crédito no lo recibieron porque alguien pensó que la estrella lo merecía, sino que a través de sus agentes y administradores lo negocian. A menudo, obtener el crédito es una batalla que se pelea mejor antes del evento y no después. Ése es el propósito de los contratos. En Marte, el hombre recibe el crédito que negoció. Lo justo es lo que negocia. Su poder de negociación se basa en el crédito de los éxitos pasados.

En Marte, lo justo es lo que se negocia.

La autopromoción es la base de todos los programas de premios de la televisión. Al dar premios en público, las diferentes áreas de la industria del entretenimiento tienen oportunidad de cantar sus propias glorias. La asistencia al cine aumenta en forma automática después de que pasan al aire los premios de la Academia de Hollywood. Poco después, el precio de los boletos del cine aumenta otros cincuenta centavos.

En la actualidad, la televisión estadunidense está llena de programas de premios. Los oscares, los premios Grammy, Golden Globes, Emmy, MTV y VH1, Peoples Choice Awards, etcétera, son formas efectivas para que la industria del entretenimiento sobresalga y destaque. Al reconocer a los líderes en su industria, aumentan el conocimiento y la atención del público. De pronto, la gente los apoya.

En el lugar de trabajo, la percepción del éxito genera más éxito. En la medida en que las mujeres dedican más tiempo a promoverse, otros las perciben más poderosas y reconocen su capacidad.

Las mujeres y los hombres sabios envían reportes a sus jefes y gerentes para que ellos vean la correspondencia positiva de los compañeros de trabajo o los clientes. Se aseguran de tener la oportunidad de reportar las ideas y las sugerencias que generaron y también dedican tiempo para comunicarse con otras personas tanto a la hora de la comida como durante las funciones sociales. Ellos llenan su oficina con premios, certificados y fotografías tanto de los seres queridos como de eventos que los vinculan con un logro y, además, de ellos asociados con personas muy conocidas. Una fotografía vale más que mil palabras de apoyo, sin tener que decir nada.

El humor en Marte y en Venus

La tendencia masculina de impresionar y la tendencia femenina a rebajarse se observa en una variedad de sitios en el lugar de trabajo: desde una charla durante un descanso hasta las bromas casuales y los comentarios durante el día. En particular, resulta evidente en nuestra preferencia respecto del humor. Lo que suele ser divertido para un hombre, no lo es para una mujer, y cuando ella piensa que está siendo graciosa, un hombre quizá no se dé cuenta de que hay una broma de por medio. En Venus, las mujeres suelen mofarse de sí mismas en formas modestas para aligerar la situación, pero un hombre lo toma literalmente. En Marte, el humor incluye burlarse de otras personas ya sea de manera humillante o amenazadora, utilizando a menudo palabras obscenas. A las mujeres no les gusta esto porque lo toman literalmente.

El humor en Marte y en Venus es muy diferente. Los hombres tienden a rebajar a los demás, pero las mujeres tienden a rebajarse ellas mismas. El humor masculino hace que los hombres parezcan intimidantes ante las mujeres. El humor femenino hace que las mujeres parezcan incompetentes ante los hombres. Las mujeres y los hombres pueden quedar bien ante el sexo opuesto cuando ríen por sus bromas o, al menos, demuestran una actitud de aceptación que no desaprueba lo que se hace.

Si una mujer en realidad no aprecia el humor de un hombre, puede decírselo sin rebajarlo. Si él hizo una broma, necesita salvar las apariencias; en forma amistosa, ella puede reír entre dientes y decir algo que no desapruebe, como: "Ustedes los hombres son de Marte". Si ella lo toma a la ligera, no se ofende ni se siente excluida, él no la excluirá. Los hombres suelen reír con las bromas de otros hombres, pero en realidad no les parecen graciosas; sólo ríen un poco como una forma de salvar las apariencias y darle apoyo.

Nunca pida a un hombre que explique su broma. Si ella no la captó, él no lo tomará en cuenta. Éstos son algunos ejemplos de lo que ella no debe decir y de lo que sí puede expresar.

Cómo responder al humor masculino

NO DIGA CON SERIEDAD	PARA DECIR ESTO EN UN TONO DE BROMA
¿Por qué es gracioso eso?	No entiendo.
No me parece gracioso.	Vamos, detente.
Tu humor me ofende.	Hey, ya basta.
¡Eso no es gracioso!	¿Podemos cambiar el tema?
¡No me gustan tus bromas!	Hey, detente.
¡No puedo creer que hayas dicho eso!	Sólo bromeas, ¿no es así?

Finalmente, es el tono bromista el que da resultado. En realidad, puede emplear la primera lista y si utilizó un tono de broma con una actitud de aceptación, un hombre se sentirá bien y usted dirá un buen chiste. El secreto aquí es encontrar una voz que indique que no está herida ni ofendida por sus bromas y burlas.

Con este enfoque bromista y positivo, él se retractará, no porque la esté ofendiendo, sino porque capta la idea de que no aprecia usted el humor masculino. Recuerde, en Marte ofenderse es ofender.

Al aceptar y aprobar el humor masculino, una mujer se anota puntos extra con un hombre; sin embargo, para algunas mujeres esto resulta incómodo. Si en realidad desea que él se detenga, la clave es tomarlo a la ligera, pero no permitirle que vaya más allá. Elija un momento en que nadie más esté cerca y pídale directamente que no continúe.

Éste es un ejemplo: "Hazme un favor, ¿podrías dejar de hacer bromas cerca de mí? Sé que a algunas personas les parecen graciosas en verdad, pero a mí no. Gracias". No espere una respuesta, sólo asuma que él se esforzará y de una manera amistosa se retirará. Lo menos que usted diga o él diga, mejor. Esto le da a él la oportunidad de rezongar en su interior y, finalmente, cambiar su comportamiento. Si él inicia una gran discusión y defiende su humor, entonces será más difícil para él responder a la petición de ella.

Si él insiste, la mejor clave para usted es ignorarlo y no permitir que eso le afecte. Puede ser que tras algunas veces, a él se le olvide; al ignorarlo o al elevar los ojos bromeando, él se detendrá; tenga cuidado, no debe ser demasiado bromista o él se alentará para continuar con el intercambio humorístico.

Cuando las mujeres utilizan el humor masculino

Los hombres bromean con humor desafiando la capacidad mutua en un tono que dice: "Sólo bromeo". Un hombre podría decir: "No puedes hacer eso, eres un perdedor". Su amigo respondería: "Yo también puedo. Ni siquiera tienes una idea de lo que está sucediendo".

Para que una mujer tome parte en esta clase de diálogo humorístico, tiene que tomar todo a la ligera y no ofenderse por nada. Si se ofendiera por la broma de un hombre y respondiera: "¡Yo también puedo! Ni siquiera tienes una idea...", podría iniciar una discusión.

Si una mujer emplea las mismas palabras que utilizaría un hombre para hacer una broma, podría terminar insultándolo. No son sus palabras las que ofenden, sino el tono de su voz o su actitud. Si está resentida de alguna forma con un hombre o con los hombres en general, se arriesga a ofender.

Sarah, una agente de ventas, hizo un comentario en broma acerca de Larry, un compañero de trabajo. Expresó: "Los hombres nunca saben lo que hacen". Su tono fue desagradable y más tarde su jefe la reprendió en privado. Ella consideró que otros hombres hacían comentarios burlones degradantes sobre los hombres, ¿por qué, entonces, no podía hacerlos ella? El problema era que creía en lo que decía y los hombres lo captaban en su tono de voz.

Si Larry estuviera enojado con ella por algún otro asunto, esa broma habría empeorado la situación. Los hombres aligeran una situación con bromas sobre otro hombre, pero una mujer no puede hacerlo. Para comprender esta distinción, exploremos una situación similar.

Un comediante judío puede hacer bromas respecto de los judíos, porque es judío, mas no puede hacerlas un comediante que no lo sea. No es aceptable y resulta de mal gusto. De la misma manera, un hombre que hace bromas sobre hombres es aceptado por ellos, porque él es hombre. Si una mujer hace lo mismo, se vuelve un asunto muy diferente.

Un hombre que hace bromas sobre hombres es aceptado por ser hombre.

Cuando un hombre rebaja a los hombres en forma humorística, no se excluye. Si una mujer menosprecia a un hombre, como no es un hombre no se está incluyendo. Aun si emplea las mismas palabras, se aparta y parece decir que ella es mejor; si utilizara un humor de desprecio en relación con otras mujeres, los compañeros de trabajo captarían ese humor, pero las demás mujeres no lo apreciarían.

Así como las mujeres necesitan ser cuidadosas al utilizar el humor masculino con los hombres, de la misma manera los hombres necesitan reconocer que las mujeres suelen no apreciarlo. El hecho de hacer una broma menospreciando a alguien no parece gracioso en Venus. Para sobresalir en forma positiva, las mujeres deben evitar usar el humor masculino con los hombres, a no ser que les resulte fácil hacerlo y obtengan un resultado positivo con ello. De igual forma, si los hombres desean que las mujeres los respeten, deben evitar utilizar el humor masculino frente a ellas, a no ser que sea muy evidente que lo aprecian.

Comprenda el humor femenino

El humor femenino es retraído. En Venus no es gracioso menospreciar; sin embargo, una mujer puede menospreciarse. Al hacerlo de una manera bromista, la afinidad se fortalece, porque otras mujeres no sienten que ella se considere mejor. Las mujeres comúnmente se menosprecian y ríen de ello; los hombres lo toman en serio.

Un hombre no comprende que una mujer sólo está bromeando y toma sus palabras literalmente. En un momento, el concepto que tiene sobre ella puede cambiar. De pronto, ella parece menos competente que antes. Así como un hombre puede parecer de pronto desconsiderado al hacer una broma que menosprecie, un hombre considera de pronto incompetente a una mujer cuando ella se rebaja.

En Venus, el humor reservado es sólo una forma bromista en que las mujeres exageran sus sentimientos, para liberar el estrés y conectarse. A menudo, una mujer hace esto al contar una historia de su vida. Habla con gran detalle respecto de un problema que no pudo solucionar y todas las mujeres ríen y comparten sucesos similares.

Con esta percepción, los hombres pueden reconocer que cuando las mujeres se menosprecian, no toman esto de una manera literal. Las mujeres pueden reconocer que a no ser que un hombre comprenda el humor venusino, él pensará que ella está anunciando su incompetencia.

Cuando un hombre usa el humor femenino y se rebaja, puede recibir una sorpresa. En lugar de que una mujer se ría, quizá asienta con la cabeza y esté de acuerdo con él. Si ella experimenta algún conflicto de resentimiento o de frustración no resuelto, en forma automática éste se desencadenará y, de pronto, todo el ambiente cambiará. Ella puede recordar las ocasiones en que él cometió errores y no lo reconoció. Si él comenta en broma: "Olvidé por completo lo que debía decir", en lugar de obtener una respuesta cálida y amistosa, puede conseguir una mirada severa y que ella diga: "Sí, así sucedió".

Éstos son algunos ejemplos de cómo difieren el humor masculino y el femenino. Con un mayor conocimiento sobre cómo puede interpretarnos el sexo opuesto, lograremos hacer elecciones más sabias para determinar cómo sobresalir y destacar por medio del uso del humor.

HUMOR MASCULINO	HUMOR FEMENINO
En verdad eres estúpido.	Fui tan estúpida.
Oh, madura.	No puedo creer que hice eso.
No puedes hacer eso.	No hay forma en que yo pueda hacer todo eso.
Estás en la luna.	Estaba tan avergonzada, que no tenía idea de qué decir.
¡Bobalicón!	Olvidé por completo lo que tenía que hacer.
Dices tonterías.	Lo arruiné por completo.
Esto es demasiado difícil para ti.	Quedé como una idiota.
No sabes lo que estás diciendo.	Nadie tenía idea respecto de lo que yo decía.
No te creo.	Hablé y hablé y olvidé por completo preguntar sobre su hija.
Oh, habla el señor Sabelotodo.	Estaba tan asustada, que pude haber mojado mi ropa interior.
¿Quién te nombró el líder?	Estaba totalmente perdida. Llegamos dos horas tarde.
Te odio.	Me odiaron. Me sentí totalmente desilusionada.

Él tiene la noticia y ella el rumor

Los hombres suelen tratar de sobresalir al saber lo que sucede en el mundo exterior, mientras que las mujeres buscan sobresalir al conocer lo que sucede en el mundo interior. Cuando los hombres charlan, con frecuencia hablan sobre deportes, negocios, el clima y las noticias. Un hombre o una mujer obtienen más respeto y reconocimiento entre los hombres si están bien informados sobre los acontecimientos actuales.

Pero, al hablar sólo sobre las noticias, un hombre pierde la oportunidad de fortalecer su conexión con una compañera de trabajo. Al no compartir algunos detalles respecto de su vida o al no hacerle más preguntas personales, ella puede sentir que no se interesa por ella. Así como un hombre no desea quedarse sin estar al corriente de las últimas estadísticas en el beisbol, una mujer no desea perderse de escuchar los detalles sobre la vida personal de otra o compartir los de su vida.

Un hombre se anota una buena puntación cuando comparte algunos detalles respecto de su vida personal.

Generalmente las mujeres están al tanto de las murmuraciones. Saben lo que sucede en la vida personal de la gente de las personas que les interesan. Al compartir y guardar secretos personales, se crea mayor afinidad entre las mujeres. La charla con mujeres sobre asuntos personales fortalece las relaciones de trabajo.

Cuando los hombres escuchan a las mujeres hablar sobre asuntos íntimos, suelen asumir que ellas están perdiendo el tiempo y esparciendo negatividad. Para él, hablar respecto de detalles personales de su vida o de la compañía es una amenaza para su éxito. Ante un hombre, las murmuraciones de una mujer no sólo la hacen parecer ineficiente, sino que también la convierten en una amenaza.

Cuando los hombres escuchan a las mujeres hablar de temas personales en el lugar de trabajo, lo consideran una pérdida de tiempo o piensan que eso afecta el éxito de la compañía. En Venus puede ser una discusión inocua sobre detalles personales para liberar la tensión y compartir empatía, pero en Marte suena como si ella diera a sus competidores y a sus enemigos más información para atacarlo a él o para usarla en su contra. En Marte, los fracasos, las debilidades y las faltas de carácter de un compañero de trabajo o de un gerente deben mantenerse en privado. En el mundo del trabajo competitivo, esta información puede utilizarse contra alguien.

Al discutir los fracasos y las debilidades de los compañeros de trabajo, un hombre o una mujer pueden ser considerados como una amenaza.

En el lugar de trabajo marciano, los hombres no desean saber los problemas personales de usted, ni que usted conozca los de ellos. Un profesional está ahí para servir a los demás. Cuando se introduce la vida personal en la ecuación, ya no está sirviendo completamente al cliente, pues ahora él tiene que considerar sus necesidades y no desea eso. Pretende establecer una relación de negocios limpia, sin ataduras. Usted paga por lo que recibe y siempre puede esperar que lo obtendrá.

Los profesionales son capaces de desempeñar su trabajo sin importar cómo se sientan ese día.

Si las mujeres no tuvieron la oportunidad de satisfacer sus necesidades personales fuera del lugar de trabajo, el ser profesional hace que se sientan como si llevaran puesta una camisa de fuerza. Algunas mujeres se sienten de esta manera porque no dedican tiempo a crear una vida personal fuera de la oficina con el fin de alimentar sus necesidades emocionales.

La charla resulta útil para disminuir la tensión, tanto para los hombres como para las mujeres, pero demasiada charla en el lugar de trabajo enoja al sexo opuesto. Para dar la impresión correcta y poder sobresalir y destacar como una persona competente, es mejor elegir en forma sabia cuándo y cuánto tiempo dedicar a ese menester.

Cómo hacer preguntas y salvar las apariencias

Sin saberlo, una mujer puede generar resistencia en el ámbito laboral por la forma en que pide ayuda. Una mujer, en cualquier nivel del lugar de trabajo, intenta participar al preguntarle a un hombre lo que opina sobre un problema particular. Él, erróneamente, llega a la conclusión de que ella busca que él le solucione el problema; no reconoce que pide su ayuda sólo para crear una sensación de participación y conexión. Ella no desea que él le solucione el conflicto, si lo hay; lo que busca es su participación en el proceso de solución de dicho problema.

En esta situación —debido a que él malinterpreta sus intenciones—, si ella no está de acuerdo o no sigue su consejo, él puede resentir que lo hizo perder el tiempo. Una mujer gerente puede pensar que crea espíritu de equipo y una sensación de colaboración al preguntar a un empleado lo que piensa, pero entonces no resulta como lo espera y él no se siente apoyado. Los sentimientos de él pueden ser similares a esto:

> Si deseas mi consejo, no te des la vuelta y me digas que está mal. En primer lugar, no tienes la respuesta y tú me buscaste y, encima de esto, presumes que sabes lo que está mal en relación con mi respuesta. No sólo me haces perder el tiempo, sino que continúas perdiendo el tiempo al decirme con gran detalle por qué no te gusta mi respuesta. Como piensas que sabes más que yo, no te molestes en pedir mi ayuda en primer lugar.

Es claro que esta clase de marciano no conoce ni aprecia el valor de la participación o de la colaboración. Después de experimentar varias veces esta clase de reacción, las mujeres se frustran y los hombres las dejan perplejas. Una mujer llega a la conclusión de que sólo tiene dos opciones: hacer lo que él sugiere y salvar una relación de trabajo o hacer lo que ella desea y explicarle por qué no eligió su consejo. La primera opción no funciona para ella y la segunda no funciona para él. Desde la perspectiva de la mujer, pedir ayuda y apoyo es una proposición "sin salida". Existe otra: ella puede aprender a ayudar a un hombre a salvar las apariencias. Si no está de acuerdo con su consejo —para ayudarlo a salvar las apariencias— puede hacer un comentario simple a fin de apreciar su consejo y evitar una gran discusión. El hecho de entrar en detalles sobre por qué no empleará sus ideas, resulta muy desagradable para él.

Entrar en detalles sobre por qué ella no utilizará sus ideas, resulta muy desagradable para un marciano.

En algunos casos, todo lo que ella necesita decir es: "Buena idea, gracias". En otras situaciones, cuando dio la impresión de que ella indicó que dependía de su ayuda, puede necesitar aclarar más que no usará su idea. Podría decir: "Eso tiene sentido. Me ayuda mucho para saber lo que necesito hacer".

Este enfoque permite que él sepa que aprecia su ayuda, pero aún se encuentra en el proceso de determinar una respuesta. De esta manera, no se eleva demasiado para luego caer, cuando ella no hace lo que él sugirió.

El arte de salvar las apariencias es instintivo entre los hombres, pero las mujeres suelen no comprenderlo.

Cuando usted solicita a un hombre una solución, él se siente muy adulado. Asume que usted no tiene la respuesta y que se acercó a él porque lo considera un experto. Con cierto orgullo, él se pone su sombrero del señor Arréglalo y da una solución. Después de que él da su respuesta, una mujer tiene dos opciones: que le guste la respuesta y responda con aprecio, o que no le guste la respuesta y no planee utilizarla.

En este segundo caso, otro hombre ayudaría al señor Arréglalo a salvar las apariencias. Evitaría iniciar una gran discusión sobre por qué no usará su sugerencia; en cambio, hará un comentario casual como: "Ésa es una buena idea, gracias". Con este comentario, que salva las apariencias, permite que el señor Arréglalo sepa que aprecia su tiempo, aunque tal vez no utilice su idea. El hecho de que no la empleará queda implícito, pero no se especifica en forma directa.

Con frecuencia, antes de pedir ayuda, un hombre indica con el tono de su voz y actitud que busca ayuda. Podría decir: "Ya hablé con otros expertos y me pregunto lo que piensas tú". De esta manera, no eleva demasiado al señor Arréglalo, en caso de no seguir su consejo.

En una variedad de formas, un hombre que busca ayuda dará la impresión de que básicamente sabe qué hacer, pero necesita un poco de ayuda u otra perspectiva, antes de decidirse. Podría decir: "Dame algunas ideas; ¿qué harías en esta situación?".

A no ser que un hombre esté listo para hacer lo que le sugieren, no diría: "¿Qué piensas que *debería* hacer?". Las mujeres no se dan cuenta de esto. Al pedirle sus sugerencias y luego no seguir sus indicaciones, una mujer, sin saberlo, hace que un hombre se sienta frustrado.

Para ser preciso, un hombre no se frustra porque ella no haga lo que él dice. Su frustración se debe a que lo consideren un experto y luego no lo traten como tal. Si contrata a un experto para que vuele de un lado a otro del país con el fin de visitar su empresa y le paga diez veces más de lo que los demás ganarían, al menos tratará de hacer lo que él sugiere, antes de asumir que usted sabe más. No presumiría que sabe más. Generalmente, un hombre no exige que lo trate como a un experto, pero si parece que usted lo considera como tal, se enojará cuando no lo trate así.

Para evitar esta fricción, una mujer no tiene que hacer lo que sugiere un hombre. Debe tener cuidado de no elevarlo rebajándose ella. Cuando ella dice: "No sé qué hacer", es aun un insulto mayor si luego corrige lo que él piensa. Desde la perspectiva de él, si ella primero se rebaja en la escala de la experiencia en relación con un problema, luego lo coloca por debajo de ella al rechazar su consejo o corregirlo.

Al revisar la siguiente tabla, es obvio lo insultante que pueden ser los comentarios de una mujer cuando responde al consejo de él no estando de acuerdo o dando a entender que sabe más que él. En la primera columna, exploraremos qué no decir; en la segunda, una mujer puede efectuar un cambio pequeño para que no lo eleve y luego venga la caída, y en la tercera, sugiero formas en las que ella podría permitirle salvar las apariencias si no planea utilizar su consejo.

QUÉ NO DECIR	UNA MEJOR MANERA DE PEDIR AYUDA	UNA FORMA DE AYUDAR A SALVAR LAS APARIENCIAS CUANDO NO ESTÁ DE ACUERDO
No tengo idea de lo que debo hacer. ¿Qué crees que debería hacer?	Éste es un problema difícil. ¿Qué harías tú?	Gracias, me siento más aliviada. En verdad fue muy útil para mí saber lo que debo hacer.
No se me ocurre qué debemos hacer. ¿Qué crees que debería hacer?	Creo que me falta algo aquí. ¿Cómo enfocarías esto?	Gracias, eso tiene sentido. Creo que ahora estoy un paso más cerca de la solución.
Me da mucho gusto que estés aquí, pues en verdad necesito tu ayuda. ¿Qué crees que deberíamos hacer?	Me da mucho gusto que estés aquí. ¿Qué harías en esta situación?	Gracias por tu apoyo. Creo que ahora podré tomar una mejor decisión.
Estoy totalmente perdida. ¿Qué crees que debería hacer?	Estoy dedicando demasiado tiempo a esto. ¿Qué harías si...?	Gracias, otra perspectiva en verdad ayuda a estimular algunas nuevas ideas para solucionar este problema.
No sé lo que deberíamos hacer. ¿Me ayudarías?	Todavía no soluciono este problema. Desde tu perspectiva, ¿qué harías?	Ésa es una buena idea. Creo que ahora tengo más clara la dirección que deseo tomar.
Estoy muy confundida. ¿Qué crees que debería hacer?	Aún me encuentro en el proceso de solucionar este problema. ¿Qué harías tú?	Es una gran sugerencia. Creo que ahora estoy más preparada para decidir lo que voy a hacer.
Esto se encuentra fuera de mi alcance. ¿Qué crees que debería hacer?	Busco otras perspectivas. ¿Cómo enfocarías este problema?	Gracias, nunca habría pensado en eso. En verdad es útil tener un punto de vista diferente.

Al revisar periódicamente las diferentes percepciones de este capítulo, los hombres y las mujeres pueden asegurarse de que están sobresaliendo y destacando para causar la impresión adecuada. Una mayor comprensión de las diferentes formas en que los hombres y las mujeres se interpretan mutuamente les permite contar con la habilidad y el ánimo para expresarse con seguridad. Al saber cómo responderán los demás, les permite elegir la manera de expresarse mejor para alcanzar sus objetivos personales en el lugar de trabajo.

12 Anotación de puntos en el lugar de trabajo

Un hombre obtiene una buena puntación en el lugar de trabajo cuando hace algo que demuestra su capacidad y su habilidad. Cuando se impone y tiene éxito, se anota más puntos, pero si fracasa pierde puntos. Cuando cierra un negocio, desarrolla un plan exitoso, logra un objetivo, gana dinero, termina un proyecto o supera un desafío, consigue puntos de acuerdo con la importancia del objetivo, el dinero que ganó o qué tan grande fue el desafío que superó. Si se trata de un logro pequeño, gana menos puntos. Si es un fracaso pequeño, pierde pocos puntos. De esta manera, los hombres se valoran y aprecian a los demás de acuerdo con su capacidad y sus logros.

En Venus, las mujeres se anotan puntos de diferente manera. Una mujer anota muchos puntos si hace cosas que demuestren su interés, consideración y dedicación. El éxito no se mide cuán grande es un gesto de apoyo, sino por la consistencia. No es el tamaño lo que cuenta, sino cuánta consideración personal se da. En Venus, obtienen puntos sólo por intentar. No es el resultado lo que cuenta, sino el pensamiento, la consideración o la intención detrás de una acción. En dicho planeta, la capacidad y el logro no son los objetivos principales.

En Venus, la calidad de sus relaciones de trabajo determina el respeto y la admiración que dan las mujeres.

Para que un hombre tenga éxito al tratar con las mujeres necesita tomar en consideración la forma en que ellas se anotan puntos. Las mujeres sólo dan un punto por cada consideración, sin importar si es grande o pequeña. En términos prácticos, esto significa que deben realizar muchas cosas pequeñas; si un hombre, en cambio, hace algo grande, no importa cuán grande sea el resultado final sólo será un punto. Si el marciano ignora la relación de trabajo, con facilidad perderá la oportunidad de anotarse diez puntos.

Las mujeres sólo otorgan un punto por cada expresión de consideración, sin importar si ésta es grande o pequeña.

En el lugar de trabajo es muy común que un gerente varón llegue allí para volver más eficiente a una compañía y ofenda completamente a todas las mujeres. Pronto, ellas dejarán la compañía o se negarán a trabajar con ese hombre. Aunque quizá él haga más eficiente a la compañía, al no anotarse puntos con las mujeres creará tensión que irá en aumento, lo que limitará la productividad y la satisfacción del trabajo. Cuando los hombres trabajan con mujeres pueden ser mucho más efectivos si recuerdan adquirir puntos al establecer una relación de trabajo considerada y respetuosa.

En ventas, cuando se trata con mujeres, es evidente que la calidad de la relación es lo que cuenta. Veamos un ejemplo:

Larry es un representante de ventas de productos para la salud. Sus productos eran buenos, pero otros representantes vendían productos similares. Cuando conoció a Jackie, que es una compradora, se enfocó en establecer una buena relación de trabajo, en lugar de apresurarse a recalcar los beneficios de sus productos sobre otros. Se mostró animado, positivo, interesado en las experiencias de ella y no presionó. Hizo preguntas y la conoció un poco más. Cada vez que él asentía con la cabeza o se relacionaba con ella de alguna manera, se anotaba puntos.

Jackie no estaba muy interesada en adquirir nuevos productos, pero apreció el interés que mostraba en sus necesidades y experiencias con sus productos, en lugar de tratar de imponerle los propios. Durante su conversación, ella hizo una pregunta para la que él no tenía respuesta. Al día siguiente, él le dejó un mensaje con la respuesta. Cuando regresó la siguiente vez, en lugar de ir directamente al punto, charló e hizo algunas preguntas. Indagó sobre sus hijos y si habían tenido unas buenas vacaciones; también hizo notar que el cabello de Jackie había cambiado. Simplemente comentó: "Noté que cambiaste tu cabello. Se ve bien". Cada uno de estos pequeños detalles le anotó puntos con Jackie.

Ahora, Jackie siempre lo ve cuando él llega. Después de unas visitas más, ella empezó a ordenar más productos de Larry. Jackie lo prefirió sobre otros representantes de ventas porque juntos desarrollaron una relación de trabajo basada en el interés y la confianza. Incluso aunque ella esté realmente ocupada, siempre dedica tiempo para verlo cuando llega.

Cuando un hombre no comprende la importancia de la charla o de los pequeños gestos de apoyo, se enfoca en lo que puede hacer para que una mujer solucione su problema o en proporcionar el mejor producto con el mejor negocio. Esta clase de apoyo resulta importante para ella, pero sólo le anota un punto. En otras palabras, llamarla al día siguiente anota tantos puntos como tener una buena respuesta a su pregunta. El hecho de hacer una pregunta y recordar el nombre de sus hijos anota tantos puntos como ahorrarle veinte por ciento en un pedido. Al enfocar su atención en hacer "cosas pequeñas para demostrar interés y consideración", un hombre puede anotar muchos puntos en su relación con una mujer.

Anotación de puntos en Venus

Hay una variedad de formas en las que un hombre puede anotarse puntos con las mujeres en el lugar de trabajo, sin tener que hacer más de lo que ya está haciendo. Es sólo una cuestión de redirigir la atención y la energía que ya está dando. La mayoría de los hombres ya tiene conocimiento sobre muchas de estas cosas, pero no se preocupa por llevarlas a cabo, porque no le anotan muchos puntos en Marte. Cuando un hombre comprende lo importantes que son en Venus, se siente más motivado a hacerlas. En realidad, son bastante fáciles. ¿Qué hombre no disfruta obtener puntos haciendo algo sencillo?

Si comprende este punto, es como descubrir un cofre del tesoro en su patio trasero. Sin tener que hacer más, un hombre puede lograr una gran diferencia en el lugar de trabajo. Al enfocarse en las cosas pequeñas, puede causar un impacto mucho mayor.

Al hacer más cosas pequeñas, un hombre causa un mayor impacto en el lugar de trabajo.

Una forma de comprender la necesidad de seguridad de una mujer, anotando muchos puntos con gestos pequeños, es comparando esta necesidad con el requerimiento de gasolina de un automóvil: el vehículo necesita gasolina; usted puede llenar el tanque y, después de que la gasolina se utilice, llenarlo de nuevo. En forma similar, se llena el tanque de apoyo emocional de una mujer, pero luego se consume. Su tanque se vacía al hacer muchas cosas pequeñas por los demás. Cuando un hombre hace cosas pequeñas que indican que la considera, la comprende, la respeta, la valora y la incluye, el tanque de ella se llena de nuevo y tiene la seguridad de que es apoyada y de que la seguirán apoyando. En lugar de resistirse a esta diferencia, un hombre sabio aprende a hacer lo que ella requiere y disfruta los beneficios de lograr lo que él desea.

La siguiente lista contiene 101 pequeñas formas en las que un hombre puede llenar el tanque emocional de una mujer. Ésta no es una lista de reglas que debe seguir un hombre o hacer cada día, sino una lista de revisión de las cosas pequeñas que puede olvidar hacer, para recordar incluirlas en el tiempo y el lugar apropiados.

La mayoría de estos gestos anota también puntos con los hombres. La diferencia es que para los hombres esto no importa tanto como realizar el trabajo.

101 formas para anotar puntos con una mujer

1. Dé un saludo personal y emplee el nombre de ella cuando llegue a la oficina, en lugar de hacer primero una pregunta de negocios.

2. Pregunte a una mujer acerca de su familia o de su vida personal. "¿Cómo estuvo tu viaje de fin de semana?"
3. Note cuando ella se ve particularmente bien y reconózcalo con un cumplido no sexual.
4. Observe los cambios en la oficina y en el ambiente en general y coméntelos.
5. Emplee el nombre de ella cuando hable y recuerde los nombres del esposo o novio, y de los hijos.
6. Reconozca que con frecuencia las mujeres son más sensibles a su medio de trabajo y haga algo para que éste sea más agradable; por ejemplo, lleve flores frescas a la oficina.
7. Ofrézcase a ayudar cuando ella mueva algo pesado.
8. Note cuando ella parece estresada o abrumada y ofrézcale un comentario de empatía como "Hay mucho que hacer" o "¡Qué día!".
9. Note cuando se corte el cabello y haga un comentario de que luce realmente bien.
10. Haga algunos cumplidos en relación con el trabajo de ella.
11. Haga preguntas específicas sobre su día, que indiquen conocimiento de lo que ella está haciendo.
12. Envíele un correo electrónico o un recorte de periódico relacionado con lo que ella está trabajando o con algún interés que ella tenga.
13. Note cuando parece cansada y ofrézcale un vaso de agua o recomiéndele con amabilidad que tome un descanso. A las mujeres les gusta que los demás noten cuando están cansadas o tienen trabajo excesivo.
14. Emplee preguntas abiertas. En lugar de preguntar: "¿Terminaste ese proyecto?", diga: "¿Cómo vas con ese proyecto?".
15. Note cuando usted habla más y entonces practique escuchar más y hacer más preguntas, antes de realizar un comentario en respuesta a lo que ella está diciendo.
16. Cuando ella se rebaje o minimice su logro, de inmediato anímela y déle crédito por lo que hace.

17. Resista la tentación de solucionarle sus problemas; en cambio, trate de dar más empatía y pregúntele lo que planea hacer. No suponga que ella desea su consejo.
18. Tenga reuniones privadas ocasionales para dar y recibir retroalimentación. Sin importar si usted es un gerente, un compañero de trabajo o un empleado, asegúrese de preguntar: "¿Cómo puedo ayudar más?" y luego trate de escuchar más y de no explicarse. Déle tiempo para que hable.
19. Cuando una mujer habla, tenga cuidado de no mirar su reloj. Si en realidad tiene que hacerlo, sea muy discreto. Si necesita terminar la conversación, sea franco; en lugar de enviar mensajes sutiles, podría decir: "Discúlpame, estoy retrasado para una cita. Terminaremos esto después".
20. Sorpréndala haciendo algo que le dé apoyo y que ella no espere. Las mujeres realmente aprecian un poco de apoyo en momentos en que no lo esperan. Por ejemplo, lleve papel extra para la impresora de ella, aunque ése no sea su trabajo y ella no lo haya pedido.
21. Después de unas vacaciones, llévele un pequeño regalo o envíele una tarjeta postal a la oficina. Esto la hará sentirse incluida en la vida de usted.
22. Lleve fotografías de una ocasión especial en la vida de usted para mostrárselas. Pueden ser de unas vacaciones o de los logros de sus hijos.
23. Demuestre interés en el talento de los hijos de ella y en las actividades escolares de éstos. Vea la actuación del hijo de ella en una obra o asista a un evento deportivo en el que participe.
24. Invítela a participar en eventos especiales de su vida o de sus hijos.
25. Invítela a cenar a su casa; allí deben estar su esposa y sus hijos.
26. Inclúyala en conversaciones de discusión en grupo. Hágala más comunicativa preguntándole lo que piensa o lo que le gustaría sugerir.

27. Llámela para avisarle si llegará tarde a una cita.
28. Si ella proviene de otra ciudad, asegúrese de recomendarle lugares de interés o buenos restaurantes para que los visite. Si no pide ayuda, no asuma que no apreciará esto.
29. Emplee superlativos para adularla personalmente o su trabajo. En lugar de: "Buen trabajo", diga: "Éste es en verdad un excelente trabajo".
30. Al responder a su petición, en lugar de decir: "No hay problema", trate de decir: "Es un placer". Este toque personal implica interés y consideración.
31. Avísele con anticipación cuando planee ausentarse. Esto la ayudará a pensar cómo conseguir ayuda extra si la necesita. Cuando un hombre dedica tiempo a preparar a una mujer para un cambio, ella sentirá que él es sumamente considerado.
32. Cuando usted haga un trabajo especial, avísele que se encargará de limpiar después y luego asegúrese de hacerlo.
33. Cuando cambie planes, inclúyala en el proceso de toma de decisiones para que no sienta que la deja fuera.
34. Cuando un hombre esté en la cueva, debe reconocer que una mujer puede sentirse excluida o rechazada. Con este conocimiento, trate de ser más amistoso y recuerde saludar y despedirse.
35. En un lugar de trabajo donde los papeles están claramente definidos, de vez en vez ofrezca desempeñar uno de los pequeños trabajos de ella. Cuando parezca cansada o abrumada, es el momento de que sepa que no está sola.
36. Cuando ella haga una petición que puede realizarse en unos minutos, efectúe este trabajo de inmediato. Incluso si no es urgente o primordial, ella sentirá que la considera como una persona importante.
37. Cuando ella trabaje durante la hora de la comida, ofrezca llevarle una ensalada o un sandwich.
38. Invítela a comer con usted o con el grupo con el que se reúne.
39. En ambientes casuales, adúlela por su apariencia, pero en ambien-

tes formales, cuando los hombres se presentan de acuerdo con sus credenciales y logros, no mencione su encanto o buena apariencia. Introdúzcala de acuerdo con sus credenciales y logros de trabajo.

40. Muéstrese ligero y modesto respecto de sus propios errores. Asegúrese de que su humor no tenga contenido sexual o que no la rebaje a ella o a otras personas.
41. Cuando ella cometa errores, haga un gesto que le dé seguridad. Si ella dice: "No creo que pueda terminar ahora", opine: "Lo terminarás".
42. Valide sus sentimientos cuando esté molesta. Si ella dice: "Esto es demasiado difícil", usted puede comentar: "Ha sido un día largo", pero nunca diga: "Por eso lo llaman trabajo".
43. Note cuando ella esté cansada, ocupada o abrumada y ofrézcale regresar en otro momento. "Veo que éste no es un buen momento. Te llamaré y nos reuniremos más tarde."
44. Trate de crear barreras de tiempo; si surgen desafíos inesperados, usted tendrá suficiente tiempo para tratar los problemas y ella no se sentirá más presionada.
45. Cuando una mujer pide ayuda, usted debe comprender que solicitar ayuda es difícil en su planeta. Es probable que haya esperado mucho tiempo para pedirla. Si es posible, diga "Seguro" sin investigar si ella en realidad la necesita.
46. Cuando una mujer se queja, no la interrumpa. Antes de responder o explicar algo, repita lo que ella dijo con una voz positiva: "Estás diciendo que...". Al hacer esto con un tono positivo, ella tiene la seguridad de que puede confiar en él y de que fue escuchada.
47. Cuando planee irse, avísele. Las mujeres se sienten incómodas si los hombres desaparecen sin decir nada.
48. Cuando tome un vaso de agua o un café, ofrézcale uno a ella.
49. Cuando una mujer hable, voltee usted el cuerpo para quedar frente a ella y no trate de hacer nada más al mismo tiempo. Evite mirar hacia arriba o alrededor cuando ella esté hablando.

50. Haga contacto visual mientras ella habla o cuando le estreche la mano. No la mire a los ojos, pero vea en dirección de su rostro. Los hombres a menudo apartan la mirada y pierden la oportunidad de obtener un punto fácil.
51. Pregunte a una mujer lo que tiene que hacer aún. Las mujeres suelen sentir alivio sólo al comunicar a alguien lo que les falta por hacer. Esto las ayuda a organizar sus pensamientos y disminuye el estrés. Evite decirle lo que debe hacer. Si hay algo que usted puede hacer con facilidad para ayudar, dígalo, pero sólo después de que ella termine de hablar.
52. Cuando un hombre sale de la oficina para hacer una entrega o recoger algo, puede preguntarle a ella si hay algo que pueda traerle. Esto genera una sensación de cooperación y de compartir.
53. Esté al tanto de su salud. Si ella estuvo enferma, asegúrese de preguntarle cómo se siente. Si sabe que está ausente por enfermedad, puede llamar para saber cómo está y sugerir un consejo de salud como: "Asegúrate de beber mucha agua".
54. No la abrume con sus problemas personales, aunque a las mujeres les guste compartir los detalles íntimos. Una vez que haya compartido sus problemas, ella puede empezar a preocuparse por usted.
55. No la coloque en una posición incómoda al rebajar a una de sus amigas en su presencia o al contarle secretos que no puede comunicar a una de sus amigas.
56. No le pida hacer mucho más. Aunque ella puede parecer agradable, a menudo las mujeres resienten que se espere que hagan más.
57. Las mujeres están mucho más conscientes de cómo se viste una persona. Aunque perdonan la forma en que se viste un hombre, para causar la mejor impresión en una reunión, arréglese un poco y ella apreciará que la consideró lo bastante importante como para arreglarse bien.
58. Reconozca los logros de ella en presencia de otras personas.
59. Si ella lo reconoce, entonces usted debe devolverle de alguna manera ese reconocimiento.

60. Sea considerado y consistente de alguna manera. Por ejemplo, recomiende siempre que vea una buena película, ábrale siempre la puerta, envíele siempre por correo electrónico un artículo interesante, lleve un bocadillo saludable para los trabajadores todos los martes o siempre deje completamente limpio el lavabo de la oficina cuando lo use. Cree una marca personal que simbolice su consideración por los demás.
61. Sea flexible cuando una mujer necesite dedicar más tiempo a hablar sobre algo. Recuerde la perspectiva general: si ella se siente escuchada y personalmente apoyada, lo apoyará más.
62. En una junta prolongada, en la carretera o en una locación, asegúrese de tomar descansos regulares para ir al baño, sin implicar en forma directa que ella podría necesitar ir.
63. Sea flexible en el horario, de tal manera que en un momento dado pueda atender las emergencias familiares. Siempre que sea posible, apoye un balance del tiempo familiar y del tiempo de trabajo.
64. Sea cortés cuando pida algo, emplee la frase "Harías" o "Harías, por favor" y recuerde siempre decir "Gracias".
65. Cuando ella esté en un viaje de negocios, pida al hotel que le dejen un mensaje de bienvenida, un cesto con fruta o algunas flores.
66. Recuerde su cumpleaños y envíele una tarjeta, llévela a comer o déle un regalo pequeño.
67. En los viajes de negocios, ofrezca conducir, pero no asuma que ella deseará que lo haga. Si ella desea conducir, no ponga resistencia.
68. Cuando usted conduzca, sea sumamente considerado sobre aquello que la hace sentirse cómoda. Un hombre podría libremente decir a otro hombre que reduzca la velocidad, pero una mujer quizá se reprima para no parecer en extremo sensible. Si es un conductor considerado, ella puede confiar en que será considerado en otros tratos con ella.

69. Cuando usted se enoje, deje de hablar, respire profundo varias veces y beba un vaso de agua. Ella notará que controla su ira y lo apreciará.
70. Note cómo se siente ella y coméntelo: "Hoy pareces feliz" o "Pareces un poco cansada". Luego haga una pregunta como: "¿Qué sucede?" o "¿Qué está sucediendo?".
71. Cuando se pierda al conducir, deténgase y solicite indicaciones.
72. Si usted promete que hará algo, asegúrese de realizarlo. Después de una junta, envíe un memorándum comentando las cosas que acordó hacer.
73. Si deja mensajes escritos para ella, escriba con claridad a fin de que ella no tenga que esforzarse para adivinar lo que dice. Una nota muy clara se aprecia mucho.
74. Levántese de su asiento para saludarla y estrecharle la mano.
75. Preséntela siempre cuando otras personas intervengan en una conversación.
76. Preséntela mencionando su nombre y su título profesional. En términos brillantes, revele su participación o contribución particular con la compañía o con el proyecto.
77. Demuestre interés y responda si ella inicia una charla.
78. Durante una conversación de trabajo o una charla —ya sea en persona o por teléfono— demuestre su interés emitiendo sonidos pequeños como "ajá" y "mmhum".
79. En una reunión de grupo, dedique tiempo a señalar o reconocer el valor de la contribución de ella.
80. Déle crédito cuando lo merezca. Si ella da crédito a otras personas, hable sobre ella y permita que los demás conozcan su contribución.
81. Si ella tiene fotografías de su familia sobre el escritorio, pregúntele sobre éstas.
82. Si estornuda, dígale "Salud".
83. Si ella derrama algo, de inmediato póngase de pie y consiga una toalla para ayudarla a limpiar lo que se derramó.

84. Si ella sufre un resfriado, ofrézcale algunos pañuelos desechables o té caliente.
85. Cuando una discusión se torne emocionalmente cargada, haga una pausa de manera gentil. Diga algo como: "Dame tiempo para pensar sobre esto y luego hablaremos de nuevo".
86. Ría, o por lo menos sonría con sus bromas, en lugar de mirar fijamente el espacio o pensar en algo más.
87. Antes de cambiar el tema, asegúrese que ella haya terminado. Podría decir: "Si terminaste, me gustaría hablar sobre...".
88. Note cuando ella entra en el despacho y reconozca su presencia de alguna manera, para que no se sienta ignorada o que no la toma en cuenta. Si está molesta por algo, hágale una pregunta como: "¿Sucede algo malo?" o "¿Estás enojada por algo?". Obtiene un punto extra si indica que considera lo que puede molestarla y dice algo como: "¿Fue una junta difícil?".
89. Si ella le llama y usted no puede contestar, ofrézcale llamarla en lugar de que ella tenga que llamarlo de nuevo.
90. Devuelva los mensajes lo más pronto posible. El devolver la llamada causa una gran impresión en Venus.
91. Si ella parece estresada o preocupada, pregúntele por qué. Podría decir: "¿Está todo bien?", como una invitación para que ella hable al respecto.
92. Cuando usted esté frustrado o enojado, evite hacer preguntas mordaces. Tómese tiempo para calmarse y luego pídale que lo ayude a comprender la situación. Al pedirle ayuda, no se sentirá atacada.
93. Cuando divida responsabilidades para desempeñar juntos una tarea, déle la oportunidad de expresar sus deseos. Podría decir: "Solucionemos esto juntos. Me gustaría hacer esto, pero ¿qué piensas tú?" o "Creo que éste sería un buen plan. ¿Qué opinas al respecto?".
94. Cuando ella haya estado ausente, permita que sepa que aprecia su contribución diciéndole que la extrañaron. Por ejemplo: "Te extrañamos en el nuevo sitio. Nadie sabía qué hacer respecto de...".

95. Celebre la conclusión de proyectos pequeños y grandes. Los hombres y las mujeres aprecian las ocasiones especiales para celebrar o reconocer a las personas y sus contribuciones. Otorgue premios, certificados o pequeños regalos.
96. Tome una fotografía del grupo, incluyéndose a usted y a ella, en una conferencia y envíele una copia.
97. Anticípese a sus necesidades y ofrezca su ayuda sin que ella tenga que solicitarla.
98. Repita estos pequeños gestos de apoyo con la mayor frecuencia posible. No asuma que una vez es suficiente.
99. Discúlpese o exprese una excusa cuando cometa un error.
100. Confirme cuando haya hecho algo.
101. Si usted tiene esposa y familia, asegúrese de tener fotografías de ellos sobre su escritorio o en la pared. En el camino téngalas en su cartera para que pueda compartirlas. Cuando un hombre aprecia a su esposa, también otras mujeres se sienten apoyadas.

Estos consejos representan una lista de verificación de ideas para que los hombres resuman los muchos conceptos que se encuentran en *Marte y Venus en el trabajo*. Al recordar hacer estas pequeñas cosas, un hombre sabio crea un ambiente de apoyo, para que pueda alcanzar con mayor efectividad sus objetivos principales.

Anotación de puntos en Marte

También los hombres aprecian las pequeñas expresiones de apoyo, pero suelen omitir la ayuda de una mujer. Por ejemplo, un hombre apreciará si una mujer le pregunta lo que piensa, pero si ella no lo hace, tal vez él ni siquiera lo note y sólo diga lo que deseaba decir. Ella hace un gesto de apoyo, mas eso no es muy importante para él. En Marte, los detalles pequeños son agradables, pero no tan importantes como los grandes.

Si un hombre está estresado, no notará los detalles pequeños; sin embargo, sí lo hará si está relajado. Quizá ella no anote ningún punto al enfocarse en los pequeños detalles. Finalmente, una mujer anota más puntos con los hombres si realiza cosas importantes, como ganar dinero, ahorrar tiempo, solucionar problemas difíciles, proporcionar ideas productivas.

Una mujer anota más puntos con los hombres si hace cosas importantes, como ganar dinero.

En Marte, al enfocarse más en ser productiva y eficiente, una mujer ganará más puntos. Si soluciona un problema pequeño, anota pocos puntos. En Marte juzgan a una mujer por los resultados que consigue y cómo éstos afectan el objetivo final. Al conseguir resultados y luego tomar el crédito, ella puede ganar más puntos en Marte.

Aunque el resultado final anota la mayor cantidad de puntos, incluso en Marte los detalles pequeños pueden hacer la gran diferencia. Cuando dos personas compiten por una promoción y ambas están igualmente calificadas, lo que hace la diferencia son los pequeños puntos extra que ambas han anotado. La mayoría de los juegos deportivos se ganan sólo por unos puntos. La anotación en un juego de basquetbol generalmente se define al final y un equipo gana sólo por unos puntos de diferencia.

Aquí es donde las mujeres tienen una mayor ventaja en el lugar de trabajo. Bajo estrés, las mujeres tienden a recordar los pequeños detalles, mientras que los hombres los olvidan. Si una mujer aprende a anotar puntos con los hombres, puede progresar al recordar anotar los puntos pequeños. Cuando todas las cosas son iguales, son los puntos extra los que determinan quién progresa en el lugar de trabajo.

Anotar puntos extra con los hombres es más complicado que sólo anotar puntos. Los hombres dan puntos, pero también los quitan. Esto es común en los deportes de competencia, como el futbol americano, el beisbol y el basquetbol. Con una falta o un error, es posible perder diez yardas o la posesión de la pelota. Sin una comprensión de cómo se quitan puntos, una mujer puede sentirse muy confundida en el lugar de trabajo y pensar que los demás son muy injustos.

Para comprender cómo anotar puntos en Marte es muy importante reconocer cómo quitan puntos los hombres.

Igualmente importante para comprender cómo anotar puntos con los hombres reconocer por qué ellos quitan puntos. Por ejemplo, una mujer puede hacer un gran trabajo, pero un hombre le quitará puntos si ella se queja de que la labor resultó muy difícil. Puede darle muchos puntos por su eficiencia, pero luego quitárselos porque se molesta con algo que ella dice.

En la lista siguiente, para tener un entendimiento total de cómo anotar puntos con los hombres, también se recalca "qué no hacer". Tenga en mente, sin embargo, que algunas formas de anotar puntos con los hombres pueden no ser apropiadas en todas las situaciones. Recuerde que cuando un hombre está bajo estrés, quizá ni siquiera note sus gestos de apoyo, pero, en cambio, sí notará sus faltas. Por este motivo, un conocimiento de lo que no debe hacerse es muy importante en Marte.

Al igual que con cualquier otra sugerencia, tenga en mente que algunas pueden dar mejor resultado con algunos hombres y tal vez no sean necesarias con otros. Al revisar esta lista puede tener una noción de la manera en que sabotea su éxito si da la clase de apoyo que apreciaría una mujer, pero no lo que los hombres desean.

Si se interpreta mal, esta lista puede desalentar a las mujeres. Muchos de los errores que ellas cometen harán que pierdan en Marte cinco o diez puntos. Podría parecer que las mujeres no tienen oportunidad o que tienen que hacer todo correctamente para progresar. Recuerde que las penalidades marcianas ponen en balance la voluntad de un hombre para dar muchos puntos por desempeñar el trabajo. Por ejemplo, una mujer obtiene cien puntos por sugerir una buena idea o por llevar a cabo un proyecto en forma eficiente.

101 formas para que las mujeres se anoten puntos con los hombres

1. Cuando haga una sugerencia, vaya directo al punto. Evite hablar demasiado sobre los problemas. Recuerde: los hombres consideran el hecho de compartir como una queja.

2. Sólo quéjese cuando tenga una solución que sugerir. Dedique menos tiempo a explicar el problema y apresúrese a sugerir una solución. Mientras más tiempo se tome para quejarse, más puntos perderá; mientras mejor sea su solución, más puntos ganará.
3. Cuando surja un conflicto, acepte las diferencias y no lo tome en forma personal. Si se ofende o se enoja, pierde puntos. Mientras más se enoje, más puntos pierde.
4. Cuando un hombre olvide hacer algo, pronuncie usted algunas palabras de aceptación como "Está bien". Una actitud de aceptación le anotará puntos. Mientras mayor sea el error que él cometa, más puntos obtendrá usted al aceptar y no presionar. Puede obtener veinte puntos por no tomar en cuenta una entrega retrasada.
5. Después de pedir su consejo, tenga cuidado de no corregir su solución o explicar con gran detalle por qué no seguirá dicho consejo. Al permitirle a él salvar las apariencias, una mujer puede conseguir muchos puntos. Si la sugerencia de él resulta confusa o débil, ella puede anotar incluso más puntos al no señalarlo en forma directa.
6. Dé consejo sólo cuando éste sea bien recibido o solicitado. El consejo no solicitado hace que usted pierda puntos. Incluso si es un buen consejo, usted perderá puntos.
7. Cuando él haya logrado algo, déle crédito y reconocimiento. Si otras personas no le prestaron atención o si él realmente desea que alguien lo note, le dará a usted mucho más que un punto; sin embargo, si se siente estresado, tal vez no lo note.
8. Cuando usted se atribuya el crédito, enfóquese en el resultado que logró, en lugar de hablar respecto de lo mucho que trabajó. Al hablar sobre cuánto se sacrificó o lo difícil que le resultó realizar algo, puede perder más puntos de los que ganó al lograr el resultado.
9. Sea directa cuando efectúe una petición. No hable sobre un problema y espere a que él le ofrezca su apoyo. A menudo, los hom-

bres se sienten manipulados cuando las mujeres no son directas. Es como si él "debiera hacerlo" sin que ella tuviera que pedirlo. Mientras más obligado se sienta a hacer algo, más puntos le quitará. Ella podría perder fácilmente de esta manera hasta cinco puntos.

10. Cuando presente una propuesta o un plan de acción, hable menos sobre el problema y más sobre lo que considera que se debe hacer. En general, es el tiempo que dedica a hablar sobre el problema lo que determina cuántos puntos perderá.
11. Tenga cuidado en minimizar la charla con los hombres. No apreciarán que mezcle las necesidades personales durante el tiempo de trabajo. Cuando los hombres ven que las mujeres emplean el tiempo de trabajo para hablar sobre asuntos personales, pueden quitarles puntos.
12. Interésese cuando los hombres hablen sobre deportes. Dedique tiempo a entender sobre lo que hablan, pero no compita ni dé la apariencia de que sabe más que ellos. Demuestre su capacidad en áreas que cuentan para lograr el resultado final.
13. Haláguelo cuando se haga un cambio para verse mejor. Tenga cuidado, si está en su cueva e interrumpe lo que está haciendo con un cumplido, él puede quitarle un punto.
14. Demuestre interés cuando él tenga un automóvil nuevo o hable sobre autos. Tenga cuidado en no restar importancia a sus pasatiempos o a otros intereses.
15. Vístase de una manera en que se sienta bien y que demuestre que le interesa su apariencia. Las faldas cortas y los suéteres ceñidos están bien cuando hacen que se sienta a gusto consigo misma. No use su atractivo sexual para obtener puntos. Si la perciben como una molestia, esto puede resultar contraproducente y le hará perder muchos puntos.
16. Use menos maquillaje. A la mayoría de los hombres no les agrada y esto le quitará un punto. Si emplea el maquillaje para sentirse segura, entonces utilícelo, porque los puntos que obtiene al mostrarse segura cancelarán fácilmente el punto que pierde.

17. Cuando él se lamente o emita una queja, déle más espacio, en lugar de una palmada compasiva en la espalda. Evite hacer cualquier cosa que demuestre un sentimiento maternal de empatía. Si se muestra compasiva lo desalienta y él le quitará puntos. Si en realidad está enojado, le quitará más puntos.
18. Sea optimista respecto del éxito de él. A no ser que solicite su ayuda en forma directa, no exprese sus preocupaciones. De una manera animada, deséele suerte y de esta forma podrá ganar cinco puntos.
19. Reconozca las cosas que él ha hecho por usted con un tono de apreciación. No exagere dicho tono, pero tampoco deje de prestarle atención.
20. Cuando un hombre le ofrezca ayuda, permítale ayudar y luego aprecie dicha ayuda. Cuando un hombre tiene éxito al ayudar a una mujer y se siente apreciado, se sentirá más vinculado con ella.
21. Minimice los errores de él. Cuando un hombre comete un error y usted no lo toma mucho en cuenta, él siente apoyo extra. Mientras más grande sea el error que minimice, más puntos obtendrá.
22. Alábelo en público. Si usted desea señalar un error o sugerir un cambio, hágalo en privado; si lo hace ante todos, dependerá de quién escuche esta corrección para que él se sienta más avergonzado y usted pierda más puntos.
23. Cuando usted se levante para ir por un vaso de agua o un café, ofrézcale uno.
24. Cuando él tenga prisa, no hable respecto de problemas personales; esto quizá no le haga ganar puntos, pero con seguridad evitará que pierda muchos.
25. Demuestre aceptación y relájese cuando él esté en su cueva. No pregunte si todo está bien. Estas interrupciones hacen perder puntos.
26. En una reunión de grupo, interrumpa con cortesía. No diga: "¿Puedo decir algo?". En cambio, diga algo más amistoso como: "Eso es verdad, pienso que...".

27. Cuando discuta problemas de trabajo, emplee un tono de voz relajado y confiado. A los hombres no les agrada el tono que emplea alguien que está emocionalmente abrumado. Mientras más abrumada está una mujer, más puntos le quitará un hombre.
28. Enfóquese en la tarea que está realizando en el momento, y posponga la necesidad de compartir sentimientos personales. Mantenga separadas su vida de trabajo y su vida personal.
29. Cuando haga preguntas, asegúrese de que éstas no sean retóricas y de que no estén respaldadas por emociones negativas. Este tipo de preguntas le hacen perder entre diez y veinte puntos.
30. Cuando solicite apoyo, mantenga sus emociones apartadas y enfóquese en expresar lo que desea. Dedique tiempo para justificar su petición si le preguntan por qué necesita más.
31. Diga "no" con cortesía. Un hombre se disgusta cuando una mujer le dice cuánto tiene que hacer, como una forma de decir "no". Desde la perspectiva de él, un simple "No puedo hacerlo" es suficiente. Si él desea saber más, lo preguntará. Mientras más justifique usted su necesidad de decir "no", compartiendo sus dificultades y sus problemas, más puntos perderá con él.
32. Obtendrá un punto al no ofenderse debido a las bromas marcianas que no le resultan graciosas. Si una broma no le agrada, logrará puntos si es capaz de no ridiculizarla y tampoco demostrar enojo. El hecho de reprimir las bromas del hombre la hace perder puntos.
33. Cuando se queje de él con su gerente o con un compañero de trabajo, sea objetiva y evite hacer juicios de valor como: "No es justo" o "Él no está haciendo su trabajo". En cambio, diga: "Él llegó tres horas tarde. Yo era la única que estaba ahí para llevar a cabo un trabajo que requiere de dos personas". Mientras más calmada y objetiva sea, más puntos logrará su argumento. Su queja puede ser valiosa, pero si la expresa de manera emocional, parecerá menos valiosa.
34. Si se espera demasiado de usted, pida el apoyo que necesita,

pero no se queje. Los hombres quitan puntos cuando alguien se queja por el exceso de trabajo. Él razona: "No pierdas tiempo quejándote, en cambio, has algo para obtener el apoyo que necesitas".

35. Cuando un hombre le dé su tarjeta, dedique tiempo a mirarla y léala mientras asiente con la cabeza, en reconocimiento.
36. Cuando un hombre tiene fotografías o premios en las paredes, pregúntele sobre éstos o menciónelos con un tono de voz interesado o impresionado.
37. En una discusión, de vez en vez, haga comentarios de apoyo como "Eso tiene sentido" o "Buena idea".
38. Cuando él haga una presentación o discuta algo, no se muestre exageradamente ansiosa ni automáticamente tranquilizadora mientras escucha. Permita que él sienta que se está ganando su consentimiento y apoyo. Demasiada avidez la hace perder puntos.
39. Cuando esté molesta, perdone. Dé a los hombres oportunidades para demostrar su valía. En Marte, tiene tres lanzamientos antes de quedar fuera. Incluso entonces, cuenta con ocho entradas más para recuperarse, si usted se encuentra atrás. Mientras más grande sea su error, más puntos ganará usted al perdonarlo.
40. Controle su tiempo. Después de escuchar a un hombre, permita que él sepa que algo es útil, antes de hablar sobre más asuntos o hacer preguntas. En la conversación, cuando un hombre establece una proposición y usted no la reconoce, la penalizará con un punto. Al continuar reconociendo los puntos que hace un hombre, usted podrá anotarse diez puntos mientras lo escucha.
41. Cuando un hombre no sigue el consejo que usted le dio y luego comete un error, usted puede anotar un punto si controla la tentación de comentar "Te lo dije". Al no decir nada, él está aún más consciente del consejo que le dio y apreciará que no se lo restriegue en la cara. Mientras más grande sea el error, más puntos obtendrá usted. Por otra parte, al comentar: "Te lo dije", puede perder cinco puntos.

42. Cuando un hombre la desilusiona, muéstrese amistosa y acepte al hacer comentarios tales como "No es un problema" o "No es muy importante, puedes hacerlo mañana".
43. Asegúrese de que él escuche —u oiga por casualidad— cuando usted habla de él o de otros hombres en forma positiva.
44. Comparta su experiencia para respaldar una petición y no cite a un experto. Por ejemplo, no diga: "John Gray dice que debes escucharme más...". En cambio, diga: "Apreciaría que me escucharas un poco más antes de responder".
45. No cite a "expertos" para decir a un hombre lo que debe hacer o cómo puede mejorar, a no ser que él lo pida en forma directa.
46. No haga preguntas sobre el estado de su relación de trabajo. Por ejemplo, no diga: "¿Crees que estoy haciendo un buen trabajo?". En cambio, puede preguntar: "¿Te gustó este reporte?". Al hacer su petición de respaldo menos personal, no pierde un punto.
47. Permita que un hombre sepa cuánto tiempo espera usted que dure una reunión. Obtendrá puntos extra no explayándose y apegándose al horario.
48. Como gerente, limite al mínimo dar indicaciones. Mientras más independencia tenga él, más la apreciará.
49. Como gerente, no personalice sus indicaciones con comentarios tales como "Esperamos que..." o "Te dije que necesitamos..." y luego pídale que haga lo que usted desea con una frase como: "Harías...", "Por favor...".
50. Tenga cuidado en no parecer condescendiente al "reprender" a un hombre. Por ejemplo, no diga: "No me estás escuchando". En cambio, diga: "Permite que trate de decir esto en otra forma".
51. Dé un saludo personal y use el nombre de su compañero cuando llegue al lugar de trabajo. Luego haga una pregunta amistosa de negocios.
52. Déle reconocimiento por algo que él haya hecho o logrado en el lugar de trabajo. Por ejemplo: "Vi el reporte que escribiste. En verdad es excelente".

53. Dedique tiempo a reconocer frente a otras personas algún éxito o logro reciente de él.
54. Cuando un hombre entre en la habitación y usted esté sentada, póngase de pie y estréchele la mano como iguales.
55. Interésese en su vida personal haciéndole preguntas durante los descansos casuales, nunca durante el tiempo de trabajo.
56. No preste mucha atención a las deficiencias de él, más bien, muestre una actitud de aceptación sobre su imperfección. Por ejemplo, evite notar y señalar su fatiga o el nivel de estrés. No diga con tono compasivo: "Pareces cansado" o "¿Qué sucede?".
57. Cuando aumente el estrés, actúe como si todo estuviera bien. Puede ser ofensivo para él si se preocupa o le demuestra preocupación. Una respuesta más relajada demuestra un nivel de confianza que significa: "Estoy segura de que puedes manejar esto".
58. Si él realiza un acercamiento sexual no deseado o un comentario indebido, córtelo de raíz especificando con claridad que no está interesada en eso, sin mostrar desaprobación u ofensa. Mientras más se ofenda, más puntos perderá.
59. Conozca sus equipos deportivos favoritos. Si triunfan, felicítelo. Aunque él no haya ganado, siente como si así fuera. Mientras más importante sea la victoria, más puntos obtendrá usted.
60. Si él tiene un automóvil nuevo, pídale que la lleve a dar una vuelta con otras personas. Al menos obsérvelo y permita que él hable sobre el vehículo. Demuéstrele el mismo grado de interés que demostraría usted cuando una amiga le habla sobre su vestido de novia. Esto puede hacer que gane diez puntos. A los hombres les gusta exhibir las cosas de la misma manera que a las mujeres les gusta compartir secretos.
61. Si está en un papel de apoyo, en lugar de hacer todo de una manera invisible, pregunte en ocasiones con tono amistoso: "¿Te gustaría que yo...?". De esta manera, él se da cuenta de todo lo que usted hace y puede otorgarle los puntos que merece.
62. Asegúrese de acreditar sus logros y de no atribuirlos a la buena

suerte o a otra persona. Obtiene un punto por atribuirse el mérito y muchos más por lo que hizo. Por un proyecto pequeño pueden ser cincuenta puntos y por un éxito mayor hasta cien puntos. Al no atribuirse el mérito no la penalizarán, pero no ganará los cien puntos que merece.

63. Cuando las cosas se tornen difíciles, no se queje. Obtendrá un punto por estar ahí y por "ser un buen soldado".
64. Cuando él realice un viaje de negocios, pida al hotel que le dé la bienvenida con un mensaje e incluya información tal como el horario de actividades deportivas, una revista de negocios, el periódico, la ubicación de un gimnasio local o una guía de televisión.
65. Recuerde su cumpleaños y envíele una tarjeta, llévelo a comer u organice una fiesta en la oficina para que todos puedan cantar "Feliz cumpleaños" con un pastel.
66. En los viajes de negocios, ofrezca conducir y no asuma que él lo hará porque es hombre. Si él conduce, déjelo hacerlo y evite darle instrucciones de manejo. Asegúrese de darle las gracias al final.
67. Si él parece perdido, evite sugerir que debe pedir indicaciones. Él puede tomar esto en forma personal como una señal de que no confía que él pueda llegar por sí mismo a donde desea ir.
68. Si él se pierde, tome usted esto lo mejor posible y no se queje ni se lo comente a otras personas. Mientras más perdido esté él, más puntos obtendrá ella.
69. Cuando usted se enoje, deje de hablar, respire profundo varias veces y beba un vaso de agua. Contenga claramente su ira y él la respetará más. Para él, esto demostrará que usted es responsable y no lo responsabiliza a él de lo que siente. Al no sentirse culpado, estará más deseoso de escuchar lo que usted quiere decir.
70. No pregunte a un hombre lo que siente respecto de algo; en cambio, pregúntele lo que piensa sobre algo. Al apreciar él su lógica, puede anotarse usted un punto.

71. Siempre que sea posible, permita que un hombre sepa cuándo tiene razón. Al señalarle que estaba en lo correcto, él le dará un punto.
72. Cuando le pase un mensaje, no le añada nada. Evite decir: "Humm, ¿qué más quería decirte?" o "Oh, una cosa más". El hecho de ser concisa le anota puntos, pero si divaga los pierde.
73. Si deja mensajes escritos, numere sus puntos y escriba con claridad.
74. En un ambiente de negocios en el que se conocer por primera vez muchas personas, preséntese de tal manera que el anfitrión no tenga que recordar el nombre de todos e introducir a cada persona.
75. Cuando presente a un hombre con otras personas, incluya siempre sus logros, experiencia o papel en la compañía.
76. Practique en voz alta lo que usted hace, para que en algún momento en un solo minuto pueda explicar con claridad a lo que se dedica. Incluya en esta práctica su experiencia y sus talentos. Al permitir que los demás conozcan su experiencia, de inmediato obtendrá un punto.
77. Cuando charle durante los descansos, asegúrese de que él se interese en lo que dice y de que no sólo se muestre cortés al escuchar.
78. Cuando charle, si usted es quien más habla, puede anotarse un punto al decir: "Fue en verdad agradable hablar contigo".
79. En una reunión de grupo, dedique tiempo a señalar o a reconocer el valor de la contribución de él, antes de expresar sus propios puntos.
80. En una reunión de grupo, cuando no esté de acuerdo u otras personas la desafíen, apéguese a su argumento y no comente cómo se siente personalmente. Mientras más ofendida o enojada esté, más puntos perderá. Puede contar con un mejor argumento, pero no obtendrá crédito, debido a su expresión oral.
81. Si él tiene fotografías de miembros de su familia sobre el escritorio, pregúntele sobre ellos y haga un comentario breve sobre su propia familia.

82. En un viaje de negocios, si él menciona a su familia, pregúntele si lleva consigo fotografías y demuestre interés si las saca de su billetera. Cuando un hombre está orgulloso de su familia, en definitiva usted obtendrá puntos extra.
83. Si él estornuda, diga "Salud". Sin embargo, puede perder puntos si usted hace más preguntas sobre su resfriado y luego ofrece consejo.
84. Si él derrama algo, levántese y consiga una toalla para ayudarlo a limpiar. A no ser que lo requiera su trabajo, no lo haga todo. Asegúrese de que él ayuda a limpiar lo que ensució. Si usted dice: "Yo me encargaré", él puede con facilidad considerar su ayuda como un requerimiento del trabajo. En cambio, diga: "Permíteme ayudar".
85. Si él sufre un resfriado, ofrézcale algunos pañuelos desechables, pero no haga ninguna sugerencia para que mejore su estado de salud. Por ejemplo, no diga: "Si no trabajaras tanto, no te enfermarías".
86. Cuando una discusión tiene carga emocional, con cortesía tome un descanso. Diga algo como: "Dame tiempo para pensar sobre esto y luego hablaremos de nuevo". Domine la tentación de comentar: "No estás siendo justo" o "No me estás escuchando".
87. Cuando cuente historias en las que toman parte muchos personajes, mencione los nombres una y otra vez. Un hombre suele olvidar quiénes son.
88. Cuando un hombre hace una sugerencia o da una solución que usted ya planeaba hacer, aclare, en forma que salve las apariencias, que ya había llegado a la misma solución. De lo contrario, no obtendrá puntos y él se los otorgará a sí mismo. Si la solución era obvia y él concluye que usted necesitaba su ayuda para encontrarla, usted perderá puntos.
89. Cuando un hombre esté malhumorado, ignórelo y actúe como si todo estuviera bien. Al no prestar atención a su mal humor, él se lo agradecerá mucho después. Mientras más malhumorado esté, más puntos obtendrá usted si lo ignora.
90. Cuando él sólo tenga que pedirle una vez que usted haga algo, obtendrá más puntos. Tanto en Marte como en Venus, quitan pun-

tos por tener que pedir las cosas más de una vez. La diferencia en Marte es que si olvida hacer algo pequeño, pero hace algo importante, no pierde un punto.

91. Si una mujer perdió puntos al ponerse emotiva por algo, puede recuperarlos y ganar más puntos si se disculpa brevemente o dice: "Discúlpame por ese arranque". Si ahonda demasiado en la disculpa o si proporciona muchos detalles para explicar lo sucedido, perderá aún más puntos.
92. Reconozca que en general a los hombres no les gusta que les digan qué hacer. No lo tome en forma personal. Si su trabajo requiere que usted le dé instrucciones, para minimizar la inevitable tensión prepárelo diciendo: "¿Es éste un buen momento para revisar algunos cambios?" o "Vamos a fijar un momento en que podamos reunirnos. Tengo algunos cambios que necesito comunicarte".
93. Cuando divida tareas, sea clara respecto de lo que usted desea. Obtiene puntos por la claridad, si sabe lo que desea, y más puntos aún si hace un compromiso razonable. Las mujeres no obtienen puntos cuando se muestran inseguras y aceptan lo que él decide.
94. Aprecie la forma en que un hombre divide responsabilidades y obtendrá un punto.
95. Cuando no lo haya visto por un tiempo, infórmele que lo extrañó. Por ejemplo: "Te extrañamos la semana pasada. Nadie sabía qué hacer respecto de...". Asegúrese de que sus palabras no suenen como una queja porque él no estuvo ahí.
96. Celebre la terminación de un proyecto prolongado o importante. Los hombres y las mujeres aprecian mucho las ocasiones especiales para celebrar o reconocer a las personas y sus contribuciones. Otorgue premios, certificados o pequeños regalos. Cuando se dan recompensas grandes, los hombres otorgan más puntos.
97. Cuando un hombre haga algo, ofrezca tomarle una fotografía junto con el producto terminado. Mientras más grande sea el pez que él atrape, más apreciará que alguien tome la fotografía.

98. En el teléfono, cuando no tenga la respuesta a una pregunta, en lugar de tomar tiempo para tratar de recordar, simplemente diga: "No tengo esa información. Te volveré a llamar".
99. Anote más puntos al apoyarlo personalmente cuando esté recluido en su cueva.
100. Si no tiene una respuesta o una solución, no lo revele de inmediato; parezca siempre segura. Evite la frase: "No lo sé". En cambio, diga algo como "Todavía estoy trabajando en eso".
101. Atribúyase el mérito por sus logros exhibiendo premios, certificados y diplomas en las paredes de su oficina. Exhiba fotografías de usted con personas exitosas o involucradas con diferentes proyectos de trabajo. Si él demuestra interés en esto, describa sus éxitos con un tono de seguridad.

Esta lista ayuda a que las mujeres resuman los numerosos conceptos que se encuentran en *Marte y Venus en el trabajo*. Al revisar esta lista, cuando una mujer se siente confundida al trabajar con hombres puede empezar a comprender lo sucedido. Una mujer sabia es cuidadosa de las muchas formas en que puede perder puntos con los hombres, para tener la seguridad de recibir todo el crédito que merece por sus logros.

13 Recordemos nuestras diferencias

La próxima vez que sienta frustración o resentimientos hacia alguien del sexo opuesto, dedique un tiempo a reflexionar sobre lo que leyó en *Marte y Venus en el trabajo*. Tome el libro y lea sólo algunas páginas. Con esto, su perspectiva se ampliará. Al recordar, una vez más, en qué aspectos son diferentes los hombres y las mujeres y que se supone que debemos ser así, nos libramos de juicios innecesarios y, en cambio, experimentamos una mayor comprensión, aceptación y respeto. Al responsabilizarse a cambiar usted, en lugar de esperar a que cambien los demás, sentirá y ejercerá su nuevo poder para establecer relaciones de trabajo positivas y de apoyo.

Después de estudiar y aplicar esta guía para mejorar la comunicación y obtener resultados en el trabajo, usted empezará a conseguir más de lo que desea. El solo hecho de reconocer nuestras diferencias puede proporcionarnos más claridad para comprender por qué las personas reaccionan en la forma en que lo hacen. Automáticamente, las interacciones confusas o frustrantes empiezan a tener más sentido. Usted, a partir de esto, es capaz de aceptar más a los demás y a sí mismo.

En otro nivel, con esta percepción, usted tiene el poder para hacer mejores elecciones respecto de cómo responder a los demás. Al reconocer de qué planeta procede un hombre o una mujer, usted es capaz de comportarse en una forma más apropiada que le hará ganar el respeto y la confianza que merece.

Finalmente, en un tercer nivel, el lugar de trabajo se convierte en un mejor sitio para todos. Al servir como un ejemplo de alguien que puede unir nuestros mundos diferentes, dirige el camino para que otras personas hagan lo mismo. Cuando más hombres y mujeres se reúnan con mayor armonía y aprecio, el lugar de trabajo podrá empezar a reflejar nuestras más altas aspiraciones humanas.

Una mejor vida de trabajo no resulta suficiente. Estos logros no pueden obtenerse plenamente, si su vida laboral no está apoyada por una vida hogareña satisfactoria. Es poco realista esperar que el lugar de trabajo sea su única fuente de satisfacción. Encontrar el equilibrio correcto para usted entre el trabajo y el hogar debe ser esencial para una vida personalmente satisfactoria y exitosa.

Con el compromiso de lograr este equilibrio y una nueva comprensión sobre cómo ganar el respeto y la confianza del sexo opuesto, estará bien preparado. Tiene un buen motivo para sentir esperanzas. Al revisar una y otra vez las diferencias entre Marte y Venus en el lugar de trabajo, podrá revivir esta nueva sensación de seguridad e inspiración.

He atestiguado que miles de hombres y mujeres experimentaron éxito inmediato al utilizar estas importantes percepciones. Después de unos días de asistir a un taller Marte-Venus, los hombres y las mujeres descubren que la comunicación mejora y que la cooperación aumenta en sus relaciones de trabajo. Con este apoyo, empiezan a conseguir lo que desean. Los desafíos que eran difíciles en el pasado, de pronto resultan más fáciles. Al aplicar las percepciones que obtuvo al leer este libro y al recordar que los hombres son de Marte y las mujeres son de Venus, experimentará el mismo éxito.

El proceso de aprender cualquier cosa nueva toma tiempo. No es suficiente con leer y aplicar estas ideas una vez. Con el fin de desarrollar un verdadero patrón de pensamiento nuevo o de comportamiento, es necesario olvidar y recordar muchas veces. Aunque las numerosas ideas de *Marte y Venus en el trabajo* tienen mucho sentido, resultan engañosamente simples y por ello a veces no son fáciles de recordar y poner en acción. Cuando las revise, comprenderá cuánto había olvidado.

Cuando estamos bajo tensión, solemos reaccionar, pensar y responder de acuerdo con nuestros instintos y hábitos. Los hombres se comportan instintivamente de una manera que es muy apreciada en Marte y las mujeres como se aprecia en Venus. Para ganarse el respeto y la confianza del sexo opuesto en el lugar de trabajo, tenemos que responder en formas que sean contrainstintivas. Por fortuna, esto puede aprenderse, pero se necesita práctica.

Aplicar estas nuevas percepciones es como aprender a esquiar. Al deslizarse colina abajo, usted tiene que inclinarse hacia adelante o de lo contrario no podrá girar; en cambio, inclinarse hacia adelante en una loma escarpada va contra el instinto. Al enfrentar dicho desafío, su cuerpo se retrae; sin embargo, puede dominar esta reacción con la práctica y, finalmente, inclinarse hacia adelante se volverá un movimiento automático. Aunque no sea "natural", sí es la postura natural para un esquiador.

Para tener éxito en el trabajo, los hombres y las mujeres necesitan ponerse diferentes sombreros en diferentes ocasiones. A veces se requiere que respondamos de una manera que pueda entender el sexo opuesto y, otras, podemos relajarnos y comportarnos de una manera aceptada en nuestro propio planeta. Este cambio continuo requiere de mayor flexibilidad y estabilidad. Al practicar estas nuevas percepciones, también podrá cambiar una y otra vez, conectando nuestros mundos diferentes. Este cambio será tan automático y gentil como esquiar colina abajo.

Nunca ha habido un mejor momento para que ocurra un cambio positivo. En la medida en que los hombres y las mujeres se acercan más en el lugar de trabajo para llevar a cabo este desafío, se requiere que busquemos en nuestro interior y encontremos una nueva manera de interactuar. Al esforzarnos para que los hombres y las mujeres tengan más respeto y el apoyo que merecen, el lugar de trabajo puede ser y será un mejor sitio para nosotros y para las futuras generaciones.

Comparta este libro con sus amistades, gerentes y compañeros de trabajo, pero en una forma amable. Cuando una mujer presenta este libro a un hombre, necesita hacerlo respetuosamente. Si le dice que en verdad lo necesita, puede parecer una crítica y resultar contraproducente. En cambio, pídale que subraye los puntos que considere que son importantes para que las mujeres comprendan a los hombres.

Déle el libro para que él pueda decirle si las ideas sobre los hombres son realmente ciertas. Sólo pídale que revise la lista de las 101 formas en que una mujer puede anotar puntos con los hombres y pregúntele cuáles de estos puntos son ciertos para él. En lugar de señalar que él necesita este libro, lo cual resulta inapropiado aunque así sea, pídale que la ayude a comprender mejor a los hombres. A ellos les gusta ser expertos; después de estar expuesto a estas perspectivas, si considera que el libro es adecuado para él, lo leerá.

Tiene usted mucho que esperar. Gracias por permitirme hacer una diferencia en su vida. Deseo que tenga una experiencia de trabajo muy satisfactoria y que continúe experimentado un mayor éxito. Espero que este libro sea una pequeña vela que guíe su camino a través de la oscuridad, de la confusión y del prejuicio, y que lo lleve hacia la luz de la claridad y de la compasión. Gracias por sus esfuerzos. Cada paso que usted dé nos acerca más para crear un mundo de paz, igualdad y justicia para todos.

Marte y Venus en el trabajo,
escrito por John Gray,
nos invita a convertir el ámbito
laboral en un espacio armónico y productivo,
en un sitio donde no haya lugar para la
rivalidad entre los sexos,
la desconfianza, la discriminación
y las puñaladas traperas.
La edición de esta obra fue compuesta
en fuente goudy y formada en 11:13.
Fue impresa en este mes de enero de 2003
en los talleres de BROSMAC, S.L. Calle C, 31
que se localizan en Pol. Ind. Arroyo Molínos 28938 Móstoles.
La encuadernación de los ejemplares se hizo
en los talleres de ENCUADERNACIONES TUDELA, S.A.,
que se localizan en la calle Carretera Villaviciosa-Móstoles, Km 1
28670 Villaviciosa de Odón.